神崎 直美

幕末大名夫人の寺社参詣

―日向国延岡藩 内藤充真院・続―

岩田書院

はじめに

1　はじめに

この著作は、日向国延岡藩の藩主内藤政順《まさより》の奥方であった充《みつ》(充姫)、後の充真院《じゅうしんいん》の寺社参詣について紹介する。充真院について、私は平成二十八年(二〇一六)に『幕末大名夫人の知的好奇心—日向国延岡藩内藤充真院—』(岩田書院)を刊行し、充真院の人生の概略をはじめ、その知的関心の分野と傾向、さまざまな生き物飼育を手がけ、健康・薬・生活の知恵などにも関心を寄せていた好奇心豊かな人物像、大名夫人としての矜持を持ち行動しながらも、御付の者たちに心配りをする優しい人柄、食の嗜好や美的感性などを明らかにした。検討を進めながら少しずつ充真院の人物像が立体的になるにつれて、ますます充真院について知りたく思った。そしてまとめたのが本書である。

充真院に関する研究を進めることができたのは、近世史や女性史などの先行研究において、柴桂子氏や伊能秀明氏が、充真院とは紀行文を執筆した大名夫人の一人であること、さらに紀行文の書き手として優れた力量の持ち主であることを指摘され、充真院の紀行文の味わい深い文章や豊かな挿絵が紹介されていたことによる。さらに、宮崎県立図書館による充真院の紀行文二点の翻刻や、甲斐勇氏の指導のもとに延岡市の女性らが「充真院を学ぶ会」を結成して充真院の紀行文や雑記を翻刻し、内藤家文書および内藤政道氏寄贈書を所蔵する明治大学博物館から充真院に関する二冊の史料集を刊行して下さっていたおかげである。

私はこれらの先行研究に導かれつつ、近年、充真院の紀行文(旅日記)を素材として研究を進めてきた。前掲拙著の後半では、充真院の人物像を明らかにするために充真院の紀行文の一つを分析した。その他に、紀行文と共に内藤家文書を紐解きながら充真院の寺社参詣に注目し、数点の論文をまとめた。寺社参詣に注目したのは、充真院の紀行文に多くの寺社を訪れた様子が確認できること、その中のいくつかの寺社参詣の記事に実に詳細で豊かな見聞がまとめられていること、臨場感あふれる筆致により充真院と共に寺社参詣をしているかのように感じられることに、心魅かれたからである。さらに、一大名夫人の事例ではあるが、当時の寺社参詣の実態をうかがい知ることができる点にも興味を魅かれた。本書はこれまで私がまとめた充真院の寺社参詣に関する論文をもとに、読み物として親しみやすくまとめ直したものである。

本書の表記については以下の通りである。漢字は常用漢字を用いた。名前は当時使われていた正字で記すべき—たとえば充真院は「充眞院」—だが、常用漢字で表記した。年齢は当時用いられていた数え年で表した。史料を引用する際には適宜、読点を施した。「ゝ」「ヽ」「〱」などの繰り返し記号は、該当する文字をあてはめた。先行研究や典拠となる史料に関する注記は、本書の性質上、煩雑になるので本文中では省略して、巻末の参考文献・史料に一括した。

以下、好奇心豊かな充真院が寺社参詣で何を見たのか、どのような寺社参詣を体験したのかを明らかにしてゆきたい。

幕末大名夫人の寺社参詣　目次

第一章　充真院および寺社参詣の記録

一　充真院について

名門井伊家に生まれる　充真院は日向国延岡藩（七万石、譜代）の藩主内藤政順の夫人で、元の名は充である。近江国彦根藩（三〇万石、譜代）の姫として、寛政十二年（一八〇〇）閏四月十三日に生まれた。父は第十一代藩主井伊直中で、母は側室の勅使河原氏である。「桜田御門之外」（現、千代田区永田町一丁目）にある井伊家の江戸の上屋敷で生まれ育った。直中の二〇人の子供のうち充は九番目の四女であった。後に幕府の大老をつとめる井伊直弼は、充真院にとって十五歳年下の異母弟である。

充真院が生きた時代　充真院は近世後期から明治初頭に生きた大名夫人である。その時代を少し振り返ってみよう。五歳であった文化元年（一八〇四）にレザノフが長崎に来航、九歳であった同五年には間宮林蔵が樺太探検に出発、同年にフェートン号事件が起きている。幕府によるいわゆる鎖国という対外政策が外圧により揺らぎはじめた時期であり、また幕府としても北方に意識が向きはじめ行動を起こした時期ともいえる。充真院が五十四歳であった嘉永六年（一八五三）はペリーの浦賀来航、プチャーチンの長崎来航があり、同七年に日米和親条約が締結された。この時に幕府の大老を井伊直弼がつとめており、対外関係の大転換に直接関わっていた。実家井伊家の弟である直弼が関与した開国、および当時の海外事情に充真院が関心を寄せていたことは、充真院の蔵書に関連書類が存在することからうかがわれる。

時代・体制の大転換　充真院は江戸時代から明治時代へと時代、および政治体制の大変革に遭遇している。六十八歳であった慶応三年(一八六七)に十五代将軍徳川慶喜が大政奉還、将軍職を辞任して幕府が終焉を迎えた。この頃、充真院は江戸の六本木屋敷に住んでいた。徳川家から信頼が深く、さらに幕末の動乱期も佐幕の立場を貫いた内藤家の家人である充真院にとって、幕府が消滅することは衝撃的かつ痛ましい出来事で、さまざまな思いが去来したはずである。同四年一月に鳥羽・伏見の戦いが勃発して戊辰戦争がはじまり、二月に将軍慶喜が江戸城を出て上野の寛永寺に閉居、四月に江戸城が官軍側に開城されるなど一連の事件が起きる。六十九歳の充真院は、これらを江戸で耳にしたはずである。とりわけ、江戸城の主であった将軍慶喜の江戸城退去や官軍への江戸城明け渡しは、六本木屋敷に住んでいる充真院にとって、緊迫感・恐怖を感じたのではなかろうか。同年五月に上野戦争が起きるが、幸いにも充真院は閏四月下旬に江戸屋敷を離れて延岡へ転居の旅に出ていた。

明治二年(一八六九)一月の版籍奉還、同四年七月の廃藩置県の頃、充真院は延岡に住んでいた。充真院が七十歳、七十二歳の出来事であった。大名家は領地を明治政府に返還、領主としての立場から離れることとなる。大名家の姫として生まれ、奥方として過ごした充真院にとって、自らが所属していた階級の立場が大きく揺らぎ変化した。既に高齢であった充真院は、この事態を嘆かわしく不安に感じたことだろう。

その後、同五年二月に充真院は東京(江戸から改称)に戻った。同年五月には品川・横浜間の鉄道が仮開業、九月に新橋・横浜間の鉄道が開業など、明治政府による近代化が急速に推進されつつあった東京を、充真院はどのような思いで眺めただろうか。充真院が他界したのは同十三年十月である。享年八十一。幕府の対外関係の動揺、そして開国、幕府の終焉、新時代の開幕を充真院は目の当たりにしたのである。近世から近代への大転換期を生きた人生であった。

尊敬された充真院　充真院はその聡明な人柄や、子女の躾・教育に厳しかったという逸話などが、現在、内藤家に語り継がれている。これは近世後期から明治初期に生きたという時代的な面に加えて、充真院が内藤家で尊敬される人柄・存在だったからこそである。内藤家において、奥方・養母・隠居と人生の中で立場が変遷したが、そのつど自らの立場を受け入れてわきまえ、自らのつとめをしっかりと果たすことにより、内藤家を内側から支え続けた。

内藤家で充真院が尊敬されたもう一つの要因は、充真院が過去の内藤家当主らの事績を見つめ、敬意を表する行動を実践したことである。伏見城の戦いで戦死した家長と元長の大津にある墓所に、転居の旅の折にわざわざ立ち寄り拝み、文人大名として名高い義概の和歌集を、家の学問として継承するために改めて筆写して備えた。過去の当主たちを心の中で崇敬するだけでなく、その気持ちを原動力として行動に移したのは、充真院の優れた知的能力と性格によるものであり、内藤家の奥方として唯一無二の存在であった。

外見と内面を知る素材　充真院は数多くの大名家の夫人の中でも特筆すべき点がある。それは、本人を撮影した写真(図1)と写真原板(図2)が現存すること、さらに本人が日頃、手元に置いていた蔵書が現存することである。写真およびその原板は晩年期の姿であるが、外見としての人物像がわかる。蔵書からは内面(知的関心)を知ることができる。蔵書の中には自らが執筆した著作もあり、これらを紐解くと充真院の知性や感情など人柄を知ることができる。もっとも、奥方の写真と蔵書が存在すること自体が稀である。当時としては厭う人もいる写真撮影を体験していること、さらに、書物を読むことに加えて執筆活動もしていた点などは、充真院が保守的な感情や行動になりがちな老年期の傾向とは反して、新奇な物を受け入れる柔軟な心を有する人物であることや、執筆活動を楽しみとする高い知性の持ち主だったことがうかがえる。

図１　充真院老年期の写真

図２　写真原板（甲斐勇氏旧蔵）

写真と原板　写真とその原板についてふれておこう。これまでに知られている充真院の写真と原板を比較すると、充真院の顔に若干の違いがあることがわかる。それは眉と目である。眉は原板の方がこれまでに知られている写真よりも細い。写真は、修整を施して眉を太くしていたことがわかる。さらに目も同様で、写真は上瞼に修正を施してくっきりとさせていた。したがって、原板は従来知られていた充真院の写真の顔だちよりも、より柔らかい雰囲気で穏やかさが増しているが、気のせいか、やや寂しげな表情にも見える。

蔵書に関する新知見　現存する充真院の蔵書は、明治大学博物館が所蔵する内藤政道氏寄贈書の中にある。かつては充真院の一連の御手元本だったものである。いずれも写本類であり版本はない。この偏りは蔵書として極めて不自然である。しかも、充真院の紀行文『五十三次ねむりの合の手』（後述）の記述から、十返舎一九著『膝栗毛』（『東海道中膝栗毛』）を充真院が読んでいたことがうかがえるが、現存する充真院の蔵書にこの書物はない。さらに『五十三次ねむりの合の手』からは、絵入りの地誌として名高い『東海道名所図会』や『摂津名所図会』などを充真院が読んでいた可能性がうかがえるが、これらも同様に充真院の蔵書として現存していない。ところで、内藤家は昭和に入ってから充真院の御手元本や内藤家の他の蔵書を一括して、三冊からなる蔵書目録を作成している。この「蔵書目録」に収載された書物の点数は四八六七点、冊数としては一七四四〇冊である。一冊目の「蔵書目録」を見ると、『東海道名所図会』が二点記載されている。さらに、『摂津名所図会』が一点記載されている。これらが充真院の御手元本か否かはわからないが、内藤家の蔵書として所蔵されていたので充真院が読んだ可能性がある。

「蔵書目録」の各冊の文末に「昭和十四年七月二十一日」の記載と延岡邸家扶の内藤興二郎の署名と印がある。一冊目の「蔵書目録」の文末には、延岡合同運送店から東京邸へ運送された旨が記されており、収載された書物群が一時期延岡にあったことが確認できる。かつて江戸屋敷で保管していた書物類は近代に延岡に移し、再び東京に戻したのである。三冊目の「蔵書目録」の冒頭には慶應義塾大学に四種に分けて寄贈した旨が記してある。この目録に掲載された刊本の多くは、最後の藩主内藤政挙《まさたか》と所縁のある慶應義塾大学に寄贈（内藤文庫、後に戦災で焼失）された。その際に充真院が生前に所持していた刊本も含まれた可能性がある。なお、慶應義塾大学三田メディアセンターの貴重書室が所蔵する昭和十六年（一九四一）十月の年記がある「内藤文庫目録」に、『東海道名所図会』や『摂津名所図会』が記載されている。これらの刊本は内藤家が慶應義塾大学に寄贈する対象に含まれていたのである。

現存する充真院の蔵書は存命時に所有していたすべてではないが、これらを眺めると充真院が日々の生活を過ごす空間で、手元に備えていた書物箱の中身が再現できる。個人の書架を見るとその人物の知的な興味・関心がわかるといわれる。充真院の蔵書は、まさに充真院の知的関心をうかがい知ることができる貴重な素材なのである。

書物への関わり方　現存する充真院の蔵書は、他者が執筆した本の写本と、本人が身近な読者を想定して執筆した著作がある。すなわち、充真院と書物の関わりは、読者という一般的な姿と共に、作者としての姿もある。充真院が執筆活動を行ったと明確に年次が確認できるのは、六十代以降の老年期のものである。多くの書物に親しみ、知的活動により日々を過ごした人生の積み重ねがあったからこそ、自ら筆を執りたいという意志に突き動かされ、現実に花開いたのであろう。読み手と書き手という二つの方向から書物に関わるようになったことは、充真院の歩んだ人生の軌跡がもたらした結果といえよう。

現存数とその分野　現在、充真院の旧蔵書は七七点あり、冊数としては一四五冊ある。これらの内容を大別して多い順に示すと、和歌、文学(和歌以外のものとして、物語、人情本、随筆)、紀行文、雑記、語彙・語学・事典、外事(海外事情)、絵画、教訓・心得、書道、注釈、人物、長唄、浄瑠璃、狂言、遊戯、服飾、礼法、弓術、行事、自筆貼り込み帳、その他である。

蔵書を類別化した傾向からうかがわれる充真院の知的関心は次の通りである。和歌をはじめとする文学を知的関心の軸としながら、紀行文や外事のような非日常的な事項にも関心を寄せ、雑事に分類されるような日常生活に関わる幅広いさまざまな事柄に興味を持ち、長唄・浄瑠璃・狂言などの芸能を楽しみ、絵画や書道も研鑽し、服飾や礼儀作法などを嗜み、教訓や心得などを尊重して人生の指標の一つとしたのである。

関心高き分野　とりわけ充真院が興味を寄せていたと思われる分野は、和歌、文学(和歌以外)、紀行文である。抜群に多いのは和歌に関する書物である。充真院は和歌を自ら創作するので、学びのためにさまざまな和歌に関する書物を備えている。なかには、自ら創作した和歌が収録されている書物もある。次に多いのは、和歌以外の文学で、これに『源氏物語』が含まれる。注目すべきは、北村季吟が著した『源氏物語』の注釈書『湖月抄』を自ら筆写していることである。実に膨大な書写量なのである。さらに『源氏物語』に関する後世の物語も蔵書として所持している。大名家の奥方が『源氏物語』を婚礼道具や読書の対象の一つとして所持することは知られているが、充真院のように本文および注釈からなる莫大な文字数の『湖月抄』を自ら写すのは、たいへんな労力である。しかし、充真院はそれを成し遂げている。これも他の奥方と充真院との明らかな違いである。紀行文については後述する。

以下、充真院の人生を世代ごとに振り返ってみよう。

十代―内藤家の奥方　娘時代には琴（八橋流）、香道（米川流）を嗜んでいた充は、文化十二年（一八一五）六月十三日に内藤家に嫁ぐ。内藤家は七万石とはいえ、井伊家と同様に徳川家から信頼が厚い譜代藩である。相手は若き藩主政順《まさより》である。婚礼をあげた時、充が十六歳、政順は十八歳であった。井伊家の桜田の上屋敷から内藤家の虎ノ門の上屋敷への輿入れなので、一㎞に満たない距離を移動して近所に嫁いだのである。

二十代―跡継ぎの誕生と死去　婚礼を挙げた四年後の文政二年（一八一九）六月二十六日の酉の上刻（午後五時）に、二人の間に待望の子供が生まれた。充が二十歳、政順二十二歳の時である。しかも大名家として待望の男子であったが、早産であり二日後に死去してしまった。その後、二人の間に子供は授からなかった。早世した男子の法名は現光院殿清圓智照童子で、江戸屋敷に近い西久保（現、東京都港区虎ノ門）にある天徳寺（浄土宗）の塔頭の摂取院に埋葬された。摂取院は内藤家の江戸屋敷で死去した子供や側室の墓所であった。

三十代―早すぎる夫との死別　夫の政順は元来体が弱かった。天保五年（一八三四）八月二十一日に疝気（腹部の不調で痛みを伴う病）により、三十七歳の若さで死去した。その時、充は三十五歳であった。内藤家に嫁いで十九年後のことである。政順には菩提寺である浄土宗の関東総本山光明寺（現、神奈川県鎌倉市材木座）から海上院殿従五位下右京兆光誉流泉明山大居士という法名が授けられた。以後、内藤家では政順を海上院様と称するようになる。藩主が死去すると、奥方も以後は法名を称す。充には光明寺から、充真院・充林院という二つの法名候補が提示され、充は充真院を選んだ。したがって、充は三十五歳の若さで法名を名乗ることとなる。以後、半世紀近くを充真院と称した。なお、充真院は虎ノ門屋敷で政順の遺骸と最後の別れをして、家中の者たちが葬送行列を行い、光明寺で葬儀をした。

弟を養子に迎える　政順の快復が望めなくなった時、内藤家は跡継ぎが不在であったため、充の弟直恭《なおやす》を養子に迎えた。実はこの時、当時二十歳の直弼と十五歳の直恭の二人が養子候補となったが、直恭が選ばれた。この理由は、直恭が充の早世した男子のほぼ同年（直恭が七か月後の生まれ）であったことによると思われる。充、改め充真院は、直恭、改め政義の養母として、引き続き虎ノ門の上屋敷で過ごした。当時は藩主である夫が死去すると、夫人は隠居の立場となり、居所も他の屋敷に転居して環境も変わる。しかし、充真院は上屋敷の女主人としての立場がすぐに変わることがなく、しかも亡き実子とほぼ同年の弟の成長を見守ることとなった。天保九年（一八三八）十一月、政義は十九歳の時に筑後国柳川藩（一〇万石・外様）藩主立花家の録と婚礼を挙げた。充真院はその二か月前の九月に内藤家の下屋敷である六本木屋敷に転居した。六本木屋敷の主人としての生活が始まったのである。人生における一つの節目を迎えた充真院は、新たな住居の六本木屋敷に松の木を植えた。末永い弥栄の祈りを込めたのであろう。

四十代―初めて旅へ　いまだ充真院の四十代については詳細が不明である。わずかにわかったこととしては、今日確認できる充真院の初めての旅が四十歳の時だったことである。それは、天保十年（一八三九）四月のことである。旅先は相模国鎌倉で政順が埋葬されている菩提寺の光明寺参詣が表向きの目的であった。この年は政順没後五年であり、かつ前年九月に充真院は転居、同十一月に政義が奥方を迎えるなど、充真院の人生の節目でもある。実際には充真院の慰労を兼ねた旅でもあった。夫との死別の悲しみを体験した充真院が、初めての旅を体験して久しぶりに楽しいひとときを過ごしたことと思われる（詳細は第二章）。

六十代―たび重なる苦難　現在のところ、充真院の五十代における大きな出来事は不明である。充真院は当時の上層階級に生まれたことこそ恵まれているといえようが、二十代と三十代は前述したように跡継ぎとなるべき子供が誕生後間もなく死去し、その後も跡継ぎに恵まれず、さらに夫が早世するなど家族の縁が薄かった。さらに充真院の六十代は苦難にたびたび見舞われた。実家の不幸と江戸から延岡への転居である。まず、六十代最初の不幸は安政七年（一八六〇）三月三日の桜田門外の変である。落命した幕府の大老井伊直弼は充真院の異母弟である。充真院は当時六十一歳であった。井伊家から内藤家と充真院に、当日のうちに直弼に惨事が起きたことが伝えられた。当時四十六歳だった直弼は跡継ぎを決めていなかったため、井伊家は跡継ぎを決めて家督相続の手続きを完了するまでの間、直弼が生きているかのように装った。充真院らも井伊家に合わせて見舞いを送るなどの行動をした。弟の不慮の死に心を痛めたことに加え、翌月末に実家の家督相続が完了してその翌日に直弼の死が公表されるまでの間、充真院は実家を心配する日々が続いた。

苦難の合間の慶事　充真院にとって六十一歳は直弼の惨事という悲劇に見舞われたが、年末に喜ばしい出来事があった。政義と延岡の側室の間に生まれて延岡で育っていた姫が、充真院と六本木屋敷に同居することになったのである。この姫は政義の五女で、誕生は嘉永三年（一八五〇）八月十八日である。当初、義（義姫）と称した。政義の娘なので充真院と義の関係は本来、伯母と姪であるが、政義が充真院の養子となったので、充真院と義は祖母と孫娘の間柄である。政義には子供が一七人（六男十一女）いたが多くが早世したため、義に養子を迎えて養子に家督を継がせることにした。義は万延元年（一八六〇）十月十一日に延岡を発ち、十二月二十八日に江戸に到着し、その日に充真院により光（光姫）という名を与えられた。充真院はかつて充と呼ばれており、その「みつ」という音と同じ読み方をする光という字の名前を付けたのである。同じ読み方をする名前を与えたことから、充真院がこの姫に対して深い思いやり期待を寄せていたことがうかがえる。光はこの時、十一歳の少女であった。

江戸から離れる　江戸で生まれ育ち、大名の正妻であった充真院は、本来は生涯を江戸で過ごすはずであった。しかし、思いがけない事態に直面した。文久二年(一八六二)閏八月二十二日に幕府が参勤交代制度を転換、また江戸の治安悪化により、これまで江戸屋敷に住んでいた大名の家族は領地に転居するよう命じられた。さらに、同三年二月十三日に十四代将軍徳川家茂が、三代将軍徳川家光以来二二九年ぶりの上洛のため、江戸城を発ち、江戸城の主が不在となった。江戸を離れがたく、出発を引きのばしていた充真院であるが、ようやく四月六日に江戸の六本木屋敷を発ち延岡へ転居の旅に出た。この時、充真院は六十四歳である。江戸に残る人々と涙を流して別れ、江戸に二度と戻ることはないと思い悲しみにくれた旅立ちであった。陸路と海路を経て六月二日に延岡の屋敷に到着した。その後、六十六歳の時、思いがけず江戸に戻ることとなり、たいそう喜んだ。元治二年(一八六五)三月十五日に延岡を出発して、江戸に同年(四月七日に慶応と改元)五月二十七日に到着した。充真院にとってうれしい江戸転居であった。なお、二度の転居のための旅に光も同行している。

光の病没、再び江戸を離れる　懐かしい江戸に戻った充真院は、六本木屋敷で光と共に束の間の穏やかな日々を過ごした。しかし、二年後の慶応三年(一八六七)七月二十八日(公には八月四日)の亥の中刻(午後十時)に光が十八歳の若さで結核と脚気が原因で死去してしまった。六十八歳であった充真院にとって、孫娘の早世は辛すぎる出来事であったことだろう。充真院が光と共に過ごした幸せな日々は、わずか六年半であった。光は天徳寺から賢操院殿愍誉順孝貞心大姉という法名を与えられ、摂取院に埋葬された。不幸は続き、充真院はまた延岡へ再転居することとなった。光が亡くなってからわずか十か月後の慶応四年(一八六八)閏四月二十日に江戸を出発した。六十九歳になっていた充真院にとって、せっかく戻れた江戸から転居しなければならないことは実に悲しかっただろうし、遠い延岡への旅は体にもこたえたことであろう。長旅を経て六月十八日に延岡に到着し、再び延岡での生活を始めた。

七十代と八十代―江戸での晩年　充真院は七十三歳の時に東京に戻った。充真院が延岡に居住していた間に、江戸は東京と改称していた。明治五年（一八七二）一月十四日に充真院は延岡の屋敷を発ち、二月十五日に東京に到着した。以後、生涯を大好きな江戸で過ごした。最晩年の日々を東京で暮らせたことは、充真院にとって幸せだったはずである。充真院は同十三年十月二十四日に東京の麻布城山御殿で死去した。当時としては長寿で享年八十一であった。

充真院の法名は充真院殿光蓮社円誉湛然明性大法尼である。本来ならば、鎌倉の光明寺にある内藤家墓地に埋葬されるべきだが、当時、この墓地に埋葬して墓石を建てる場所がなく、内藤家の妻子の多くが埋葬されていた天徳寺の摂取院に埋葬された。その後、充真院の墓は青山墓地に改葬、さらに現在は延岡市の城山公園の北側、大手門の横に隣接する内藤家城山墓所に合葬されている。なお、遺髪と遺歯を光明寺の内藤家墓地にある政順の墓に合葬した。このような例は内藤家墓地の他の墓にはなく、政順と充真院とは夫婦仲が実に良好だったことの証しといえよう。さらに、四十歳の時に政順の墓所参詣に訪れた光明寺での思い出が充真院にとって良きものであり、さらに内藤家墓所の立地、環境も含めて充真院が好ましく思っていたからであろう。

二　紀行文と寺社参詣の記録

参詣した寺社とその記録　本書では充真院が寺社参詣に訪れた寺社のうち、一〇か所を詳しく紹介する。位置する国ごとに東から西の順で示すと、相模国の鎌倉にある光明寺、三河国の大樹寺（塔頭の信楽院を含む）と西光寺、摂津国大坂の高津宮・新清水寺・安井天神・一心寺・四天王寺・住吉大社、讃岐国の金毘羅である。光明寺と大樹寺の塔頭信楽院、および西光寺は内藤家の菩提寺であり、墓や位牌を拝み先祖・故人を供養している。摂津国大坂の寺社と讃岐国の金毘羅は当時の名所で、神仏を拝むことに加えて、著名な地を見聞して楽しむための参詣である。

充真院の寺社参詣を知ることができる史料は、内藤家の私的な文書、いわゆる御手元本の充真院が執筆した紀行文（旅日記）、藩政文書としての内藤家文書、寺社側の文書などである。もっともその根幹を成すものは充真院の手による紀行文である。これらのうち、光明寺については充真院が紀行文を残していないので、藩政文書と光明寺文書によって復元した。他は全て充真院の紀行文を主として、藩政文書や文献で補った。

充真院の紀行文　充真院の寺社参詣に関する記事を含む紀行文についてふれておこう。充真院は人生において四冊の紀行文をしたためた。それらの題名は『五十三次ねむりの合の手』『海陸返り咲こと葉の手拍子』『三下りうかぬ不調子』『午ノとし十二月より東京行日記』である。四冊とも老年期に転居のための旅を機会に執筆した。『五十三次ねむりの合の手』は六十四歳、『海陸返り咲こと葉の手拍子』は六十六歳、『三下りうかぬ不調子』は六十九歳、『午ノとし十二月より東京行日記』は七十三歳の頃の旅であった。

記載形式はいずれも旅の過程を日次で記している。さらに四冊とも、旅の最中に備忘録を作り、旅を終えた後日に改めて文章化し清書して冊子にまとめたものとみなせる。その理由は、日記体裁の記載の中に後日譚を記した箇所があること、挿絵の配置の大部分が極めて的確で充分に考えられた感があること、膨大な文字数に対して修整した箇所が少ないことなどである。

記載日数と旅の期間　それぞれの紀行文に記載した日数は、『三下りうかぬ不調子』は旅の期間のみを記載しているが、他の紀行文は旅の期間に加えてその前後の日々に関する記載をも含んでいる。記述した日数が多い順に示すと、『海陸返り咲こと葉の手拍子』が七十五日、『五十三次ねむりの合の手』は六十日、『三下りうかぬ不調子』は五十九日、『午ノとし十二月より東京行日記』は四十四日である。旅の期間を長い順に示すと、『海陸返り咲こと葉の手拍子』は六十九日、『三下りうかぬ不調子』は五十九日、『五十三次ねむりの合の手』は五十六日、『午ノとし十二月より東京行日記』は三十一日である。

記載量　四冊の紀行文の記載量を丁数の多い順に示すと、最も多いのは『五十三次ねむりの合の手』で八六丁、『海陸返り咲こと葉の手拍子』は八四丁、『午ノとし十二月より東京行日記』は二九丁、『三下りうかぬ不調子』は一七丁である。しかし、丁に配した文字数の量としては『海陸返り咲こと葉の手拍子』が最も多く、『五十三次ねむりの合の手』がこれに僅差で続き、『午ノとし十二月より東京行日記』『三下りうかぬ不調子』の順となる。

いずれにしても、江戸・延岡間の初めての往路・復路についてしたためた『五十三次ねむりの合の手』と『海陸返り咲こと葉の手拍子』が、二度目の往路・復路の紀行文である『三下りうかぬ不調子』と『午ノとし十二月より東京行日記』よりも格段に記載量が多い。初の往路・復路は目にした数々のものが充真院にとって新鮮で、その知的好奇心をおおいに揺さぶり、かつ心魅かれる事物が豊かであり紙数を費やしたのだろう。一方、二度目の往路・復路は既に見知った事物であり、さほど目新しさを感じなかったこと、および初めての往路・復路の紀行文に多々記したので、あえて取り上げる必要を感じず記述量が少ないのであろう。

二冊の紀行文の特徴　充真院がしたためた四冊の紀行文のうち、本書では充真院が著名な寺社を参詣した記述がとりわけ充実している『五十三次ねむりの合の手』と『海陸返り咲こと葉の手拍子』を主に用いた。『三下りうかぬ不調子』と『午ノとし十二月より東京行日記』は若干ではあるが補足としての記述がある際のみ利用した。

二冊の紀行文の特徴は、充真院の豊かな文章力と多数の挿絵である。その文章は詳細な描写や素直な感情を織り込んだ明確で豊かな文章である。しかも時折、充真院や御付の者の会話が記されている。まるで読み手も充真院らと共に旅をしているような臨場感を受ける。この点は原文を音読してみるとより強く実感できる。そして充真院の人物像が彷彿と浮かび上がってくるのである。

充真院が描いた挿絵も紀行文の魅力である。挿絵は熟練した巧みな描きぶりである。充真院の挿絵の特徴は、間取り図をよく描く、鳥瞰の視点で広い範囲を描く、画面を大きく用いるために見開きで描くことなどがあげられる。挿絵は水墨画である。墨で輪郭線を描き、部分的に朱・薄緑・薄青・薄紫・薄墨などの彩色を施している箇所もある。薄墨を彩色として用いた部分は、遠近感や立体感が感じられる。薄墨の巧みな用い方は、充真院の絵を描く技量の高さを示していよう。挿絵の配置も工夫しており、充真院が優れた画面構成の感覚を有していたことがうかがえる。

集大成としての紀行文　以上から、充真院は実に優れた紀行文の書き手といえる。旅の機会があったとしても、誰でも充真院のような立派な紀行文をしたためることはできない。充真院の生来の聡明さに加えて、人生において豊富な読書経験、長年にわたる文章表現技術の研鑽、絵の鑑賞、自らも絵を描き、思いを和歌に詠むなど、知的な生活を日々積み重ね、教養深い人間形成を果たしていたからこそ成し得たのであり、珠玉の紀行文として結実したのである。充真院の知的活動の賜物であり、集大成というべき存在がこれらの紀行文であった。

執筆の背景　充真院は長編の優れた紀行文を人生で四冊も執筆できる素養を兼ね備えていた。何よりも文章や絵を書くことを楽しみと感じていたうえ、好奇心豊かな性格ゆえに非日常の旅で興味ある事物をしっかりと見聞した。本来、大名夫人は江戸屋敷から容易に離れることはできないが、思いがけず老年期に転居のため長距離・長期間の旅に出たのは、充真院が長い人生を歩んだ中で稀な出来事であった。充真院は旅に出る際に、身近な人々や転居のために別れた人々にいずれ自分の旅の体験を知らせたく思い、旅が終わったら紀行文をまとめようと心に留めており、道中の見聞を周到に備忘録に記していたからこそ、後に優れた紀行文をまとめられたのである。

旅の途中の寺社参詣　紀行文にしたためた文章と挿絵は、充真院が執筆する楽しさを味わい、さらには稀な旅の体験を知人らに伝えたいという、極めて個人的な意図で作成したものである。しかし、長い年月を経た現在、充真院の優れた文章と挿絵は、失われた当時の寺社の様子を知ることができる貴重な史料でもある。紀行文の中に散在する寺社参詣の記録は、寺社の規模、および道中の都合により参詣する時間もさまざまである。したがって寺社により記載量もさまざまである。本書で紀行文の記述を基にした章（三〜五章）は、充真院が時間をかけて参詣し、多くの見聞を得た記述量が豊かな事例である。予定している次の宿泊地をめざして移動することを繰り返す長旅の日々において、充分に時間をかけた寺社参詣がいくつか存在したことは、充真院にとって良き気分転換になったことだろう。

本書で紹介する旅の途中の寺社参詣は、充真院にとって気晴らしができた特別な日であった。神仏を拝む信仰の場である寺社だが、充真院は参詣先の寺社で参拝に加えてさまざまな事物に関心を持ち、それらを見つめて記録を残した。充真院の紀行文から寺社参詣の記事を紐解くことにより、大名夫人であった充真院がどのような寺社参詣をしたのか、参拝の姿勢、見聞した事物、思い、寺社での交流などを明らかにしてみたい。

第二章　相模国鎌倉光明寺と近隣の寺社――菩提寺参詣と名所めぐり――

一　内藤家の菩提寺光明寺

初めての旅　現在のところ、充真院の人生において確認できる初めての旅は、相模国鎌倉郡にある内藤家の菩提寺光明寺（現、神奈川県鎌倉市）の廟所（墓地）参詣である。天保十年（一八三九）のことで、当時、充真院は四十歳である。充真院が住んでいた内藤家の下屋敷は六本木で、現在ならば鎌倉までは日帰りで出かけられるが、充真院の旅では往路・復路それぞれに一泊ずつ費やしている。この旅の注目すべき点は、充真院が菩提寺を参詣することが表向きの目的であるが、鎌倉の名刹と周辺の名所めぐりも計画していたことである。したがってこの旅は七泊八日もかけている。旅の期間は四月四日から十一日までで、現在の太陽暦では五月中旬に相当する。気候は初夏のさわやかな時期、かつ梅雨の前であり、旅をするには最適な時期である。夫である藩主政順に先立たれたとはいえ、好奇心豊かな充真院がいまだ壮健な頃の旅である。

江戸時代の鎌倉　旅の目的地である鎌倉は、近世初期から名所・旧跡と認識されており、知識層が来訪している（図3）。一例をあげると、水戸の徳川光圀は『大日本史』編纂の一端として、延宝二年（一六七四）に鎌倉に来遊し、その見聞を『鎌倉日記』にまとめ、これを基にして後に『新編鎌倉志』を編纂した。庶民たちも江戸から近い手頃な

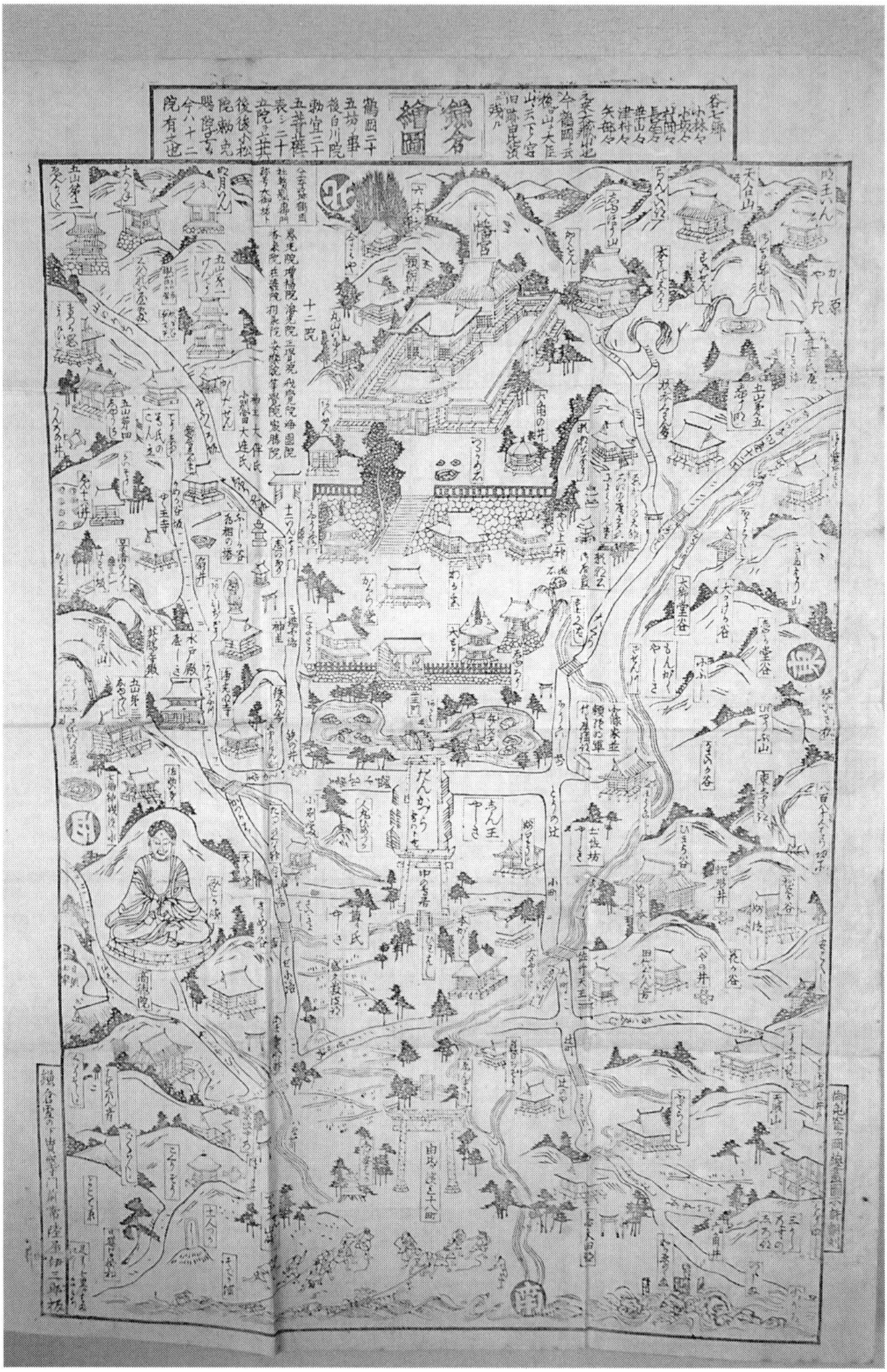

図３　鎌倉絵図

名所として気安く訪れるようになった。ちなみに、充真院が鎌倉に訪れた時期に近い紀行文としては、蔵書家として知られた考証学者小山田与清の「鎌倉御覧日記」がある。「鎌倉御覧日記」は、天保六年（一八三五）四月に、小山田与清が知恩院尊照法親王の帰洛の際、藤沢まで供奉し、その途中に金沢八景や鎌倉を巡覧した時の旅情を書き留めてある。充真院の旅のわずか四年前の鎌倉見聞を書き留めたものである。

鎌倉への旅の際には、近くの江ノ島や金沢八景にも足をのばすことが多かった。充真院の旅においても、鎌倉の光明寺の廟所参詣が目的であるが、実はそれ以外の鎌倉の名刹と江ノ島、金沢八景などの景勝地も訪れた。したがって、充真院の初めての旅は当時の鎌倉への旅の典型といえる。

光明寺　訪問先である鎌倉の光明寺は、天照山蓮華法院光明寺と号する浄土宗の大本山として栄えた寺院である（図4）。本尊は阿弥陀如来である。寺の起源は延応二年（七月に仁治に改元、一二四〇）三月に良忠（記主禅師）が佐介（佐助）に蓮華寺を創建したことに遡るという。現在地の海辺の材木座に移転した時期は不明である。寛元元年（一二四三）五月に蓮華寺は光明寺と改められる。光明寺は中世において天皇家から厚い処遇を受けている。永享八年（一四三六）に後花園天皇から山門の額字「天照山」を賜った。さらに、明応四年（一四九五）四月には、後土御門天皇が当寺を勅願寺とし、十夜法会を勅許した。しかも勅願寺になってから、寺紋に古来、皇室の紋章で

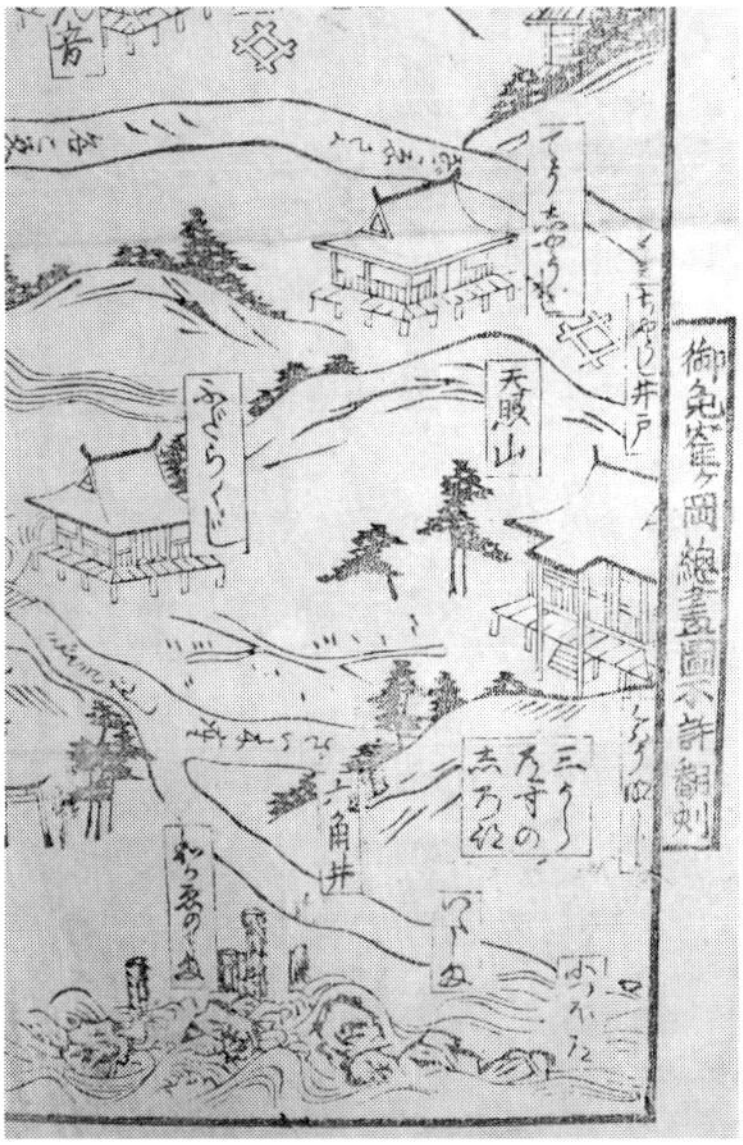

図4　鎌倉絵図部分
（光明寺「くはう明じ」）

図５　大きな宝篋印塔（内藤家墓地）

図６　多くの石造物（内藤家墓地）

あった十六菊に五七の桐を用いることが許された。

近世においては徳川家との所縁もある。徳川家が関東に移動して一大名である時期だが、慶長二年（一五九七）に家康が当寺を浄土宗における関東十八檀林（学問修行の寺）の首座とした。同七年に光明寺は浄土宗の関東総本山となった。実に由緒ある寺院なのである。

内藤家との関係　内藤家と光明寺の関係は、内藤忠興が藩主であった万治元年（一六五八）に、菩提寺を霊巌寺から光明寺に変更したことに始まる。光明寺は当家に加えて支藩の湯長谷藩（忠興の次男政亮が初代藩主、一万五〇〇〇石）の菩提寺になった。光明寺にとって内藤家は大檀那である。光明寺には当寺との所縁を結んだ忠興の木造座像（貞享二年〔一六八五〕の忠興の十三回忌に制作。現在、非公開）が安置されている。さらに当寺の住職は江戸城に新年の挨拶に登城しており、その帰りに内藤家の江戸屋敷に立ち寄ることを恒例としていた。

内藤家墓地　内藤家の墓地は光明寺の寺域の南側に位置する。現在は北側を光明寺幼稚園、南側と西側は住宅地に囲まれ、東側は切り立った崖である。この東側の崖沿いにあるやや小高い道から西を眺めると、材木座海岸が見える。したがって、かつては墓地から海が眺められたはずである。墓地には石造物が林立しており、なかでも藩主と夫人の墓碑は宝篋印塔で高さがおよそ三ｍに及ぶ巨大なものである（図５）。墓碑は五八基で、その内訳は、宝篋印塔が四〇基、笠塔婆が一二基、仏像形が四基、五輪塔が一基、角塔婆が一基である。その他、燈籠が一一八基、手水鉢が一七基、地蔵尊等が九基ある（図６）。全国でもこれほど多数の石造物が存在する墓地は稀であるという。当墓地は昭和三十七年（一九六二）九月七日に鎌倉市指定史跡となり、今日に至っている。江戸時代においてはこの墓地を内藤家では廟所と表現している。そして、内藤家の家中を霊付役人（廟付役人）として当地に常住させて、光明寺と折々に連絡を取り合っている。

二　鎌倉参詣の記録について

内藤家における立場　内藤家の藩政文書は明治大学博物館が所蔵しており、譜代大名家文書の白眉といわれる。豊富な質量を誇る内藤家文書を概観すると、充真院に関する史料や記事は、他の奥方らに関する史料よりも明らかに多く残っている点が目をひく。これは、充真院の実家が屈指の譜代の名門井伊家であることや、藩主政順の正妻、かつ次の藩主政義の実姉という特別な立場が反映していよう。さらに前述したように、充真院の私的な書類、すなわち御手元本というべき史料群が内藤政道氏寄贈書の中にある。近世後期から明治初期を生きたとはいえ、内藤家の家族として本人が生前所有していた書類がまとまって現存するのは、充真院が多くの蔵書・記録を作成して所持していたからであるが、さらに後世の内藤家の家人が充真院を特別な存在と意識し敬愛したため、遺品の蔵書類を大切に保管し継承したからであろう。

鎌倉への旅の記録　本章で扱う江戸から鎌倉への旅について、充真院の手によるまとまった紀行文は、現在のところ確認されていない。しかしながら、明治大学博物館が所蔵する藩政文書の内藤家文書と参詣先の光明寺が所蔵する光明寺文書をあわせて検討することにより、鎌倉の旅の様子を知ることができる。旅の主たる目的地である鎌倉は江戸から近郊で旅の期間は八日間である。充真院がその後の人生において経験した江戸・延岡間の四度の長期にわたる転居のための長旅に比べると、鎌倉への旅は実にささやかな旅である。とはいえ、内藤家側の旅に先立つ計画段階の様子、先方とのやりとり、目的地での充真院の行動などを詳細に知ることができる、極めて貴重な事例である。

さて、充真院の光明寺廟所参詣について記録した史料を紹介しておきたい。内藤家文書のうち、「充真院様鎌倉御廟参調」は、この旅のために作成された書類である。さらに、右の書類の記載を補う史料として、家老日記の「天保十年　万覚帳」や藩士の家譜である「新由緒書」「由緒書」「下士以上由緒書」などに散見する当該記事がある。さらに、随行者の心得を示した「覚」という一紙文書がある(詳細は後述)。光明寺文書としては、同十年三月の年記を持つ「虎門内藤家奥方　充真院殿御廟参記」がある。これらのうち主たる書類について次にふれておこう。

「充真院様鎌倉御廟参調」　「充真院様鎌倉御廟参調」はこの旅に関する一連の計画書である。横帳二冊と一紙文書一点からなり、「充真院様鎌倉御廟参調」と題した一件袋にまとめられている（図7）。現代風にいえばファイリングしていたことになる。複数の関連書類を丁寧に一件袋に入れて保存したのは、これらの書類を後世に継承することを強く意識していたからである。その理由は、充真院の菩提寺参詣は藩の事業として重要と見なされたからである。さらに内藤家ではこの書類をその後に同様の旅が実施された際に、先例、すなわち参考書類にしようと意図していたからである。横帳はいずれも薄手のもので、無題のものが一冊と、「充真院様鎌倉御廟参御行列」と題したものが一冊である。一紙文書は「覚」と題したものである。なお、一件袋には年記を記載していない。

無題の横帳の内容は、随行員の氏名と職名、随行員各自に対する手当金、道中の隊列、旅の道程と日程の概要などで、一連の計画書の中心をなすものである。「充真院様鎌倉御廟参御行列」と題したものは、道中の隊列の順を記載したもの、「覚」は、女性の随行員の一部に対する駕籠の配当について簡単にふれた、いわばメモである。

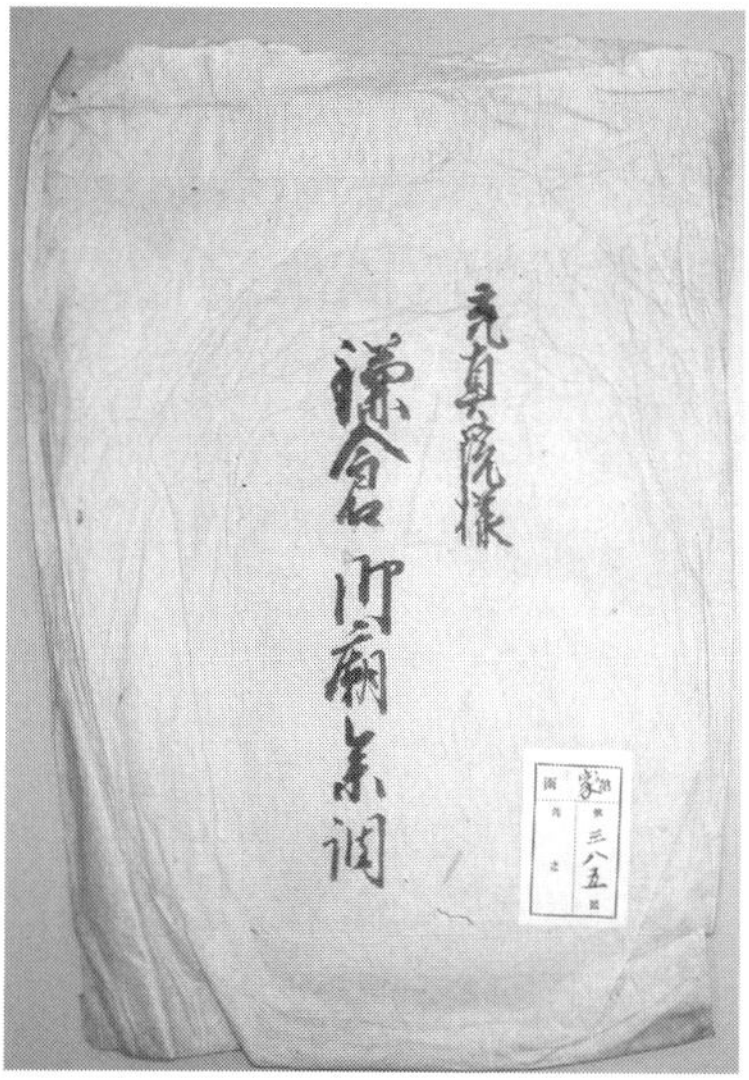

図7　充真院様鎌倉御廟参調　一件袋

六本木屋敷で作成　これらの一件袋の書類は、書類の作成年代や旅の出立日・帰宅日など、具体的な年記を欠く。ただし、「充真院様鎌倉御廟参御行列」の表紙には「六本木重役所」と記載されている。すなわち、当時この書類は充真院が居所としている六本木屋敷で作成された書類なのである。他の一連の書類にはこのような記載はないが、同所での作成と見なしてよいだろう。内藤家としては旅に先立ち企画書に相当するものを、あらかじめ作成したのである。

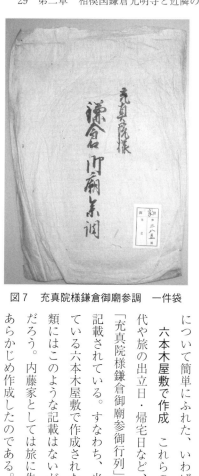

のである。

その他の書類　江戸の虎ノ門にある上屋敷の家老の執務日記である「天保十年　万覚帳」にも、充真院の鎌倉への旅について簡潔に記録している。「新由緒書」「由緒書」「下士以上由緒書」など家中の履歴をまとめた系譜には、充真院の鎌倉への旅に同行した家中がそのことを履歴事項として記載している。前藩主の夫人、かつ当時の藩主の姉で養母の充真院の旅にお供したことは、家中にとって名誉で自らの事績として明記すべき価値がある履歴と認識されたのである。

「虎門内藤家奥方　充真院殿御廟参記」　光明寺にも充真院の参詣に関する記録がある。それは「虎門内藤家奥方　充真院殿御廟参記」である。「虎門内藤家」と冠しているのは、光明寺の内藤家墓地に内藤家本家に加えて、分家であり親戚筋の湯長谷藩の墓があるので、上屋敷の地名を掲げて本家であることを明確にしているのである。なお、湯長谷藩内藤家の上屋敷は麻布桜田町（俗称、麻布百姓町）である。「虎門内藤家奥方　充真院殿御廟参記」は光明寺側が内藤家から御廟参詣の知らせを受けた天保十年（一八三九）三月十五日以降、充真院一行が四月六日に当寺を訪問するまでの間にやりとりした書類を書き留め、さらに充真院が光明寺を参詣した六日の様子を到着から退出まで詳細に記録したものである。したがって、光明寺での充真院の行動を目の当たりにうかがうことができる実に興味深い記録である。光明寺にとって充真院の参詣は最高の礼を尽くすべき客人の来訪ゆえに、詳しい記録を残したのである。

これらの史料を基にして、旅の計画・準備、行程、光明寺参詣当日の様子を以下で再現し、さらにその他に訪れた名所についいもふれてみたい。

三　出発に向けて

旅を実施した理由　なぜ、天保十年（一八三九）の春に充真院の光明寺廟所参詣への旅が計画・実行されたのだろうか。前述した関連する史料を紐解いても、その理由は明記されていない。しかしながら、充真院の身辺に目を転じてみると、理由と思われる要因がうかびあがってくる。

それは、弟であり当時十九歳になった藩主の政義が、同九年十一月に筑後国柳川藩藩主立花家の録を奥方に迎えたことである。藩主の養母という立場に変わりはないが、政義の婚礼に先立つ同年九月に充真院は六本木屋敷に転居した。政義が奥方を迎えるので、上屋敷の女主人としての立場から退いたのである。政義の婚礼は充真院にとっても人生の上で一つの節目を迎えた。しかも藩にとって、藩主の婚礼は一大事業である。家中の婚礼担当に選ばれた者が実務を担うとはいえ、養母という立場の充真院は婚礼に向けて贈答儀礼のやりとりなどが繰り返し続く。無事に婚礼が完了して充真院は養母として大きなつとめを果たし終え、安堵したことであろう。

慰労としての旅　長年住み慣れた上屋敷から転居して環境が大きく変化したこと、さらに婚礼に関わる多用など、天保九年（一八三八）は充真院にとって目まぐるしい日々であった。これらを成し遂げた充真院に対して、何らかの慰労を検討する空気が当家内に生じたことが、鎌倉への旅の契機になったのではないかと思われる。内藤家家人・家中らが充真院を慰労したいと思うのは、前藩主政順が病に倒れ跡継ぎ不在の中で充真院の弟を養子に迎えて内藤家の家督を継承したこと、内藤家に養子に来た頃にはまだ十五歳の少年であった政義を養母の立場から見守り、十九歳で奥方を迎えるまでに成長させたことなど、充真院の存在が内藤家を支えたことに対する感謝の念がたいへん深かったと思われる。この五年間は内藤家、および家中にとって、危機・不安の状態から安定・慶事へと移行した日々だったのである。五年間における充真院の存在は、内藤家と家中から実にありがたく心強い存在と思われたことは想像に難くない。

なお、同十年八月は夫の政順が病没してから五年後にあたる。浄土宗では没後五年での年忌法要はないので、充真院の菩提寺参詣は年忌法要ではない。したがって、この年に鎌倉の光明寺参詣を選んだのは充真院の希望だったといえよう。なお、政順の祥月命日は八月二十一日だが、その四か月前の四月に参詣することにしたのは、旅に最適な季節であるからだろう。

藩の一大事業　大名家の家人、しかも女性である充真院が旅をするには、江戸から近郊の鎌倉とはいえ、幕府に届け出て許可を得る必要がある。充真院の鎌倉への旅は藩の一大事業として、事前に周到に計画を立てる必要があった。幕府に伺いを立てた具体的な月日は現在のところ不明である。伺い先は幕府の大目付であろう。まず、計画そのものは内藤の表方である上屋敷で立て、下屋敷の役所に書類案の作成を命じ、表方へ提出させて検討されたようである。さらに決定事項が下屋敷の役所から充真院に伝えられるので、虎ノ門屋敷と六本木屋敷の間で計画・準備のために頻繁に書類がやりとりされたはずである。さらに、光明寺とも連絡を取り合い計画を進めたのである。内藤家の藩政文書と光明寺文書に充真院の鎌倉への旅に関する記録が残っているのは、当時、双方が充真院の参詣を重要な出来事と意識していたからこそ、記録をしたためたうえ継承したのである。

立案者　草野喜八郎　内藤家の表方は、旅の計画を立案する人物を選定して任命した。任名されたのは草野喜八郎常安で、天保十年(一八三九)三月十日のことである。これについて家中の系譜である「新由緒書」には、「天保十亥年三月十日　充真院様鎌倉光明寺　御廟所　御参詣ニ付　御発駕迄之御用向取調掛合被　仰付候」とある。草野が充真院付のつとめに従事するようになったのは、同八年七月十日に六本木御殿の御金払方をつとめたことに始まる。また、同年九月二十一日から、本〆下役と御賄役を兼任している。これらの職務をつとめながら、旅の計画の実務官としての役割を一手に担った。準備事項については、無題の横帳の冒頭に記載がある。具体的には光明寺へ旅宿の手配をしたり、御用番頭への問い合わせ、お供の構成員の決定などである。なお、右に「御発駕迄之御用向取調掛合被仰付候」と記載されているように、草野は出発までの準備にあたったのであり、旅に同行していない。

光明寺に使者派遣　光明寺側に充真院が廟所参詣に行くことが伝えられたのは、三月十五日である。この日以後の経緯について、光明寺は記録として「虎門内藤家奥方　充真院殿御廟参記」にまとめている。内藤家からの使者が、光明寺の霊付役人として常住している渡辺甚兵衛方孝のもとに書状を届けた。渡辺は天保二年（一八三一）八月十三日から鎌倉御廟屋付になり、光明寺に詰めている。もたらされた書状は三通あった。そのうちの一通は、斎藤儀兵衛（義兵衛）知恒・加藤大刀光亭・千葉新左衛門胤貞・金沢武兵衛方嘉・今村與一右衛門知親ら、用人をつとめる藩士五人の署名と花押を据えた書状で、光明寺の役者をつとめる俊光と了然に宛てている。なお、参詣に関する内藤家と光明寺との書状のやりとりは、内藤家側は用人、光明寺側は役者が担当して進められた。

当初は三月を予定　この書状の内容は、藩主の養母充真院が廟所参詣に行く許可が幕府から出たこと、三月の下旬に江戸の屋敷を出発する予定であること（筆者注：出立日時は後に変更となる）、よろしく心得てほしいことなどである。追伸として、厳しい倹約中のため、お供や宿泊などを簡素にしているので、酒食を供する丁寧な接待はしないように配慮してほしいとも伝えている。なお、使者には光明寺側が夜食を出し、その晩は止宿させたという。内藤家からの知らせを、俊光と了然は住職に伝えて、了解した旨を、内藤家の用人宛の返書としてしたためた。返書の追伸として、委細を了解したことや、参詣の折は遠慮なく光明寺に宿泊するように伝えている。光明寺への宿泊を勧める件を霊付役人の渡辺にも伝えたところ、翌朝江戸屋敷に向かうので、万端を打ち合わせると返答があった。翌十六日に光明寺に一泊した内藤家からの使者が出立し、渡辺も同日の早朝に江戸屋敷に向けて出発した。

随行員任命　ところでこの三月十六日とは、内藤家では随行員の大部分がお供の任務を命じられた日でもある。内藤家文書の「新由緒書」や「下士以上由緒書」を紐解いてみたところ、いずれも天保十年(一八三九)三月十六日の記述として、充真院の鎌倉光明寺参詣に同行した旨が記載されている。一例として金沢武兵衛方嘉の場合を示しておくと、「充真院様鎌倉光明寺　御廟所江御参詣ニ付、御供被　仰付候」と記されている。

主要な随行員　「充真院様鎌倉御廟参調」の無題の横帳には、主だったお供の役職・人名についてごく簡単に記載している。人数は総勢三〇人で、男性が二一人、女性が九人である。それぞれの肩書きについて注目してみたい。男性のお供は、御用人一人、御里付重役一人、御納戸役一人、御側医二人、御用達三人(そのうち、一人は御雇)、御勘定人頭取一人、頭右筆(兼、御徒士)一人、御徒士二人、御勘定人一人、御料理人一人、御坊主一人、小奉行一人、御料理方手伝一人、御錠口番三人、御錠口番仕理一人である。これらについては具体的に氏名も記載してある(後述)。女性のお供についてこの横帳には、老女一人、中老一人、御側三人、御次一人、御中居一人、御末二人とのみ記し、名前は一切記載していない。しかし「天保十年　万覚帳」には随行した女中として、老女の藤尾、中老の万千野、御側のさま・きく・ひさ、御次のさく、御中居の柏木、御末の初音・小蝶と名前を明記している。

右の史料から主だった随行員、および「虎門内藤家奥方　充真院殿御廟参記」から、一行と行動を共にして、特に手当金を支給された御先手と御中間を加えて、職名と氏名、さらには随行における手当金(後述)を、表にまとめた(筆者注…職名は、無題の横帳の冒頭に記載されていたお供の一覧を参考にして補足した)。

さまざまな随行員　もう少し随行員についてふれておこう。表にまとめたように、男性の随行員のうち二一人につ

お供の職名・氏名・手当金

職　　名	氏　名	手当金
御用人	金沢武兵衛	金３両２分
御里付重役	平居安太夫	〃１両
御納戸役	井上平吉	〃２分２朱
御側医	田村玄真	〃３分
〃	喜多尚格	〃２分
御用達	大平作太夫	〃
〃	石井貞之允	〃
〃　御雇	鈴木龍平	〃
御勘定人頭取	草野勇八	〃
頭右筆兼御徒士	片寄重太郎	〃１分２朱
御徒士	大藤金吾	〃
〃	西村重五郎	〃
御勘定人	大竹松次郎	〃
御料理人	岡崎九兵衛	〃
御坊主	芳賀柳雪	〃
小奉行	樫村茂平	銀10匁
御料理方手伝	清水松助	金２朱
御錠口番	井上藤七	〃
〃	佐藤新五郎	〃
〃	大木邦右衛門	〃
御錠口番仕理	清次	〃
御先手	１人	銭300文
御中間	７人	〃200文ずつ
老女	藤尾	金１両１分
中老	万千野	〃１両
御側	さま・きく・ひさ	〃３分２朱ずつ
御次	さく	〃３分
御中居	柏木	〃２分
御末	初音・小蝶	〃２分ずつ
計	38人	金18両１分２朱 銀10匁 銭１貫700文

いては名前がわかる。そのうち、御里付重役の平居安太夫はその職名の通り、充真院の実家から内藤家に派遣された井伊家中である。したがって、内藤家の由緒書類には記載が見られない。それ以外の大部分は、内藤家代々の家中であるが、若干、庶民出身の武家奉公人もいる。各自にとって、充真院の旅に随行する旅は人生の中のどのような時期の勤務であったのか、または充真院への奉公はその前後どのようなものであったのかということが、由緒書類から垣

間見ることができる。人生模様の断片を拾い集めて示しておきたい。

旅の一行の責任者である御用人金沢武兵衛方嘉は、御留守居役を長くつとめた人物で、充真院の近くに仕えたのはこの旅への同行が唯一である。同時にこれが、最晩年のつとめとなった。天保十一年(一八四〇)九月十一日には、「退役・休息」をしている。御納戸役の井上平吉寛中は、充真院付の御納戸役を同五年十二月二十二日からつとめた。その後、同六年五月二十日には御納戸本役となり、同十年十一月十九日には御納戸役頭取というように、こつこつと昇格を重ね、同十一年四月には加増されて奥重役格となる。井上の家中としての勤務の後半は、充真院の側にあった。

御側医　旅には健康管理のために御側医も同行する。御側医の田村玄真安経は、町医者の伊沢東瑗の息子であったが、山田敬冲の養子となり家督を継いだ。田村は外科医で、天保八年(一八三七)十月十八日から中野快庵が延岡に行ったため、その留守中に充真院に仕えた。これがきっかけで、翌九年閏四月七日から充真院付となった。

もう一人の御側医喜多尚格秀堯は、藩主の家族の側医を長年つとめた人物である。当初は充真院の夫政順に、同元年七月から御側医見習い、さらに同四年七月から御側医本役として仕えた。政順が病に臥せった際には治療に尽力し、政順が没した三年後の同八年九月に褒美を与えられている。充真院の鎌倉への旅に同行することを命じられた際には、いまだ充真院付ではなく、正式に充真院付となるのは弘化二年(一八四五)二月である。嘉永元年(一八四八)九月には当時の藩主政義の奥方付を兼帯し、以後、藩主の男子二人と姫一人(光)の側医も兼ねる。その後、喜多は充真院の文久三年(一八六三)の延岡への転居の旅や、慶応元年(一八六五)の江戸へ戻る旅にも同行し、その際に充真院に全幅の信頼を寄せられている様子が確認できる。結果として、喜多は充真院の四十代半ばから六十代半ばにかけて、二十年もの長きにわたり身近で健康管理につとめることとなる。

御用達　御用達の大平作太夫利存は、天保八年(一八三七)九月二十一日に充真院の御用達となり、同九年十二月二十四日には充真院が六本木に居を移した後の繁用に出精したことを認められ、褒美を与えられた。石井貞之允治良は、同九年十二月十三日に充真院の御用達となり、同十年二月七日に御用達本勤となった。大平と石井は旅の後にも長く充真院に仕えた数少ない藩士である。二人は嘉永五年(一八五二)十二月二十六日に、充真院の実家である井伊家の当主井伊直弼に呼び出され、その勤務ぶりに対して白銀三枚をそれぞれ褒美として賜るという名誉に浴している。鈴木龍平利綏は、充真院へのつとめはこの旅のみであり、天保十年(一八三九)三月十六日から四月十五日の期間のみ御用達御雇をつとめた。しかし、後に六本木屋敷が火災に遭った折に消火活動に駆けつけて、褒賞されている。

その他の家中　御勘定人頭取の草野勇八在善は、天保三年(一八三二)から藩の御勘定人頭取をつとめており、以後、葬儀や婚礼など重要な儀式の際に御用掛を担当した。すなわち、財政方として活躍した藩士である。充真院の旅については、「御供被　仰付、諸御入用、御金払之方引請可相勤旨被　仰付」というように、同行して支払いなどの実務を担った。

頭右筆の片寄重太郎利常は、同九年六月十四日から御徒士、同年八月二十八日から次右筆となる。旅への同行を命じられた日は、当初は同年三月十六日であり、任務は「御宿割之方江御雇」であった。しかしながら、もう一人右筆として随行する予定であった根岸作太郎が同月二十日に随行中止となった。その理由は、同月二十日付で今村八郎左衛門知輝が御勝手御用向で大坂に向かう際に同行するように命じられたためである。根岸の任務は御用人の金沢付で御徒士も兼帯し、さらに「被下物方并御本陣面番」もつとめる予定であった。これらの根岸の任務を、片寄が担当するよう変更になったのである。したがって、片寄は当初よりも重要、かつ多くの任務を担うことになった。

御徒士の大藤金吾時鎮は一貫して御徒士をつとめた人物で、この旅に際しては御徒士目付も兼帯した。もう一人の御徒士西村重五郎朋定は、本来は御料理方を担ってきたが、この旅では料理には関わっていない。また、旅の随行を命じられたのは三月二十一日というように、他の者よりも遅い。御勘定人の大竹松次郎種之は、「道中御用意物取調掛合」というように、この旅に必要な品物の準備を担当するとともに、御徒士方に雇用される形で旅に随行した。御坊主の芳賀柳雪は、同三年閏十一月二十五日に御広間坊主になったのを振り出しに坊主をつとめた。旅の随行から帰宅した直後の四月二十四日には還俗し、同月二十八日には與一郎と改名するので、御坊主柳雪としてのつとめはこの旅が最後であった。小奉行の樫村茂平光高は、同八年九月二十一日から六本木御作事小奉行になった人物である。

庶民の随行者　庶民出身の随行者は、御錠口番の井上藤七吉定・佐藤新五郎為七・大木邦右衛門、御料理人の岡崎九兵衛、御料理方手伝の清水松助玉久などである。御錠口番仕理の清次のように、名前のみ記してある者もいる。右の者たちのうち、井上藤七・佐藤新五郎・清水松助らは、一代限りのつとめでありながら、由緒書類に記載が見られる。井上藤七は武蔵国秩父郡大宮宿の出身である。「井上重兵衛忰」と父の氏名を記載してあるが、「後苗字井上、実名吉定与相名乗申候」とあるので、内藤家に奉公してから苗字を公的に名乗ることを許されたようである。明和五年(一七六八)十月に鳶之者として召し抱えられ、文政五年(一八二二)十月には帯刀を許された。井上が充真院の御錠口番をつとめるようになったのは、天保九年(一八三八)十一月一日からである。佐藤新五郎は、尾張国名古屋海東郡古渡町の出身である。井上と同日から充真院の御錠口番をつとめた。同年十一月二十五日の夜中に盗賊(名は平八)を取り押さえるという勇敢な働きをなし、十二月二十八日に褒美を与えられた。清水松助は上野国新田郡大久保村の出身で、清水と名乗るのは後のことである。文政八年(一八二五)に板之間勤として内藤家に召し抱えられ、料理方を担当する。天保五年(一八三四)四月に奥の御錠口番もつとめながら、主要な料理御用を担当する。充真院に専属する任務は、同十年三月二十日に御供を命じられたのが初めてである。

このように、出自が庶民層で出身地もさまざまな者たちもそれぞれの立場で同行し、旅を支えていたのである。なお、御料理人岡崎と御錠口番の大木、御錠口番仕理の清次については、詳細は不明である。

随行予定の変更　ところで、当初の計画以後、変更があった部分については、朱記を加えて訂正してある。朱記は、頭右筆と御錠口番の部分に見られる。右筆は当初は二人を予定していたが、一人に減員した。片寄重太郎利常と根岸作太郎の二人を予定したが、前述したように根岸の同行は取り止めた。一方、御錠口番は当初は二人の予定であったところを、一人増員して三人となった。井上藤七と佐藤新五郎が当初からの随行予定者で、これに大木邦右衛門が加わったのである。

それぞれの役目に関して、その職務を説明する記載が見られる箇所もある。御納戸役や御用達、御雇、御勘定人頭取は、道中往来の折に駕籠の脇に近侍するということで、一種の警護役でもある。御勘定人頭取はお供の際の諸入用を担当したとあり、すなわち会計係である。近郊への旅とはいえ、料理人も一人同行しているのは、平素と同様の食事を提供するためであろう。

旅の心得「御条目」　お供の者たちは道中の心得としての「御条目」を周知徹底されたようである。その様子は、「御廟参付、御供之面々江御条目拝見被　仰付候事」とある。内藤家で「御条目」といった場合、原則として藩主の代替わりの際に家中に向けて発令される家中法度に用いられる名称であるが、ここに示すものはそれではなく、一般名詞として条文化したものという意味であり、参詣に関する心得を条文化してまとめたものを指している。この心得は、一件袋の中には入っていないが、内藤家文書の中に現存する。それは「亥三月」の年記を持つ「覚」で、全文が三か条からなる短い条文である。なお、天保十年(一八三九)は亥年である。どのような心得なのか、以下に示しておこう。

一充真院様今度鎌倉光明寺　御廟所江　御参詣付、御供被　仰付候面々、上下共ニ諸事大切致存、御供可仕候、尤、

御往来宿々ニ而かさつ成儀無之様ニ、下々并又ものハ、主人より急度可申付候、惣而金沢武兵衛可任差図事、付、船渡しニ而込合不申候様、面々心を付可申候、縦如何様成儀有之候共、堪忍可仕事、

一御泊宿々ニ而御本陣ハ勿論、其外下宿より外江一切罷出間敷候、若無拠儀有之候ハバ、御徒目付迄相断聞届之上可罷出候、下々之儀者、其役向迄届、又ものハ主人々聞届之上罷出候様可仕候、惣而猥成儀無之様ニ、万端慎可申候、且又火之元御本陣ハ不及申、下宿迄随分念を入可申付事、

一御供之面々、上下共ニ喧嘩・口論、他所者ハ勿論、仲伴ニ而も急度相慎可申候、尤、酒可禁事、右之通、被仰出候間、堅可相守もの也、

亥三月

周到な条文　第一条は、お供の者たちは、万事について大切に勤めること、道中の宿でがさつな振る舞いをしないこと、又者(陪臣)には直接の主人がよく言い聞かせておくこと、万事の指図は御用人である金沢武兵衛がすることなどである。さらに補足として、船渡し(筆者注…多摩川の六郷の渡し)は混雑しないようにすること、どんなことがあっても我慢することなどが記載されている。第二条は、宿泊施設に到着したら、以後は外出しないこと、どうしても外出する場合は、御徒目付に届け出ること、万事において慎んだ行動をすること、火の用心を心得ることなどである。第三条は、お供の者が喧嘩・口論を慎むことと、禁酒である。

第一条や第二条を見ると、いずれも一つの条文に複数の事項を規定しており、盛りだくさんな内容である。各条文に共通することは、見苦しい行動の禁止、すなわち行動を慎むことである。この点について、言葉を換えながら、噛んで含めるように規定している。これは、万一、道中の途中に見苦しい事態が発生しては、当家の恥および失態になるからである。最悪の場合は、幕府側から叱責される事態にもなりかねない。その点、又者も加わる旅においては心

して徹底しなければならなかった。したがって、旅の前にこの「覚」を随行員一同に、おそらく当時の方法としては読み聞かせて心得させたのであろう。

手当金　旅に必要な準備の一つに、お供の手当金の用意がある。計画書には、約三五人分の手当金を勘案して、御勘定所に届け出ている。前掲した表の当該部分を見てみよう。最も高額な手当金を支給されたのは、この一行の責任者である御用人の金沢武兵衛で金三両二分である。これに続くのは充真院付の女中で最高位の地位にある老女の藤尾で金一両一分、御里付重役の平居安太夫と中老の万千野が金一両である。このように、御用人は格段に手当金が高額である。他は、金三分二朱、三分、二分二朱、二分、一分二朱、二朱、銀一〇匁、銭三〇〇文、二〇〇文など、それぞれの職務・立場によってさまざまである。これらを合計すると金一八両一分二朱・銀一〇匁・銭一貫七〇〇文である。現在の金額に換算すると、あくまでも目安ではあるが、およそ一八三万八〇〇〇円に相当する。

旅の無事を祈る　「充真院様鎌倉御廟参調」によると、出発に先立ち、内藤家では道中の無事を祈願する祈禱を、三度実施している。いずれも実施した具体的な日にちは不明である。祈願は戸隠山徳善院と金剛院に依頼している。前者には、初穂料を五〇〇疋、後者には三〇〇疋を納めた。なお、後者については、藩主政義が二〇〇疋とその奥方が一〇〇疋をそれぞれ納めている。身内の者のあたたかい心遣いが感じられるとともに、当時の旅は目的地が近郊の場合であっても、平常とは異なる世界に足を踏み入れるものであり、危険を伴う可能性もあったからであろう。

もう一回の祈禱は、充真院の住居である六本木屋敷の屋敷稲荷で実施した。これは、宮西頼母に祈禱を依頼して、お札を納め初穂料三〇疋を納めた。頼母にはその折に干鯛も納めている。右は六本木屋敷すなわち充真院側の費用としての負担であるが、それとは別に初穂料を納めた者もいる。御家老二人は南鐐一片、御年寄一人は鳥目二〇疋、御用人五人は鳥目五〇疋、御用掛御用人は鳥目二〇疋である。旅の前に祈禱を行うことは、旅に付随した一連の行事であり、かつ、旅の事前準備の一つであったといえよう。その他にも旅に先立ち、藩主の政義が充真院に料理を手配するなど心遣いを寄せている。これについては、「鎌倉へ近々　御発駕ニ付　殿様より御料理御廻」とある。

光明寺の準備　さて、ここで光明寺側に目を転じてみよう。光明寺にとっては、大檀那である内藤家の家族、しかも元藩主夫人であり、当時の藩主の養母の参詣である。充真院の参詣予定を知ると、お迎えするための準備を即刻検討している。手入れをすべき所を検討した時期は、十六日以降から二十一日までの間である。寺内の建造物については、所々の屋根の修復や玄関の駒寄せが朽損しているので新しくすることにした。玄関の駒寄せは駕籠で来訪する充真院が駕籠から下りる場所なので、新しく造り直して礼を尽くそうとしたのであろう。庭の大掃除などに追々取り掛かることも確認している。建物内は大方丈の畳表を替え、障子の張り替えもすることにした。大方丈は充真院と寺側が正式な対面をする場である。この時点では、光明寺側は充真院一行が三月下旬に来訪する予定と聞いていたという。したがって、追々準備をする旨、寺側の記録には記載してあるが、日が迫っているので実際には大急ぎでこれらの作業にあたったことであろう。

内藤家からの書状　三月二十二日の昼に霊付役人の渡辺が、内藤家の用人から俊光と了然に宛てた書状を持参して、光明寺に帰山した。書状は三月二十日に作成されたもので、その内容は、充真院が江戸を出立するのは三月二十八日であること（筆者注…天保十年（一八三九）の三月は小の月で二十九日までである。したがって、光明寺参詣は旅の三日目と当初から予定されているので、四月一日である）、光明寺側から一行が当寺に止宿するよう申し出たことに対して、藩主政義がたいへん喜び、厚意を受けて一行を寺内に宿泊させることにした旨、委細については渡辺から報告するので了解してほしいことなどである。追伸として、先便で伝えたように内藤家は倹約中なので、酒食を供する丁寧な接待は辞退する旨、重ねて光明寺側に伝えている。

部屋割り案と日程　霊付役人の渡辺からは、光明寺に宿泊する人数と部屋割り、旅の日程について連絡があった。ここでは、宿泊人数と部屋割りについて見ておこう。方丈の座敷を内藤家側に全て貸し切りにするという。居間・納戸・次の間は、充真院が利用するための部屋のようである。その他、九部屋の割り振りがあり、一部屋ごとのメンバーは以下の通りである（筆者注…一部屋ごとに冒頭に〇を付し、職名・人数は光明寺側の史料の表記の通りとする）。

〇老女一人・中老一人・御側三人、〇御次女中一人・御中居一人・御末二人、〇御用人一人・重役一人・御納戸役一人、〇御医頭二人、〇御用達三人、〇御金払方一人・同手付一人、〇御料理方一人、〇御錠口番四人・御先手一人、〇御仲間七人・御用人下二人・重役下一人

充真院も含めると都合三六人が光明寺内に宿泊する予定である。なお、御徒士五人と下部八二人は、他所に宿泊することとして、手配は渡辺が取り計らうという。この時点で充真院一行は下々の者まで含めると、総勢一二三人であることが確認できる。なかなかの大人数である。

調達物の準備　三月二十三日に江戸の内藤家から光明寺の宿坊に、継飛脚が書状を携えて到来した。その内容は、到来中の献立材料についてと諸調達物についてであった。さっそく光明寺側は浦賀から酒を一樽とみりん・醤油などを求めることとし、その手配を佐島（現、横須賀市）にある浄土宗の福本寺に依頼した。これらの品は、二十五日に光明寺に到着した。なお、二十五日に庭掃除が終了した。一行の到来まであと数日である。

急遽予定変更　ところが、二十六日の八つ時（午後二時）に、内藤家から飛脚使者が到来した。霊付役人が光明寺に持参した書状には、充真院の出立を二十八日と確定していたが、支障が生じたので延期すると記していた。そして後日、出立日が決定次第、連絡するという。光明寺の役者らは、さっそく了解の返信をしたためて、霊付役人に渡した。光明寺側は充真院一行が小休憩のために立ち寄る予定であった浄土宗の法安寺（現、横浜市戸塚区笠間）に、延期の連

絡を入れた。充真院の光明寺参詣に際して、光明寺と同じ浄土宗寺院が、前述した福本寺による物資の調達、さらに法安寺による休憩所の提供など、光明寺からの依頼を受けて共に協力していたのである。内藤家側からは、青物などの調達を見合わせる件や、改めて出立の日が決定したら、予定日の前日までに青物を調える件などの申し送りもあった。

四　いざ鎌倉へ

飛脚からの書類　一時は延期になったものの、鎌倉への旅は実現した。光明寺側の「虎門内藤家奥方　充真院殿御廟参記」から経緯を見ておこう。四月二日に内藤家から光明寺に飛脚使者が到来する。飛脚が届けた書類によると、充真院の江戸屋敷出発は四月四日に決定したという。さらに、当初、一行は光明寺に宿泊する予定であったが、支障があるのでこの件は遠慮するという。その代わり一行は雪ノ下の本陣に宿泊するという。したがって、雪ノ下の本陣に到着するのは五日で、光明寺参詣は六日となるという。そこで、光明寺は三日に所々を掃除し、諸般の仕度を調えた。四日には江戸から青物類やその他の品が届いたので、門前の料理人を招集して献立について申しつけた。

御殿の留守番　充真院が鎌倉に出かけている間、留守宅の六本木御殿は長谷川雨籟忠雄と藤田宗蓮の二人が留守居として泊まり込みで詰める。いずれも、既に家督を跡継ぎに譲った隠居の身である。これについては「御廟参御留守中、両人申合御殿へ相詰、泊共ニ勤候様被　仰候」とある。長谷川と藤田は、六本木屋敷の留守居をつとめた褒美として、旅の後、四月二十二日に金一〇〇疋を下賜された。その後、長谷川は天保十三年（一八四二）八月四日に病死したので、このつとめは最晩年のものとなった。長谷川雨籟がこの任務を果たした件については、孫の秀七忠敬の履歴の箇所に記載されている。藤田の場合は、息子の角蔵宗長の履歴の箇所に、宗運がこの任務をつとめた記述がある。なお、藤田角蔵宗長は、嘉永七年（一八五四）三月十八日に充真院付の重役に任命された。親子二代共に充真院に仕えたのである。なお、充真院が江戸屋敷を発つ前日の三日に、内藤家の家中一同により祝儀の記帳をする予定であったが、幕府の御中陰（四十九日）の期間だったため延期した。この記帳は七日に実施された。なお、充真院に同行していた六本木の重役らは、旅を終えてから記帳したという。

隊列案を見る　充真院は大名家の家人であるので、旅をする際には隊列を組んで目的地に向かう。隊列の様子は、「充真院様鎌倉御廟参御行列」に詳しい（図８）。隊列の具体的な配置を翻刻して「鎌倉御廟参行列案」としてまとめた。まず、この計画段階での隊列の様子を以下に示しておきたい。先頭は先払足軽を一人付け、その後に御徒士が三人、それに御忍駕籠が続く。御忍駕籠には充真院が乗る。この駕籠の右側に御用達と御納戸役が一人ずつ、左側には御用達が二人付き添う。続いて、陸尺が六人、長刀持人が一人、その後には挟箱を担ぐ人が左右に一人ずつ都合二人、さらに手代が一人続く。この後に、切棒の駕籠が続く。ここには老女が乗り、腰添一人と陸尺三人と中間一人が付き従う。これに続くのは、同じく切棒の駕籠で、中老が乗り、これにも腰添一人、陸尺三人、中間一人が付き従う。続く駕籠は指駕籠四挺でそれぞれに御側女中が乗り込む。四挺の駕籠には腰添二人と中間二人が付き添う。

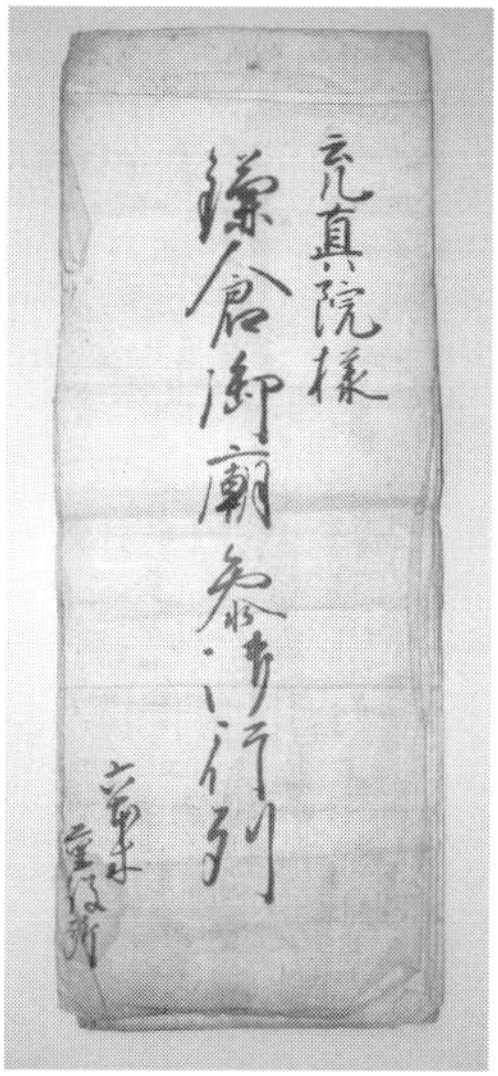

図８　充真院様鎌倉御廟参御行列　表紙

　さらに、御茶弁当持人が二人、御坊主が一人、駕籠に乗った医師、駕籠の後ろには薬箱持一人と陸尺三人、草履取一人が続く。次の駕籠には重役が乗り、これに若党一人、

（先頭）

先払足軽　壱人

御徒士　御徒士　御徒士

御用達　御忍駕籠　御用達

御納戸役　御用達

御陸尺六人

御長刀　持人壱人

御挟箱　御挟箱　持人弐人　手代壱人

切棒
駕籠老女

腰添壱人　陸尺三人　中間壱人

切棒
駕籠中老

腰添壱人　陸尺三人　中間壱人

御側女中四人

指駕籠四挺　腰添弐人　中間弐人

御茶弁当　持人弐人

御坊主　壱人

駕籠御医師

薬箱持壱人　陸尺三人　草履取壱人

駕籠重役

若党壱人　鎗持壱人　陸尺三人　草履取壱人

両掛弐荷　持人弐人

同三荷　持人三人

合羽篭　荷　持人　人（ママ）

惣雨具
竹馬　荷　持人　人（ママ）

押足軽　壱人　押足軽　壱人

駕籠御用人

若党弐人　鎗持壱人　挟箱持壱人　合羽篭壱人　陸尺三人　草履取壱人

（隊列末）

鎌倉御廟参行列案

鎗持一人、陸尺三人、草履取一人が従う。その後に荷物の行列が続く。両掛二荷の持人が二人、同じく両掛三荷の持人が三人、合羽篭を持つ人、惣雨具の竹馬の荷を持つ人、さらに押足軽が二列で一人ずつ続く。その後は隊列の最後尾の部分で、御用人が乗った駕籠とそれに付き従う若党二人、鎗持一人、挟箱持一人、合羽篭持一人、陸尺三人、草履取が一人である。

予定よりも隊列メンバーを減らす　ただし、この案は修正されたようである。隊列の順番は当初は、先頭に先払足軽を一人つけて、先払いしながら通行する予定でいたようだが、「御先払相止ム」と朱記があるので、結局は置かないことにしたようである。お供の女性らの駕籠も、当初の計画よりも減らすことにしたようである。これについては、「覚」に記載がある。「覚」には、老女・中老・御末の駕籠をそれぞれ一挺ずつと、御側の駕籠を二挺としている。すなわち、御側の駕籠は当初四挺を予定していたので、二挺減らしたのである。当初の案にはなかった御末の駕籠が新たに一挺加わったものの、実質は女性陣の駕籠は一挺減ったのである。さらに「御茶弁当はなし」と「覚」にあるので、御茶弁当持ちの二人も隊列からはずされたようである。

当初の案を縮小する方向で修正したのは、「覚」に「余恵之所は略し可申事」とあるように、無駄な部分は省く方針を心がけたことによる。当初の計画案は、充真院の六本木屋敷で勘案したものであり、それを表方である江戸の上屋敷に提出して、修正を受けたのである。「覚」には、「御長刀・御箱は御表方相談次第、何れにてもよろしく」とあり、上屋敷から指示を受けていた様子がうかがわれるのである。

隊列を減らした理由　時は天保十年(一八三九)である。延岡藩は先立つ同四年に「延岡御仕置帳」を発布して、家中の俸禄の借上率を六分五割にしていた。当時の日本に視点を移してみても、この時期は天保の飢饉(同四年〜十年)後である。さらに、この二年後に幕府の天保改革(同十二〜十四年)が断行される。当時、内藤家も倹約中であることは、光明寺に宛てた書簡の中にも記されていた。財政難による緊縮財政・節約の世相の中、無駄と思われる出費を極力抑えるのが、内藤家表方の方針だったのである。

隊列の中心は、先頭の駕籠に乗った充真院とその側に仕える女性たちの駕籠である。女性らの駕籠を警備の者たちが付き添い護衛しながら街道を通行した。老女や中老、御側女中は駕籠に乗り、腰添は徒歩で駕籠に従い道中に臨んだのである。隊列に徒歩による女性が見られることは、大名行列と異なる点である。

ところで、右に示した行列に加わらないお供もいた。これらのお供は行列とは別に鎌倉をめざしたのである。別行動の主なメンバーは都合一一人で、具体的には、御側医鍼治一人、御金払方一人、御宿割一人、御料理人一人、御中間小頭一人、御次女中一人、御中居二人、御末三人である。いずれも充真院の身の回りの手伝いをする者や、滞在先で事務的な仕事をする者たちである。さらに、充真院付の女性たちの世話をする者、すなわち御錠口番四人(内訳は老女と中老の腰添が各一人ずつ、御側女中四人の腰添が二人)と、御次女中・御中居・御末の腰添一人と中間二人の計七人も、行列には連ならずに鎌倉に向かった。

旅の行程　旅の行程の概略を説明しておこう。四月四日から十一日までの七泊八日の旅である。一日目は移動、二日目に鎌倉到着、三日目に光明寺参詣、四日目と五日目に鎌倉の名刹と金沢八景へ行き、六日目に鎌倉を発ち、江ノ島参詣、七日目は移動、八日目に六本木屋敷に到着した。以下に詳しく見てみよう。

江戸屋敷出発　充真院一行は四月四日の七つ半(午前五時)過ぎに供揃いして、六つ半(午前七時)過ぎに六本木屋敷を出発した。早朝から出発して、明るいうちに少しでも距離を延ばすのである。出発の際に用人の斎藤と同役一人が六本木屋敷の玄関に出てお見送りをした。二人は「服紗袷麻上下」を着用して礼を表した。なお、この二人は充真院が旅を終えて六本木屋敷に到着した際にも、同様の装いをして玄関で出迎えたという。

六本木屋敷を出発した一行は品川から東海道に入り、まず四里半(約一八㎞)の川崎で休憩をとる。それから三里半九丁(一五㎞弱)ほど進むと保土ヶ谷である。保土ヶ谷には七つ(午後四時)に到着し、旅の第一日目はここで宿泊した。初日の行程は「〆八里九丁」(三三㎞弱)である。二日目の四月五日は保土ヶ谷を発ち、二里九丁(九㎞弱)進んで戸塚に到着して休憩する。戸塚まで行けば、鎌倉はもうすぐである。

鎌倉到着　戸塚から鎌倉への行程は、浦賀道を進むこととなる。戸塚から二里半(約一〇㎞)で鎌倉の雪ノ下(雪下村)に到着し、本陣に宿泊する。到着したのは夕刻であった。この日は、総計四里半九丁(一九㎞弱)の道程である。雪下村は大町村に隣接し、大町村の隣は光明寺がある材木座村である。雪下村には鶴岡八幡宮があり、昔も今も鎌倉の中心部である。充真院一行が止宿した雪下村の本陣の位置は具体的にはわからないが、この旅の目的である光明寺へは、現在でも徒歩でおよそ三十分もあれば、充分に到着する距離である。雪下村の本陣に充真院一行が到着すると、光明寺の使僧がうどんを一舟、重箱に詰めた牡丹餅などを届けた。天候に恵まれた道中であったことに対してお見舞いを伝え、使僧は旅の一行の責任者である御用人の金沢武兵衛と面会をした。さらに両院(光明寺の二つの僧坊である蓮乗院と千手院)の住職らも本陣に挨拶にやってきた。

光明寺到着　三日目の四月六日に、いよいよ充真院が光明寺を参詣する。光明寺は早朝から内外の清掃を行った。惣門と山内の玄関には幕を張りめぐらせた。光明寺から雪ノ下の本陣に連絡をしてから、出迎えのため惣門に両院、山門に役者衆、下座敷に帳場両僧がそれぞれ待機した。充真院が光明寺に到着して大方丈の室内に着座するまでを、「虎門内藤家奥方　充真院殿御廟参記」には「四ツ半頃、御着駕、但し雨天也、玄関ニ而御下乗、直ニ両役者御案内、上段入側之方中程へ御着座、御煙草盆・御茶出之」と記してある。

補足しながら説明すると、四つ半(午前十一時)頃、雨が降る中を充真院一行が光明寺に到着した。惣門・山門を通過して大方丈の玄関で駕籠から降りた充真院を、直ちに両役者が上段の間に案内した。大檀那である内藤家の家人ゆえ最も礼の厚いもてなしである。充真院は遠慮して、上段の間の入側の方の中ほどに着座された。さっそく、充真院に煙草盆とお茶を出した。その際には光明寺側の給仕が直接充真院に出すのではなく、まず、充真院の御側の者に渡し、それを御側の者が充真院に供すという順をふむ。大方丈で充真院と光明寺側が正式に対面した。進物の披露や挨拶を交わし暫く懇談をした。なお、光明寺側は一行の徒士にまで薄茶と汁粉餅を振る舞った。

充真院が訪れた当時の境内　ところで、充真院が目にした当時の光明寺の境内の様子を知り得る史料がある。それは相模国の地誌として名高い『相中留恩記略』である。著者は相模国鎌倉郡渡内村(現、藤沢市渡内)の名主福原高峯で、挿絵は江戸の絵師長谷川雪堤による。長谷川雪堤は、近世後期の地誌として名高い『江戸名所図会』の挿絵を描いたことで著名な長谷川雪旦の息子で、父と共に『江戸名所図会』を描いたといわれる。『相中留恩記略』の本編は天保十年(一八三九)の成稿である。奇しくも充真院が光明寺を訪れた年と同じなのである。本書には光明寺の境内の鳥瞰図が掲載されている。右に記した惣門・山門・大方丈、さらにこれから充真院が訪れる建物、その他も描かれている。そこで図9・図10としてここに示しておきたい。

なお、充真院が訪れた時に存在した建物のうち、惣門と本堂は現存している。惣門は寛永五年(一六二八)に建立され、当寺で最も古い建築物である。建築様式は虹梁大瓶束式の禅宗様四脚門で、現在、鎌倉市指定有形文化財である。本堂は元禄十一年(一六九八)に再建された建物で、桁行九間(一六・二m)・梁行一一間(一九・八m)の堂々たる近世折衷様の建物で、現在、国指定重要文化財に指定されている。

寺側の準備　大方丈で充真院が正式対面をしている間に、光明寺側は当時、本堂の北側に隣接していた阿弥陀堂と本堂に飾り付けをした。阿弥陀堂には本尊の阿弥陀如来像の前に充真院を案内した折に、昆布と煎茶を差し上げられ

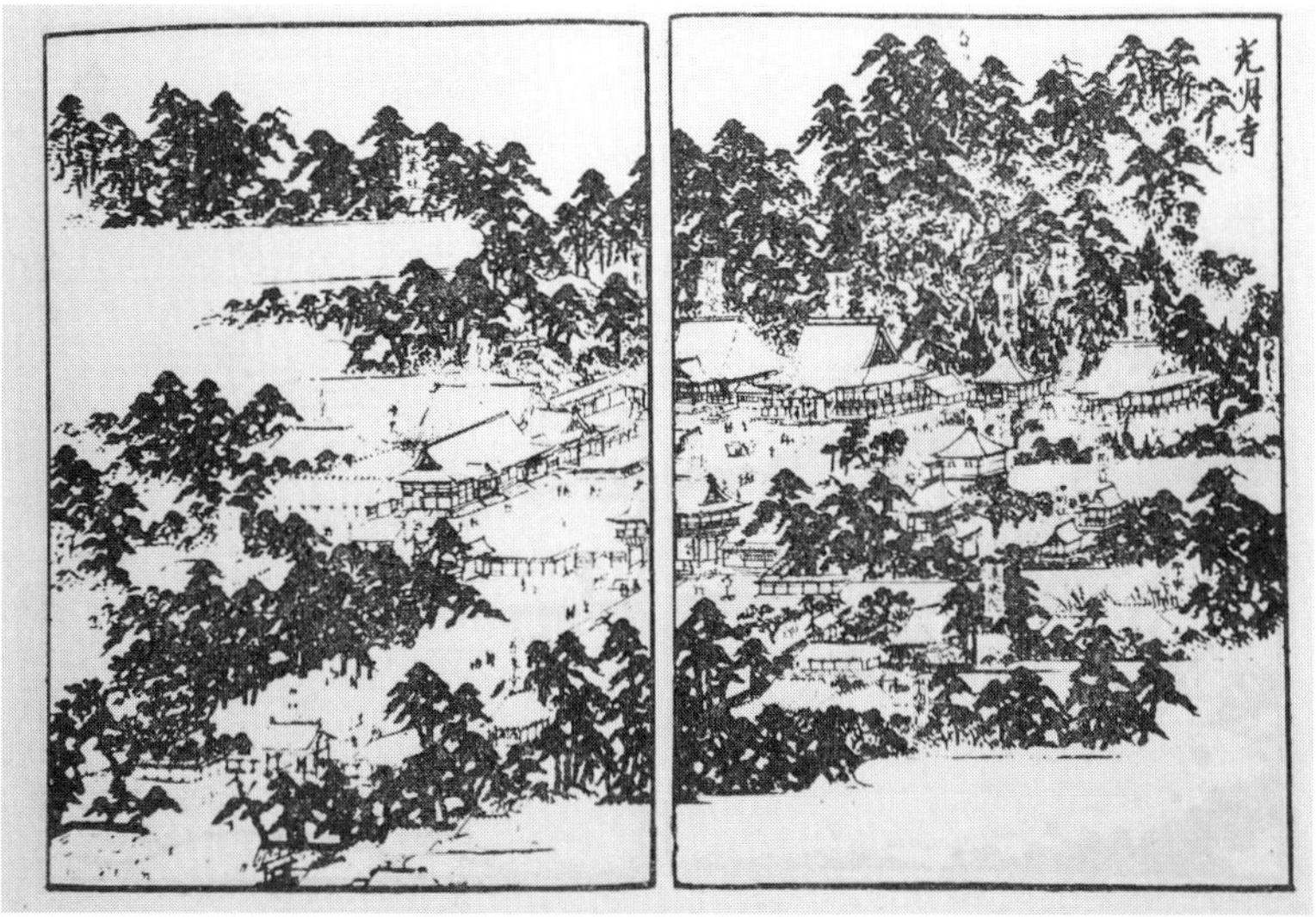

図９　充真院が訪れた当時の光明寺（『相中留恩記略』）

図10　充真院が訪れた当時の光明寺門前
（『相中留恩記略』）

るように準備をした。そして暁山位牌、すなわち政順の三代前の藩主政脩《まさのぶ》の位牌の前に毛氈を敷き焼香机を置いて、香や花・蝋燭を供えた。本堂にある開山の像の前も同様にお供えをした。大方丈内の霊屋には供物や香典などをお供えして、焼香机も出しておいた。

境内を参詣　参詣は阿弥陀堂・本堂・内霊屋の順番で、両役と一院が案内をした。本堂の本尊阿弥陀如来像は、鎌倉仏師の後藤真慶の手によるもので、この三月に再興されたばかりであった。充真院は真新しい本尊を拝んだのである。参詣の間、御側の者たちは中ほどに控えていた。内藤家廟所への参詣は「虎門内藤家奥方　充真院殿御廟参記」に「尤、御参詣之刻、御用人より打合候事」と、内藤家の用人の金沢武兵衛から光明寺側にあらかじめ打ち合わせられていた。阿弥陀堂などの参詣を終えてから「暫御休息在之、天気も晴候ニ付、直様御廟へ御参詣之由」と、暫く休憩しているうちに幸いにも雨が止み晴れてきた。そこで、直ちに寺域の南東に位置する内藤家廟所に向った。廟所まで充真院を一役と一院が案内をした。

この廟所は前述したように歴代藩主と奥方らの巨大な宝篋印塔の墓石が林立している。充真院の夫政順の宝篋印塔は廟所の敷地の北東にある。圧巻というべき内藤家の廟所を目の当たりにし、立派な夫の墓を拝み、充真院はどのような思いをめぐらせたであろうか。なお、図9の一番右の白抜きの箇所に内藤家廟所を文字で表記してあるが、墓地そのものは描いていない。全ての参詣を終えて充真院は大方丈に戻り、ここで昼食が振る舞われた。昼食は本膳料理で吸い物や銘酒が供された。薄茶や御菸菓子なども用意してあり、光明寺側が始終、相伴につとめた。

山上見物　昼食をとった後、「暫在而、山上御見江と給入」と、暫くしてから山上に物見に行くことになった。この山は境内の北に隣接する小さな山で、火防の神である秋葉権現を祀る秋葉社がある。したがって秋葉山という。光明寺の秋葉社は正徳四年（一七一四）に勧請されていた。「秋葉山道普請も出来及、御登り御参詣之事」と、おりしも秋葉山の山頂までの道を整備し終えたばかりであったので、充真院に気晴らしがてらに秋葉山に登り参詣するよう光明寺側が勧めたようだ。着物を着て草履を履いた充真院にとって、整備したとはいえ山の勾配は登りにくかったはずである。それでも小さい山なので徒歩ですぐに頂上まで到着できる。山頂には、くつろぐことができるように山亭を備えていた。充真院のために光明寺側は「山亭江御茶・御菓子相廻し候事、御酒も少し相廻」と、山亭にお茶とお菓子、さらにお酒を少し用意した。秋葉山へは役帳伴僧が案内とお供をした。

山頂からの眺めは眼下に材木座海岸が広がり、その先には稲村ヶ崎や江ノ島が眺められる。空気が澄んでいれば富士山の雄大な姿が右手に青々と広がって見える。秋葉山に向かう途中の道から見える景色は、現在「かながわの景勝五〇選」の一つ「光明寺裏山の展望」で有数の景観である。秋葉山はその地点よりも高く海に近い。充真院が秋葉山に登った時、すでに雨が上がり晴れていた。天気と空気の状態により見える景色が異なるが、充真院は青々と広がる海と堂々たる富士山からなる絶景を目にしただろうか。山亭で景色を眺めながら、お菓子やお茶、お酒を美味しくいただいたことは、充真院に格別な憩いのひとときをもたらしたのではなかろうか。

参詣終了　山上見物を終えて充真院はひとまず大方丈に戻った。光明寺側は引き続き接待をするつもりでいたが、当初の予定よりも時間が過ぎていたため、充真院一行は接待を辞退して光明寺を退出する旨を伝えた。そこで光明寺側は、充真院が滞在している本陣に蕎麦を届けることにした。予定が遅れたことについて老女をはじめ用人らが、光明寺側にそれぞれ入念に挨拶をしたという。この様子から察するに、山上見物は事前に双方の同意のもとで計画していたのではないことがわかる。光明寺側が急遽勧めた見物に、充真院がその厚意を受けて実現した予定外の行動だったのであろう。光明寺から退出する一行を、帳場両僧は下座敷、役者衆は山門脇の勝手門、両院は惣門でそれぞれ見送った。実質およそ半日をかけた光明寺参詣であった。充真院らは七つ半（午後五時）過ぎに本陣に戻った。

充真院の廟所参詣は、その計画の時点から内藤家側と光明寺双方で周到に連絡をしたうえで、一つ一つの行動を計画していた。山上見物という思いがけない行動が飛び入りしたものの、旅の一大目的は無事に終了した。光明寺にとって内藤家は大檀家であるゆえ、充真院の参詣に対して当寺として最高の礼を尽くしたのである。

鎌倉および近隣の名所参詣　ところでこの旅の目的は、表向きは光明寺の内藤家廟所参詣であるが、実際にはむしろそれ以外の地を訪れることに日程を費やした。「充真院様鎌倉御廟参調」の横帳には、「翌日、鎌倉光明寺　御廟所へ御参詣、并所々御参拝ニ付、雪之下江中三日御逗留」と記載されている。翌日とは三日目のことで、この日に光明寺に参詣し、その後もさらにあちこちに参詣するというのである。そのため、雪ノ下に中三日、つまり二日目に続き、三〜五日目も宿泊するという。したがって雪ノ下の本陣に四泊五日も逗留したのである。

「所々御参拝」とは一体どこに出かけたのだろうか。「虎門内藤家奥方　充真院殿御廟参記」には、内藤家から光明寺側に伝えた行程の中に予定が記してある。四日目と五日目、すなわち四月七日と八日は「建長・円覚・長谷大仏」の参詣とある。北鎌倉にある臨済宗の寺院で鎌倉五山の第一位の建長寺と第二位の円覚寺と、長谷の大仏で名高い浄土宗の高徳院に参拝する予定である。いずれも鎌倉の著名な大寺院である。高徳院は光明寺と同じ浄土宗なので、大本山である光明寺からなんらかの手配をした可能性がありえる。さらに、「天保十年　万覚帳」には金沢八景も来訪地として記してある。金沢八景は小泉夜雨・称名晩鐘・乙艫帰帆・洲崎晴嵐・瀬戸秋月・平潟落雁・野島夕照・内川暮雪などの景勝地で、当時、錦絵の題材として描かれ親しまれていた。このうち、小泉夜雨は小泉弁才天（手子神社）、称名晩鐘は称名寺、洲崎晴嵐は大六天社（洲崎神社）・瀬戸秋月は瀬戸三島明神（瀬戸神社）など、寺社の地であり参詣地でもある。

七日と八日のうちどちらの日にいずれに参詣したのかは不明であるが、ある一日を建長寺と円覚寺・高徳院など鎌倉の寺院参詣、もう一日は足を延ばして金沢八景まで赴いたのであろう。旅の目的の光明寺参詣は一日分をあてたが、他の名刹と名所めぐりに二日間を設定している。鎌倉の三つの寺院と金沢八景ならば、当時でも二日間あれば余裕をもって来訪できる範囲である。

江ノ島へ向かう　さらに注目すべきは、これらに加えてその後、江ノ島にも出かける予定にしていたことである。江ノ島は六日目の四月九日に訪れる予定にしている。雪ノ下の本陣を出立するこの日は帰路である。往路に通った戸塚がある北を目指して戻らず、西に位置する江ノ島に向かうのは、帰路としては明らかに遠回りである。つまり、わざわざ江ノ島を訪れようとしているのである。したがって、江ノ島に行くこともこの旅の目的の一つなのである。当時、内藤家は倹約中であったにもかかわらず、光明寺以外に三日間も名所めぐりをするつもりだったのである。

海辺の道を進む　雪ノ下から江ノ島までは二里半余り（一〇km強）である。その行程は由比ヶ浜を左に見ながら極楽寺坂を越え、稲村ヶ崎に立ち寄り、七里ヶ浜沿いの道を進む。七里ヶ浜沿いは進行方向の左前方に江ノ島、その右に富士が勇壮な姿を見せる風光明媚な地である。この地は当時において著名な場所で、数々の錦絵などに描かれている。当時の錦絵に浜昼顔が咲き誇る七里ヶ浜の景色が描かれたものがあるが、充真院が訪れた時期は現在の五月中頃に相当するので、ちょうど浜昼顔が咲く時期である。天気にさえ恵まれれば、充真院は青い海が広がり砂浜に薄紅色の浜昼顔が一面に咲き誇る美しい海辺の風景を目にしたことであろう。

江ノ島　江ノ島は鎌倉と共に当時から相模国の名所である。江ノ島に行く目的は、当時の江島明神、別称江島弁天を参詣することである。江島明神は源頼朝の命令で寿永元年（一一八二）に文覚が岩屋に弁才天を勧請したことで知られ、江戸時代に弁才天信仰で賑わった。江ノ島には満潮ならば対岸から小船を使うが、干潮ならば徒歩で渡ることができる。そして、下之宮・上之宮・岩屋本宮などを参詣しながら島をめぐる。具体的な記載こそないが、充真院もおそらくこれらの御宮を参詣したのであろう。「充真院様鎌倉御廟参調」の横帳に「江ノ嶋御休」と、江ノ島で休憩をしている。すなわち、江ノ島で参詣をして昼食をとったのであろう。この日は、江ノ島参詣を終えてから、江ノ島道を通り一里余り(四km強)の東海道の藤沢で宿泊する。総計四里(約一六km)の行程の一日である。

ようやく江戸へ　七日目の四月十日は、ひたすら帰路を進む。藤沢から二里(約八km)の戸塚で休憩、さらに三里半(約一四km)進んで神奈川で宿泊した。この日は五里半(約二二km)の行程である。八日目の四月十一日は神奈川を発ち三里半余り(一四km強)進み大森で休憩し、さらに三里余り(一二km強)で江戸の六本木御殿に七つ(午後四時)に到着した。最終日は七里(約二八km)の行程であった。充真院の鎌倉の旅は菩提寺光明寺廟所参詣と、鎌倉、およびその近隣の名刹・名所をめぐる八日間にわたる旅であった。往路は一二里半一八丁(約五二km)、復路は一六里半(約六六km)、したがって全行程(但し、鎌倉滞在中の名所めぐりの距離は除く)は二九里一八丁(約一一八km)であった。

五　鎌倉への思い

旅の真の目的　以上、充真院の光明寺内藤家廟所参詣の旅の足跡を追ってみた。光明寺での充真院の行動については、光明寺に実に詳しい記録が残っていたため、目の当たりにするように様子を知ることができた。初めてのこの旅は野外活動を楽しむには最適な季節で、江戸よりも気候が幾分温暖な鎌倉なので充真院は快適に過ごしたことだろう。ところで、この旅の主たる目的の光明寺参詣よりも、他の鎌倉の寺院と金沢八景、江ノ島参詣に三日間もかけていたように、表向きは菩提寺参詣だが、またとない機会なので、鎌倉およびその近隣の名所もゆっくりと見聞しようというのが、真の目的だったのではなかろうか。前述したようにこの旅で訪れた寺社は、光明寺の他に鎌倉の建長寺・

円覚寺・高徳院、金沢八景の称名寺・小泉弁才天・大六天社・瀬戸三島明神、江島明神なども含めると、都合五つの寺院と四つの神社を参詣したこととなる。金沢八景と江ノ島は景勝地でもある。したがって、充真院の鎌倉への旅は、菩提寺参詣と景勝地かつ寺社参詣を含む名所めぐりの旅だったのである。

充真院の旅が計画され実現した理由は、充真院に対する慰労であろうと前述した。光明寺の他に建長寺・円覚寺・高徳院・金沢八景・江ノ島など数々の名所を訪れたことは、慰労のための旅として符合する。光明寺側が鎌倉滞在中は光明寺に宿泊するよう厚意を示したにもかかわらず、結局、内藤家側が辞退したわけは、実際には他の地を訪れるための宿泊が多いので光明寺に泊まるのは筋が通らないと考え遠慮したからではなかろうか。

記されなかった紀行文　さて、一つだけ残念に思うことがある。この旅に関する充真院の見聞録が、御手元書類である内藤政道氏寄贈書の中に残っていないことである。充真院が訪れた当時は、内藤家廟所から墓石群の向こうに材木座の海が青々と目前に臨むことができたはずである。実にすがすがしい場所に位置しているのである。さらに充真院が歩を運んだ光明寺の裏山からの眺めは、前述したように展望のすばらしい場所である。

充真院が訪れた光明寺は小さな山と切り立った崖を背に、門前は海が開けた潮風薫る地である。建長寺・円覚寺・高徳院などは、緑豊かな谷戸の中に位置するため、静寂に包まれしっとりとした空気に包まれていることが特徴である。いずれの訪問先も空気自体が江戸とは異なって感じられるはずである。さらに、江ノ島へ向かう道は由比ヶ浜・七里ヶ浜の広大な海、青い海と緑の江ノ島、その右に富士山と美しい風景が展開する。しかも、めったに機会のない待望の旅である。江戸の屋敷の中で静かに生活していた充真院にとって、この旅で見た絶景というべき風景は心に感動をもたらしたはずである。

他者による鎌倉紀行文　確かにこの旅は充真院の心に何らかの感慨を残したものと思われる。実は、充真院の手による写本類の中に鎌倉に関するものがある。「鎌江漫筆」と題した冊子で、その後書に天保十一年（一八四〇）に藤原豊将が草したものと記してある。藤原豊将とは如何なる人物なのか気になるが、現在のところ不明である。「鎌江漫筆」は「山水紀行」「玉川紀行」と共に一書に写したものである。その内容は鎌倉と江ノ島に関する紀行文である。「鎌江漫筆」は充真院が鎌倉入りした経路とは異なり、時期も四月中旬で充真院が訪れた四月上旬から中旬よりも少し遅いが、充真院が訪れた地と重複する点もある。しかも充真院の旅の翌年の年記を持つ著作である。この著作を充真院がいつ入手したのかはわからないが、自分が旅した頃と同時期の鎌倉を描いた作品として、懐かしく共感を得たのではなかろうか。老年期に充真院が転居の旅を書きとめた四点の紀行文は、この作品とのめぐりあいが契機になったのではなかろうか。この他にも充真院の手による写本の中に、鎌倉八景（内題「相州鎌倉光明寺八景」）の和歌を含む「月のうた」がある。

懐かしい鎌倉　その後、鎌倉の地に対する充真院の思いが垣間見られる記事がある。充真院が江戸から延岡に初めて赴いた文久三年（一八六三）の紀行文『五十三次ねむりの合の手』である。四月八日に「秋にも成て立事ならば鎌倉・江の嶋にもゆるゆると拝しもせんに（中略）こたひの事よりしては兼ての願も叶はす過るに心をいため」と、秋に転居の旅に出るのならば鎌倉・江ノ島にゆっくりと参詣できただろうが、今回は参詣の願いが叶わないことに心を痛めていると記している。さらに同月十日にも延岡に向かう途中に「かまくらへさえも参詣成かねし事なる」と、鎌倉に参詣できないことを残念に思っている。鎌倉は江戸屋敷から近郊に位置する場所でありながらも、大名家の家人、しかも女性である充真院の立場では、日常において鎌倉に赴くことは容易に叶わないのが現実である。

この転居の旅に際して充真院は二度と江戸に戻ることはないと思っており、内藤家廟所のある鎌倉の光明寺にお別れの参詣をしたかったが、機会を得ることができなかった。この転居の旅は急な旅立ちだったため、断念せざるを得なかったのである。ましてや江戸から遠く離れた延岡に転居すれば、ますます訪れる機会が望めない。ゆえに、充真院は繰り返し心残りの思いを噛み締めていたのである。当時六十四歳の老年期の充真院にとって、鎌倉は心情的に遠い憧れの地だったのである。無念をうかがわせるその心情の裏には、鎌倉とは亡き夫が眠る地であるとともに、若き日に廟所参詣の際に見聞した鎌倉、およびその近隣の名所を訪れた旅が貴重な機会であり、楽しく良き思い出であり、懐かしく思う気持ちがあったと見なしても過言ではなかろう。

叶わぬ思い　その後も充真院の鎌倉への思いは変わらなかった。しかし、機会あるごとに鎌倉に再来したいと思いつつも、実際にその願いは叶わなかった。慶応元年（一八六五）五月に延岡から江戸に戻る転居の旅の途中で、光明寺に参詣することを切望していたが、充真院は体調不良となり立ち寄ることをあきらめた。さらに、慶応四年（一八六八）閏四月に江戸から延岡へ転居する道中で、雨による増水で川止めがあれば光明寺に参詣する予定であったが、川止めがなかったため旅路を急ぐこととなり実現しなかった。鎌倉、光明寺への再来は、充真院にとって果たせぬ夢だったのである。

第三章　三河国岡崎大樹寺・西光寺――徳川家と内藤家所縁の寺――

一　内藤家ゆかりの岡崎

大樹寺とは　本章では、充真院が三河国額田郡の大樹寺（現、愛知県岡崎市）を参詣したことについて明らかにする。大樹寺は山号を成道山と称す浄土宗の寺院で、徳川将軍家と所縁がある。文明七年（一四七五）に創建され、開基は松平親忠、開山は勢誉愚底である。永禄三年（一五六〇）に桶狭間の戦いで今川氏が敗れた際、当時、松平元康と称していた後の徳川家康が大樹寺に逃げ込んだ。しかし敵に囲まれここで自害を決意したが、登誉天室から「厭離穢土、欣求浄土」の教えで諭され生き延びることにした。そしてこの言葉を馬印に記し、僧侶たちの助力で敵を退散することができた。当寺は慶長七年（一六〇二）に勅願寺になる。

大樹寺には松平氏八代と徳川家康から十四代将軍家茂までの位牌が安置されている。将軍一四人の位牌の長さが将軍の身長と同じであることで知られている。現在、松平氏と将軍の位牌は位牌堂に祀られている。徳川家はその所縁により大樹寺を厚く庇護した。三代将軍徳川家光の治世下において、家光の命により大伽藍が大造営された。その後、長きにわたり将軍家の威光を帯びて発展したが、安政二年（一八五五）一月二十六日に失火により、本堂や書院をはじめとする多くの建物が焼失してしまった。しかし、同三年に幕府が再建を決定した。再建の折に総建坪は全体で二割減になるが、同四年閏五月に建物が竣工した。

再建伽藍を訪問　充真院が大樹寺を訪れたのは、慶応元年（一八六五）五月二日である。充真院にとって二度目となる転居のための大旅行の途中であり、延岡から江戸へ向かっていた。参詣当時、充真院は六十六歳である。なお、充真院は大樹寺が安政の大火災から再建した八年後に参詣したのである。

予定外の参詣　大樹寺参詣について、充真院は日記体の紀行文『海陸返り咲こと葉の手拍子』にその様子を詳しく書き留めている。実は、大樹寺参詣は当初から計画されていたのではない。思いがけない成り行きがきっかけであった。東海道を西に進んでいる公家衆が岡崎の二つ東に位置する宿場の赤坂まで来ていた。岡崎の西本陣に到着していた充真院一行はその情報を知り、公家らに遠慮して急遽、宿を明け渡すことにした。そして、公家衆が岡崎を通り過ぎるまでの間、充真院らは鴨田村井田野の西光寺に移動して滞在しながら、その本山で近隣にある大樹寺を参詣することにしたのである。

内藤家も所縁の地と寺　突然決まった参詣であるが、岡崎は徳川家に加えて内藤家にとっても、先祖らが居住していた所縁の地である。内藤家の当主が参勤交代で東海道を通行する際に定宿としている西本陣をはじめ、西光寺・大樹寺、さらにその塔頭である信楽院《しんきょういん》は、内藤家の先祖らと所縁があった。

緊迫する世相　ところで、充真院が大樹寺を参詣した翌月の閏五月九日に十四代将軍徳川家茂が大樹寺を参詣している。家茂は第二次長州征討のため、大坂城に向かう途中に参詣したのである。家茂の参詣は現職の将軍として最初で最後の大樹寺参詣となった。右の様子から、充真院の大樹寺参詣は世相が緊迫していた時期であったことがわかる。その二年後の慶応三年（一八六七）十月に大政奉還を経て徳川幕府が瓦解すると、徳川家の菩提寺である大樹寺は大檀那を失った。しかも明治四年（一八七一）一月に上地令が発令されて寺領を失い、塔頭を廃寺にせざるを得なくなった。

同六年には、かつての寺域の南半分である惣門と山門の間の地に建っていた塔頭を手放した跡地に、広元学校(現、大樹寺小学校)が開設され、寺域が様変わりしてしまった。充真院の大樹寺参詣はその八年前であった。したがって、充真院の大樹寺参詣は、火災による建造物の減少を経ていたものの、当寺が寺域の規模を保っていた最終期の貴重な見聞と位置づけられるのである。

岡崎と内藤家　元治二年(一八六五)三月十五日に延岡を発った充真院一行が、海路を経て東海道を下り東海道の岡崎の宿である西本陣中根甚太郎に到着したのは、旅の四十五日目の慶応元年(四月七日に慶応と改元)四月三十日である。まず、岡崎と内藤家の所縁について少し振り返っておこう。かつて内藤家が、後に徳川家となる松平家の配下の一人(後に上級譜代家臣として位置づけられる)として活躍していた頃の拠点が、この三河国額田郡菅生郷(現、愛知県岡崎市)なのである。

岡崎五人衆の内藤義清　内藤家の系譜を紐解くと、祖先は三河国に居を構えていた。公的な系譜では初出の先祖は内藤義清である。義清は徳川家康の曽祖父である松平信忠、祖父の清康に仕えた。清康の家臣の中で武芸に優れた岡崎五人衆の一人が、この義清である。岡崎五人衆とは、天野貞有・植村新八・林藤助・石川忠輔・内藤義清である。ところで、前述した公的な系譜とは幕府が編纂した『寛政重修諸家譜』である。当系譜は編纂の際に、大名や旗本らに先祖の事績を提出させている。したがって、内藤家の公的な場における当家の歴代当主らの事績に関する見解である。なお、内藤家が家として編纂した「再選系譜」「再選御系譜」にも、内藤家の初代当主を義清としている。しかしながら、内藤家に残された先祖に関する書類のうち、「御系譜関係書類参州内藤系図一説」は、義清の先代として重清を記載している。

義清夫妻の墓所西光寺　義清は、「三河国井田野の西光寺に葬る」と『寛政重修諸家譜』第十三に記載がある。実は義清の妻も西光寺に葬られた。夫妻の墓の形態は宝篋印塔であり、「御先祖様御廟所三州引合一件帳」に近世後期の様子が描かれている。内藤家の「再選系譜」「再選御系譜」によると、義清の墓碑には法号「義芳禅定門」と没年月日の「天文六丁酉年十二月十六日」、夫人の墓碑には「啓善女内藤室」とのみ刻まれているという。なお、右の系譜には「大樹寺塔頭信楽院有位牌」と、大樹寺の塔頭である信楽院に位牌があると記録がある。西光寺が元禄七年（一六九四）六月に作成した檀家の命日をまとめた「過現名帳」には、十一日の箇所に「天文十九戊　六月　悦窓啓善法女　内藤右京進奥方」、十六日には「天文六丁酉十二月十六日　春山善芳禅定門　内藤右京進」と記してある。なお、西光寺については後述する。

義清夫妻と大樹寺の所縁　さらに義清夫妻については、かつて大樹寺の過去帳にも記載があった。義清は「春山善芳男　十二月十六日　内藤右京進」である。夫人は「天文十九年戌《（ママ）》年六月一《（ママ）》日　悦窓啓善女内藤右京進内」と没年月日も記されていた。さらに大樹寺塔頭の信楽院が位牌をお祀りし、大樹寺との所縁も深い。

桜井の誓願寺にも墓所　義清の父重清と義清の嫡子清長は、当家のもう一つの拠点である同国碧海郡桜井（現、安城市）の誓願寺に墓所がある。二人の墓が誓願寺にあるのは、当時この近隣に居住していたことによる。しかし、清長の次代である家長の居所は、岡崎城のすぐ近隣北側の地である。

家長の代に三河を離れる　内藤家は家長が当主であった天正十八年（一五九〇）に、徳川家康の関東移封に伴い上総国天羽郡佐貫（現、千葉県富津市）に移り佐貫城主となり、さらに翌年に江戸の桜田に屋敷地を拝領した。このことについては、『寛政重修諸家譜』第十三に「この年（筆者註…天正十八年）関東御入国の後一万二千石を加へられ、上総国天羽郡にをいて二万石を領し、佐貫城に住す。十九年桜田にをいて東照宮御杖をもつて邸地を画して家長にたまはる」と記載されている。家長の代にこれまでの一家臣としての功績を認められて大名に抜擢されたこと、さらにこの

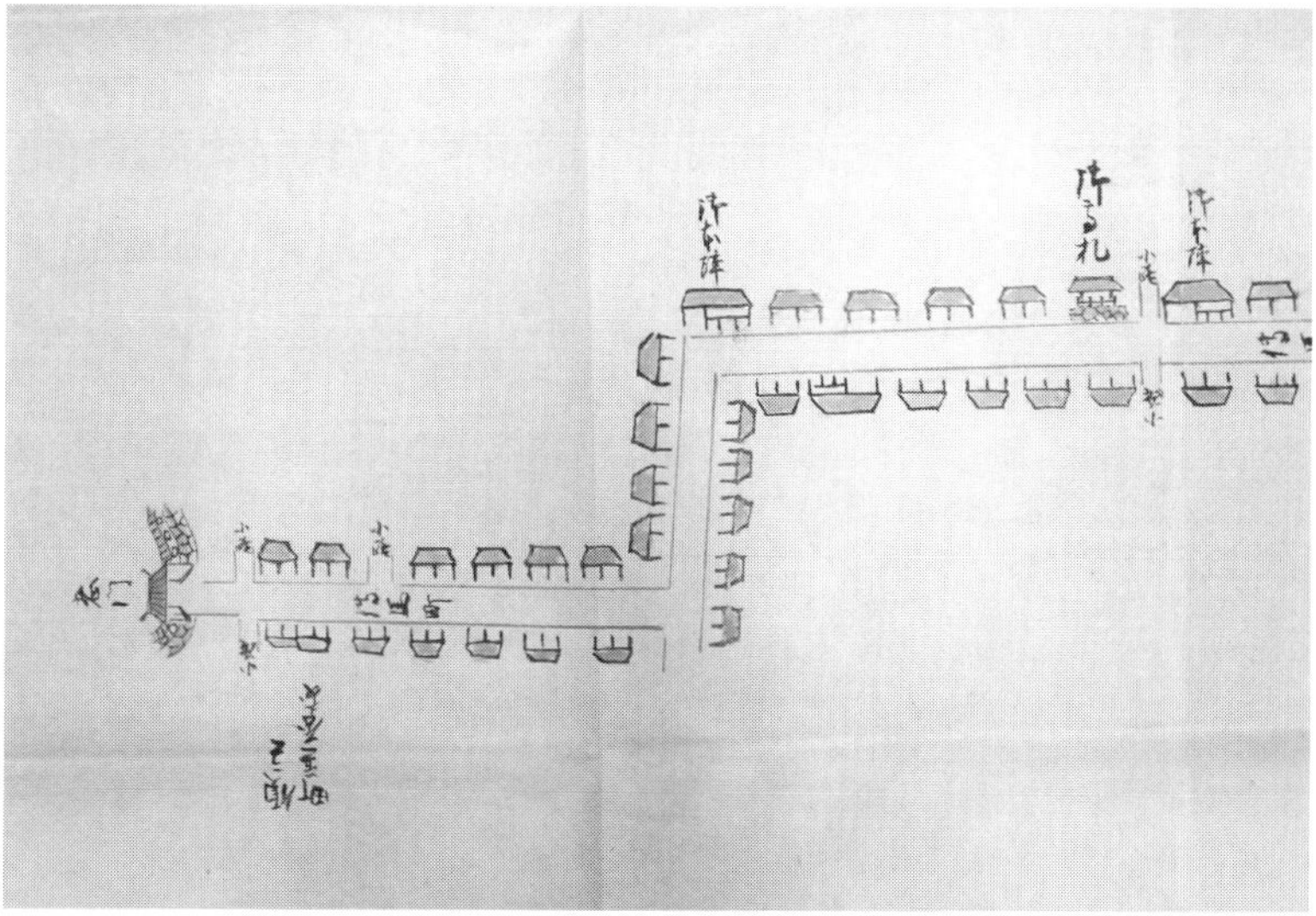

図11　西本陣中根甚太郎家の位置（中央上の御本陣）（「東海道岡崎宿家並図」）

時に拝領した江戸屋敷が江戸城の南に隣接する桜田の地であったこと、さらに屋敷地拝領時の言い伝えとして家康が直々に現場に家長と赴き杖で場所を示したことは、家康に家長がいかに貢献しそれを認められていたこと、さらに主従関係としても名誉というべき待遇に与ったことがうかがわれる。なお、家長は慶長五年（一六〇〇）の伏見城の戦いで奮戦の後に命を落とした。家長の、身を捨ててまでの家康に対する忠義は、内藤家を武功の家としてより高め、徳川家からの信頼を一層確固たるものとした。

西本陣の中根甚太郎　次に西本陣の中根甚太郎家についてふれておこう。西本陣は、かつての岡崎城主田中吉政が城下の防衛のために東海道に屈折を多く施した、いわゆる二十七曲り沿いにある。宿の位置を「東海道岡崎宿家並図」（図11）で示しておこう。当本陣は岡崎宿役町一一か町の中でも戸数や規模が大きい伝馬町に位置していた。文政九年（一八二六）に作成された「伝馬町家順間口書」に宿が描かれている。この図によると、当本陣はこの二十七曲りの角の一つに位置していたことや、家の間口は南側を向いていること、さらに間口が一二間（約二一・

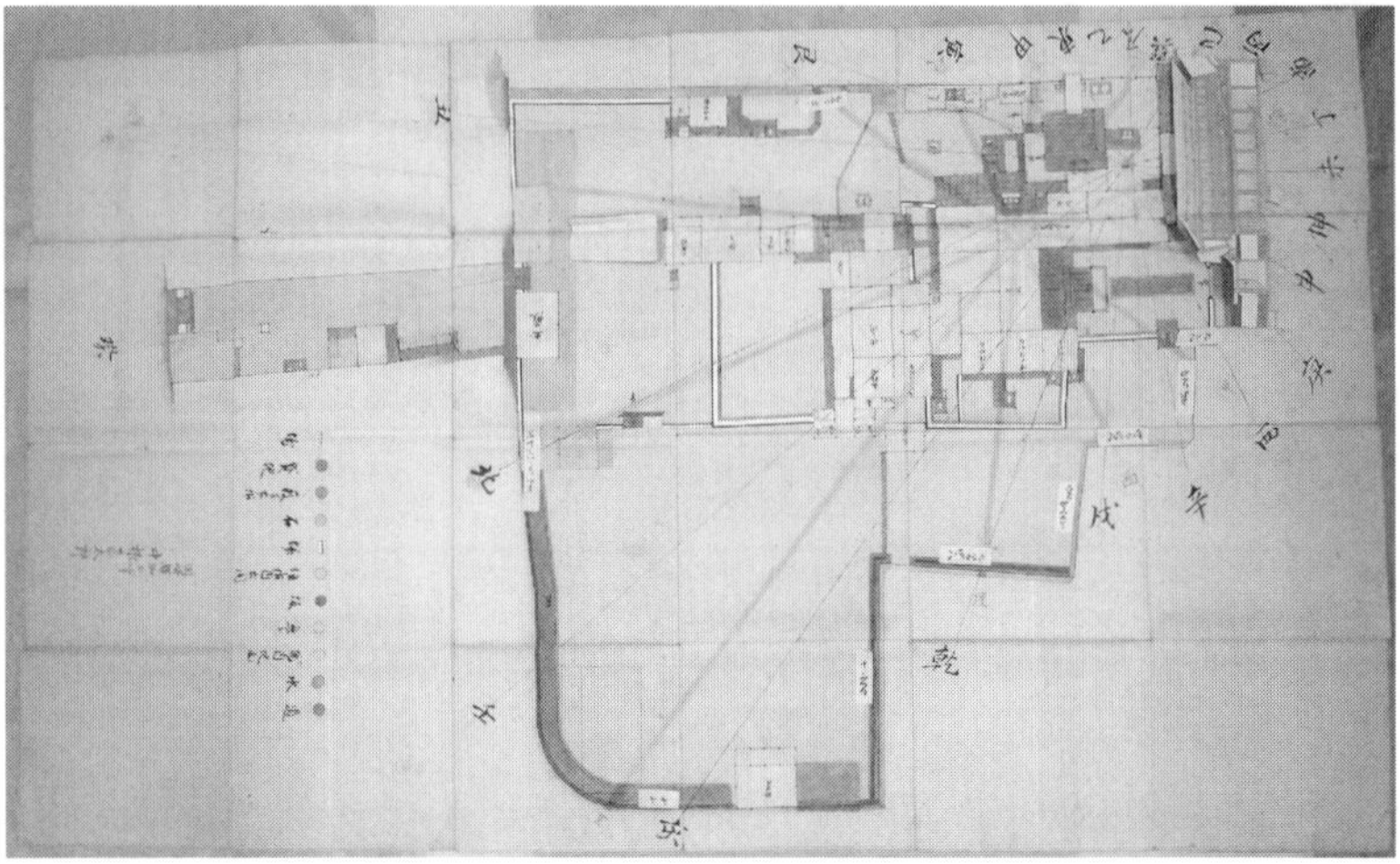

図12　西本陣中根甚太郎家見取り図（「西本陣絵図」）

六ｍ）あることがわかる。同じ通り沿いに三〜五間（約五・四〜九ｍ）などの間口の家が多い中で、中根家は本陣ゆえにとりわけ広い間口である。図12は作成年代が不明だが中根家の屋敷図である。図13は図12右上の玄関部分である。広々とした屋敷地には、本陣ならではの立派な玄関と、部屋数の多い立派な建物があった。中根家は正徳三年（一七一三）の「伝馬役図」にも記されており、当地で本陣を営んだ家の中でも古くからその存在が確認できる。近世後期には苗字帯刀を許されていたことも確認でき、岡崎宿の中で格別な立場の家である。なお、西本陣中根甚太郎のあった場所は、現在は岡崎市伝馬通二丁目である。筆者が当地を訪れた平成三十年（二〇一八）には、コンビニエンスストアになっていた。

家長の妹が中根家に嫁す　実は内藤家が三河の地を拠点としていた頃、後の岡崎の西本陣中根家と主従関係、さらには血縁関係があった。内藤家の「再選系譜」「再選御系譜」に、「当時参州岡崎本陣中根甚太郎、往昔中根家者、信康君御付属之輩ニテ、家長ニ預賜フ、三十人之内也」と、中根家は徳川家康の長男信康の配下であり、後に内藤家長付となった三〇人の武士のうちの一人であったと記してある。しかも、家長の妹について「女　中根甚左衛門正恭妻」と記してある。家長の妹が中根家に嫁いでいたのである。西本陣は近世後期に屋号、および当主を中根甚太郎と称した。家長の妹が嫁いだ中根正恭は甚太郎・甚左衛門とも称した。なお、中根家の系譜である「中根氏大系図」によると、正恭の箇所に「妻内藤弥次右衛門尉藤原清長女」とある。内藤清長とは家長の父である。内藤清長の女、すなわち娘とは家長の妹である。

中根家のうち一家はその後も当地に残って庶民となり、岡崎の西本陣を営んだ。内藤家は藩主が参勤交代で東海道を通過する際に、岡崎では当家に宿泊している。充真院も文久三年（一八六三）の江戸から延岡への転居の旅の途中に本陣として中根家に宿泊しており、慶応元年（一八六五）の宿泊は二度目であった。なお、当時岡崎の地は東海道の宿場町として賑わった。藩主は本多氏・水野氏・松平（松井）氏、さらに本多氏と変遷したが、いずれも譜代大名である。充真院が訪れた頃の岡崎は、本多忠民《ただもと》（五万石、譜代）の城下町であった。

図13　西本陣中根甚太郎家玄関（図12右上）

充真院が記した中根家　内藤家と中根家の古い血縁については、充真院が文久三年（一八六三）の旅について記した『五十三次ねむりの合の手』に、「昔は此家にはゆいしょ有とて丁寧にとりあつかふ」とあり、さらに元治二年（慶応元年・一八六五）の紀行文『海陸返り咲こと葉の手拍子』にも「此宿はむかしゆい所有とて」と記してある。まさしく内藤家と中根家の血縁関係を表しているのである。そして、充真院もそのことを十分に認識していたのである。しかも、『五十三次ねむりの合の手』には、文久三年の旅で当家の八歳ぐらいの幼女が

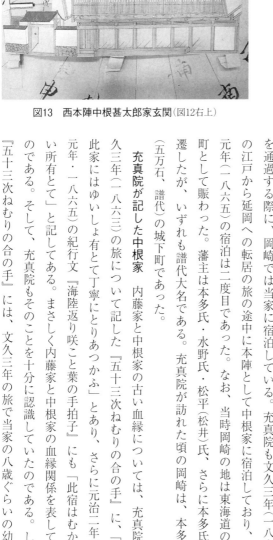

挨拶に出てきて茶菓を充真院に運んできたこと、そして充真院の側を離れようとしなかったことなど記されていた。充真院がこの幼女に慕われたことは、旅ならではのほのぼのとした庶民の子供との交流の一幕であった。古きに結ばれた両家の血縁関係ゆえに、中根家は身分制社会としての上下関係の礼を尽くしながらも、幼女をも含めた家族ぐるみのあたたかさを込めたもてなしをしたのではなかろうか。

三河の菩提寺への事務を担う　中根家は宿泊以外にも、内藤家に貢献している。それは、内藤家と所縁のある当地の寺院（前述した西光寺・誓願寺・大樹寺の塔頭である信楽院）に関する事務である。中根家は内藤家からの要請を受けて、享和三年（一八〇三）から文化六年（一八〇九）にこの地にある内藤家所縁の寺院を調査した。この頃、内藤家は当地の寺院と疎遠になっており、不明な点が生じたので、内藤家の御用部屋から中根家に依頼して問い合わせをして調査したのである。その調査の書類は、一連の資料として「御先祖様御廟所三州引合一件帳」と名付けられ、冊子二冊と書状六点の都合八点が一件袋にまとめられて現存している。この調査に関する書類を一件袋にまとめて保存していたことから、内藤家と縁が薄くなっていた三河国の菩提寺に関する調査の成果を、内藤家は今後大切に保管しようとしていたことがうかがわれる。調査によって判明した三河国の菩提寺との関係を再構築し、継承しようとしたのである。この調査を契機として、その後、三河国にある菩提寺への御仏供料納入をはじめとする事務を中根家が仲介している。中根家が三河国にある内藤家の菩提寺の寺務を担当した一例をあげると、嘉永五年（一八五二）十二月四日に暮の御仏供料を納めたことが、家老日記の「嘉永五年　万覚帳」に記載されている。

充真院が招かれた部屋　さて、次に充真院が本陣から他所に宿を移した経緯について見てみよう。四月三十日に岡崎での内藤家の定宿である西本陣中根甚太郎に予定通り到着した。充真院が招かれた部屋は、屋敷内の一番奥、北北西に位置する「上段間」である（図14）。「西本陣絵図」によると、この部屋には床の間や違い棚も備えてある。宿はさっそく玉子蒸し一棹と御菓子一折を、御里付重役大泉市右衛門明影宛にして充真院に差し入れた。差し入れは古い血縁関係ゆえの宿側の好意であるが、現在は庶民である中根家側は、この旅の主人である充真院に直接差し入れることは畏れ多い行為なので、御里付重役宛にしたのである。

幼女と再会　充真院は入浴して、その後、部屋でくつろいで過ごしていると、二年前の宿泊の時に会い、充真院に懐いたこの宿の幼女が挨拶にやってきた。「ここの娘の子、一昨年も出候まま尋、少々手遊遣し候」と、充真院は再会した幼女に話しかけて玩具を与えた。初めて会った時は八歳ぐらいだったので、この再会では十歳ぐらいであろう。この年代の子供の二年間の成長は大きい。懐かしく楽しいひとときを味わったことだろう。

思いがけぬ宿替え　宿で充真院がのんびりとした時間を過ごしていたところ、思いがけない知らせが届いた。公家衆の通行がこちらに向かっており、もはや岡崎の東にある赤坂まで到来しているという。充真院一行は自発的に公家らに宿を譲ることにした。中根家に代わりの宿泊地として心当たりの寺でもないかと相談したところ、この西本陣から一里余り（四km強）の所に西光寺があるという。西光寺とは浄土宗で大樹寺の末寺である。ただ、西光寺はあまり広くないので、もし狭ければ大樹寺が宿泊させてくれるだろうという。話を進めているうちに、「此方御先祖様の御墓有所之由、幸と悦」と、充真院は西光寺に内藤家の先祖の墓があることを知り、その縁を幸いで

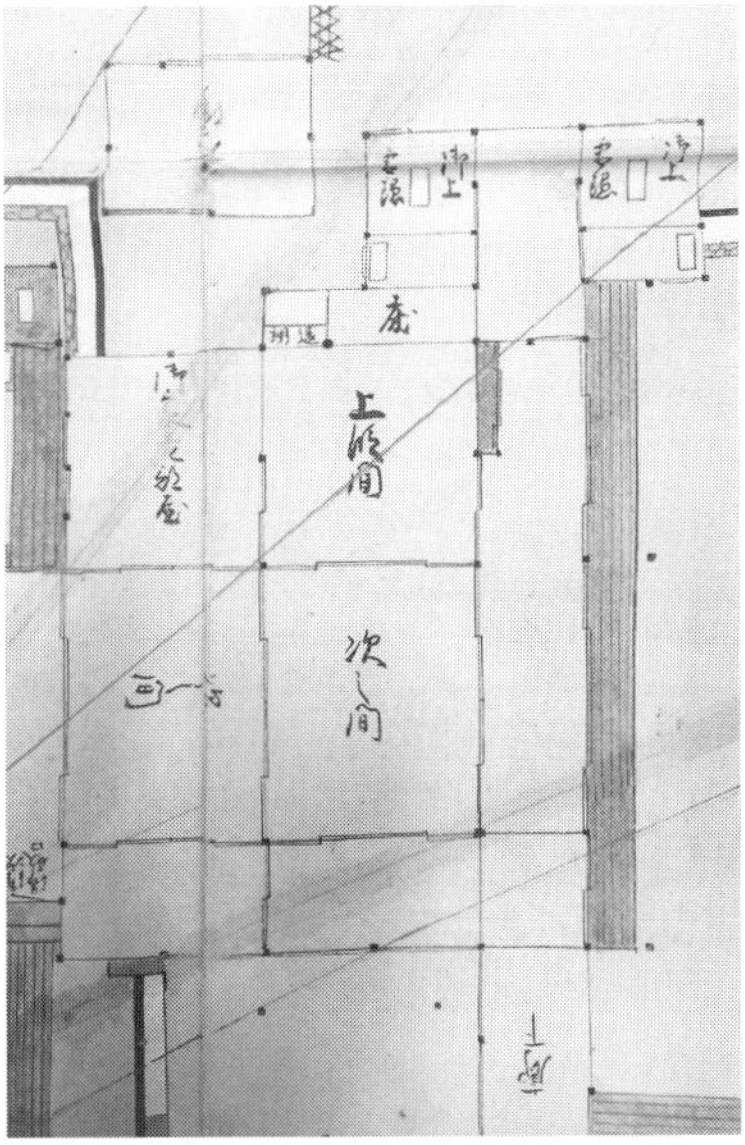

図14　西本陣中根甚太郎家の上段間
（図12の屋敷内）

あると喜んだ。
今後については「先三日計もとまり、又其うへの時次第」と、ひとまず西光寺には三日間ほど宿泊させてもらい、以後については後に決めることにした。そして、翌日五月一日の昼食後に西光寺に移動することを決め、四月三十日は西本陣の中根家に一泊したのである。西光寺への交渉は、前述したように中根家が内藤家の三河国にある寺院との事務を文化年間(一八〇四〜一八一八)以来担っているので、中根家側がさっそく手配したのであろう。

二　西光寺へ滞在

中根家を出発　充真院一行は西光寺に五月一日から八日まで、思いのほか長く七泊八日も逗留した。五月一日の昼食後、八つ(午後二時)過ぎに充真院一行は行列を組んで、西本陣中根家を出発して西光寺を目指した。ここは岡崎城下であり、しかも中根家は東海道沿いにあるので、大名家の家人である充真院一行は供揃えをして行列で移動したのである。西光寺は西本陣中根家から北に位置する鴨田村井田野にある。鴨田村は大樹寺領である。岡崎の城下町を通過して田道(畦道)に出てしばらく歩を進めると、木曽街道と刻まれた石碑がありここから分かれ道となる。西光寺へ向かう際、天気がとても良かった。充真院は「ことこと天気もよくて、おしき事、つふやきつつ行」と、たいへん天気が良いので、江戸に向かって旅を進めることができなかったことを惜しいとつぶやきながら、西光寺を目指した。西光寺に行く途中で、充真院は西光寺と大樹寺の本末関係について少し思いをめぐらした。

西光寺の立地　ここで、西光寺のある地、およびその周辺の地形について少しふれておこう。西光寺は平地の中の小高い山の頂上にある。頂上まではかなり急勾配の坂である。この寺の周囲の景色は、充真院が訪れて目にした頃は田である。現在は住宅地になっているが、地形からもその形跡がしのばれる。小高い位置にある西光寺の周囲は平地であり、すぐ北の道路を越えると、すぐにゆるやかに一段高くなる。

西光寺到着　充真院は西光寺の敷地に入る際、まず石段を一間（約一八〇cm）ほども登ると門があった。門をくぐるとすぐに寺の建物に庭口のような所があり、ここから上がるとすぐに入側があり、八畳間が二つ続いている様子を目にしている。充真院が招かれた建物は充真院が描いた挿絵（図15）の説明に「本堂へ行口」、すなわち本堂に行く入口が記されており、本堂に隣接していることがわかる。室内の造りからこの建物は書院である。実は、充真院が滞在することになった書院は建て直したばかりだった。しかも、玄関はいまだ完成していなかったので、庭口のような所から入室したのである。その件について充真院は「此寺の普請は近比なせるよしにて、玄関はいまた出来す」と記している。

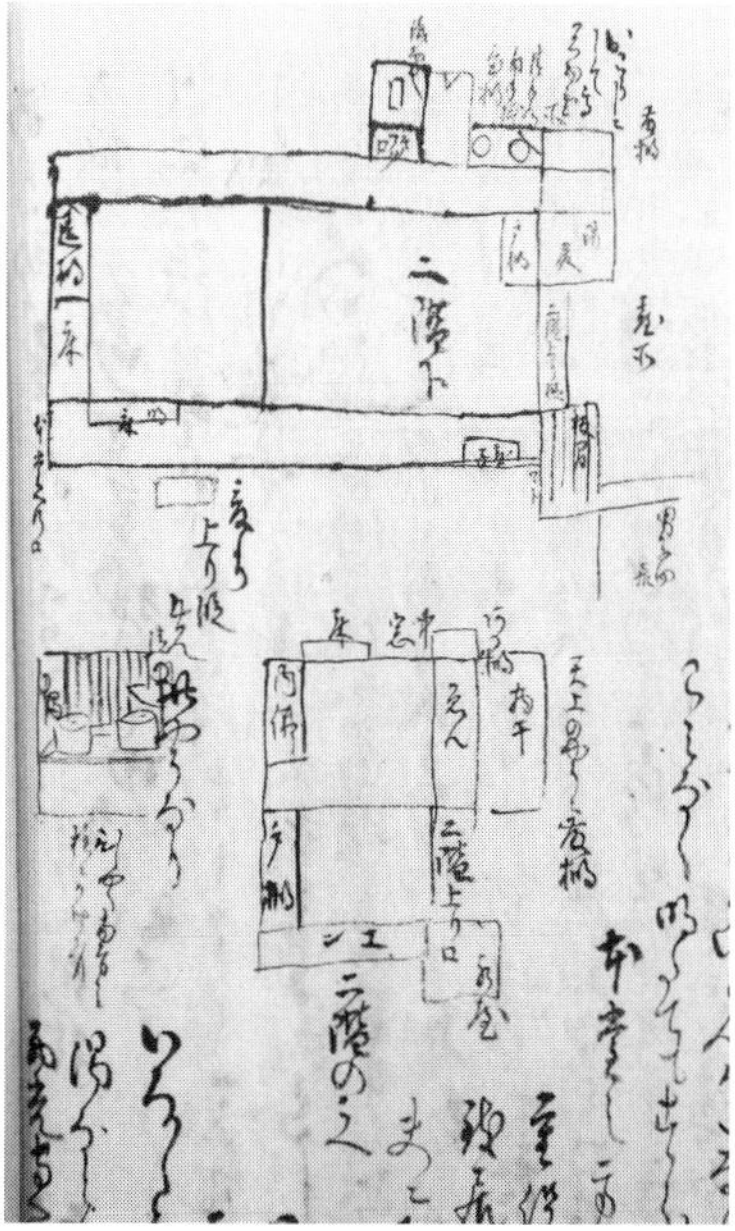

図15　西光寺書院間取り図

充真院の感想　そして、「定めし古寺ならんと思へる所、さなくて、新しく行とときたる事いわん方なくきれゐ、こみ一つなく」と、たいへん古びれた寺の建物であろうと思っていたが、意外にも古びておらず新しく、手入れが行き届ききれいだった。もっとも、ごみ一つ落ちていなかったのは、充真院が来訪することとなり、西光寺が事前に入念に掃除をしたからであろう。なお、西光寺の建物についてここで少し補足しておきたい。充真院は到着した時に目にしたはずの本堂の様子を特に記していない。本堂は嘉永六年(一八五三)三月に再建されており、充真院が訪れた時に十二年を経たところであった。充真院は西光寺を創建が古いと認識していたが、その本堂も再建されてさほど時を経ていないので、古色を帯びていなかったはずである。

風流な書院　充真院は書院に案内された。この書院は二階建てで、部屋が新しいうえ手入れが行き届き清潔で、しかも風流であった。この部屋を見て、充真院はたいへん気に入った。「せまきなからも是にては随分逗留してもよしと思ひ」と、部屋が狭いものの長逗留しても良いと思った。第一印象が実に良かったのである。充真院は書院内をあれこれと観察している。まず一階である。床の間には、二幅の掛軸と、七福神の一人である寿老人の置物が台に載せてある。違い棚には脇息と広蓋が置いてある。入側には茶道具が備えてある。縁側の方には風呂や用所、すなわち厠があり、いずれも水を使用する場所に清らかな湯を二種類用意してある。向こう側には格子があり、中高な高さの流しを備え手拭を置くために角に棚をつけてある。風呂場には、着物を置く棚があり、敷物として毛氈を用意してある。「心付たるとて、かる石迄有もおかし」と、寺側が軽石まで配慮して用意してくれた様子を目にして、充真院はとても愉快に感じた。

書院の二階も観察　次は二階である。階段は二か所あり、その一つの階段を上がると縁がある。その右側は涼んだり物干しができるようにしてあり、その上には藤棚が設けてある。藤棚は日よけのためであるが風情のある造りであり、短歌を詠みたくなるような心地がした。向かいには閼伽棚があり、左側の座敷の正面に内仏(仏壇)が祀られ、その横の床の間に掛軸と花が置いてある。二の間は、縁側があり、簾をかけてある。ここではお茶をたてるらしく、水屋らしいものが備えてある。

大いに気に入った清潔な室内　一階と二階の部屋を充真院は御付の者たちと眺めて歩いた後に、「上下ともに其きれゐ、ちり一ツもなく、手のとときたる事いわんかたなく、雨戸のさんに迄もこみなく、明たてもすらすらと出来、皆々悦候」と、一階も二階も共にきれいでちり一つなく、掃除など手入れが徹底している様子は言葉にできないほどであったと感想を記している。しかも雨戸の桟《さん》にもごみがついておらず、滑らかに開け閉めができるので、皆で喜んだという。開閉の良さについて充真院はその理由を考え、「是は大工のよきか、木之よきか、いつれ持合し物成へし」と、大工の技術が良いのか、または使用している材木の質が良いのかであろうと書き留めた。なお、部屋の清潔さや雨戸の建て付けの良さについて、充真院は実に満足しており、到着当日の五月一日に加えて同五日にも「雨戸しむれは、さんに一ツもちりなく、すほると締り、一枚一枚にさるおりる様にして」と記している。

間取り図を描く　ところで、充真院の知的な個性の一つとして、建物の間取りにたいへん興味を持っていることがあげられる。そして初めての転居の旅の紀行文『五十三次ねむりの合の手』に挿絵として、たびたび間取り図を描いていた。実は西光寺の建物内についても、充真院はこの旅の紀行文『海陸返り咲こと葉の手拍子』に間取り図を描いた。それが前掲の図15である。幕末の西光寺の建物に関する記録が存在しない現在において、建物の一部の間取り図とはいえ貴重な挿絵である。滞在中の部屋割りは、充真院が書院の一階、御付の女性たちが書院の二階、男性の随行員は本堂を使用した。「本堂之方に弥学、医抔居候、重役初は次之方にこたこた致居」と、本堂を充真院と光の御用掛である今西弥学長嘉や医師の喜多尚格秀尭らが使い、御里付重役の大泉市右衛門明影は当初は次の間を用いた。

寺域見学を見合わせる　寺域には地蔵堂、さらに「御昔様御縁有て参詣せよとの事哉」、すなわち内藤家の先祖（義清夫妻）の墓があるので参詣するように勧められたが、もはや夕刻を過ぎ時間がなかったからであろう、この日は見合わせた。充真院は西光寺の住職に初めて会い、お菓子を贈った。そして、いろいろなことを思いめぐらした後、風呂に入り就寝したという。なお、充真院が西光寺の内藤家墓所を参詣するのは、その四日後の五月五日のことである。

墓所参詣後に寺域にある芭蕉の名句「夏草やつはもの共の夢のあと」の句碑を見て、その後、千人塚（大衆塚）を参詣することとなる。

三　大樹寺参詣（一）――御霊屋・松平家墓所――

大樹寺へ参詣を申し出る　翌五月二日に充真院は大樹寺を参詣した。午前中のうちに「今日は東照宮を初、御先祖御墓参りせはやと申出し候所」と、東照宮、すなわち徳川家康をはじめ、内藤家の先祖のお墓参りをしたいと、大樹寺に申し出た。昼過ぎに大樹寺から訪問を承知する旨、連絡があった。さらに、充真院らが訪問の準備をしている時に、大樹寺塔頭の信楽院に「御先祖様御いはた（い）計はこの方に有との事にて」と、内藤家の先祖の墓はないが、位牌だけが安置されていることがわかった。信楽院の位置は大樹寺内の鐘楼の東側であった。現在、大樹寺保育園があるあたりである。さらに、かつて内藤家の先祖が信楽院に宿泊したこともわかった。信楽院に土産としてお菓子を持参することにした。

小雨降る中を出発　大樹寺に出発する際の様子を充真院は、「段々空かきくもりて、九ツ比より小雨ふり出しければ、雨具用ひ候程にもなく、笠のみにてよろしそうゆへ」と、出発前から段々と雲が出てきて空模様が怪しくなり、九つ（昼の十二時）からとうとう小雨が降り始めたが、雨具を使うほどではなく、笠を被ってしのげそうだと判断した。逗留先の西光寺を下った所から大樹寺までの距離はわずか三町（約三二七m）ほどなので、充真院らは徒歩で大樹寺に行くことにした。大樹寺までの風景について「百姓家も少々はあれと、大方、田計にて淋しき道」であると、周囲には農民の家が少しあるものの、田ばかりが広がる寂しい道を進んだ。その際に、西光寺の住職が充真院一行の先頭に立ち、道案内をしてくれた。

充真院の記述には西光寺から大樹寺へ向かう経路の現状について、これ以上記載していないので、ここで少し補足しておきたい。西光寺から坂を下り、北に進むと燈籠が左右に二基ある。鴨田天満宮の参道である。ここを少し進み、途中で西に曲がりさらに少し進むと大樹寺小学校の南側に、かつての大樹寺の惣門がそのままの位置にある。なお、嘉永五年(一八五二)以前の作成と推定されている「大樹寺古図」には、惣門の南側、特に南東の一体に塔頭の建物が多数あるが、その南側(充真院が西光寺から大樹寺へ向かう時に通過したあたり)は確かに田が描かれている。惣門から北を眺めると、大樹寺の山門が正面に見える。西光寺から惣門までは、徒歩でおよそ七、八分で到着する。

惣門の感想　充真院らは大樹寺の惣門に到着した。惣門は三代将軍徳川家光による伽藍大造営の折、寛永十五年(一六三八)に建立された。様式は三間一戸の薬医門で、総欅造りである。屋根は切妻造で本瓦葺である。木組みも派手であり、大寺院の惣門としてふさわしい姿である。なお、惣門と山門、さらに本堂は一直線上にある。しかし、充真院は惣門を見て「門はりつはてもなく」と、惣門が立派ではないと感想を述べている。もっとも、惣門としては違和感のない大きさである。充真院のこの感想は、参詣した当時、惣門が経年変化により外観が古びて見えた、さらには傷んでいたことによるのであろう。

ところで、この惣門は現在、大樹寺小学校の南側に建っている。明治時代に大樹寺の惣門から山門の前までの土地を手放し、そこに広元学校が建設されたが、惣門はかつての位置にそのまま残された。惣門の位置が全く移動していない。この惣門は現在、県指定文化財である。

立派に茂った家康所縁の松　「少し入と左手に神君様御旗かけの松有」と、惣門から寺内に入り少し進むと左側に徳川家康所縁の旗かけの松(前述した大樹寺で危機を逃れた家康は、後に織田軍と戦い勝利を収めて当地に戻り、「厭離穢土、欣求浄土」の旗をかけたといわれる）があった。この松は「今は大樹と成て、枝は東へ東へと向て、緑しけるとの事」とあるように、大木で枝が東側に向かって伸び茂っていたという。趣のある枝振りで葉が豊かで見事だったのである。

山門を見上げる　さらに少し進むと山門に到着した。この山門も三代将軍家光による大造営の折、寛永十八年（一六四一）に建立した。重層の楼門で屋根は入母屋造、本瓦葺である。充真院は山門を見上げ扁額を目にして、「山門大樹と勅額にてひかひかとして」と記した。山門の楼上に「大樹寺」と後奈良天皇宸筆の勅額が掲げてあり、額面の金地がぴかぴかと輝いていたのである。現在、山門は県指定文化財である。

将軍家の御霊屋　山門を通過してから、充真院は東照宮御霊屋・台徳院御霊屋・成烈院御霊屋など三棟の御霊屋と、松平家の墓所を順に参詣した。これらの御霊屋は現在しないが、図16のように、かつては東照宮御霊屋と台徳院御霊屋が本堂の西側、それらの南側に成烈院御霊屋が、いずれも寺域の西側に建っていた。

東照宮御霊屋　充真院が当寺で一番に参詣したのは東照宮御霊屋、すなわち徳川家康の御霊屋である。山門の下を通過してさらに本堂に向かって進み、西にある門をくぐると、東照宮御霊屋がある。この霊屋を見た充真院は、「東照宮御みやは是より至て御麁抹」と、立派な山門に比べると家康の御霊屋はたいへん粗末に感じた。そこにいた寺の者から縁側に上がり拝むよう言われ、縁に上がり建物内を見つめた。しかし充真院は「例の眼気なくに拝するもむつかしく、御開帳さへも無故、何かいやに成、そこそこに出行は」と、いつもながら老齢ゆえの弱い視力なのでよく見えず拝むことさえ難しく、さらに寺の者が御開帳すらしてくれないので何となく嫌になり、簡単に参詣を終えた。

台徳院御霊屋　次に充真院が参詣したのは、台徳院（二代将軍徳川秀忠）の御霊屋である。この建物も充真院は粗末に感じた。「二代様御たまやとて、是も芝よりは何事によらす悪く」と、江戸の芝にある増上寺の御霊屋と比較すると何もかも劣ると思った。なお、増上寺の御霊屋と比較していることから、かつて充真院は江戸に住んでいた頃に、

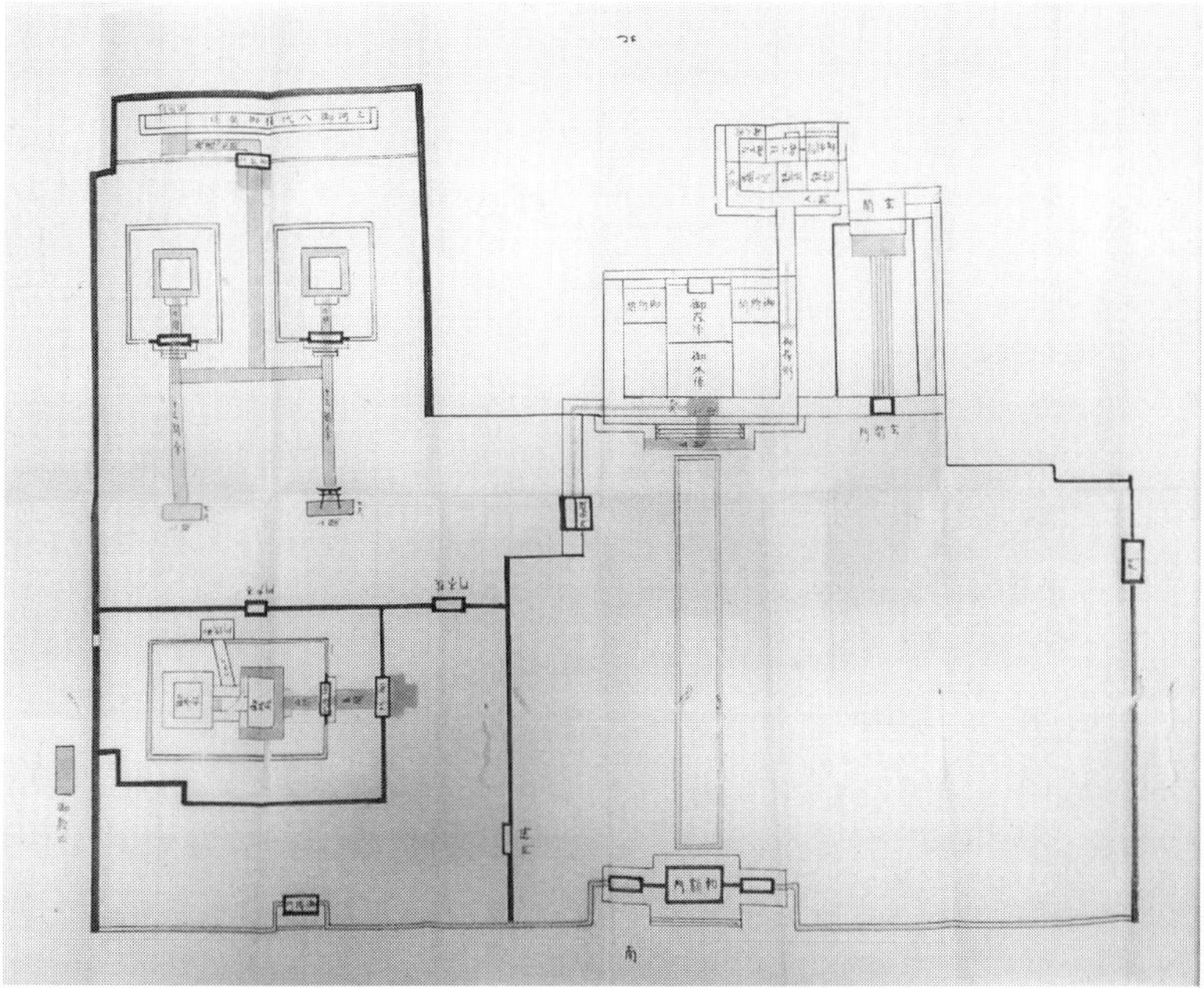
図16　大樹寺御霊屋と方丈（「御八箇所之絵図（大樹寺全図）」）

芝にある増上寺の秀忠の御霊屋を参詣していたことがうかがい知れる。

参拝の仕方は、またもや充真院にとって不本意であった。「又、今の様に拝す計、よくも見せくれましと思ひ乍、はき物をぬけよとの事」と、ここも先の東照宮と同じように縁に上がり建物内を向いて拝むだけであり、内部の様子を丁寧には見せてくれないだろうと思っていると、縁に上がる入り口で履物を脱ぐよう促された。履物を脱いで入り口に足を踏み出すと、「御ごさは雨にて大ぬれの所、やうやうつま立行」と、敷いてあった茣蓙が雨でずぶ濡れで、充真院は水びたしの所を避けながらかろうじて爪先立ちで進んだ。なお、先の東照宮御霊屋と同様の状況では参拝してもつまらないと思い、縁に上がらず拝んだ。僧が二人いたが座って控えているだけで、縁に上がるよう声をかけもしない。充真院は早々にこの御霊屋を後にした。

成烈院御霊屋　秀忠の御霊屋の南側に木戸門があり、さらにもう一つ御霊屋があった。この御霊屋は誰をお祀りしているのか、充真院は具体的に記していないが、成烈院（松平家八代目の広忠）の御霊屋である。成烈院御霊屋は、嘉永元年（一八四八）に松平広忠の三百回忌に朝廷から成烈院という院号を与えられたことを契機として、同五年十月に完成したものである。充真院はこれ以上足が濡れるのも嫌であるし、充分に見せてくれないだろうと思い、門の所から拝むだけにした。

松平家墓所　それから充真院は先に参詣した家康と秀忠の御霊屋の間の道を北に進み、松平氏の墓所に着いた。この墓所は、松平氏の四代親忠が、先祖である三代前の墓を移築して創建した。後に、二代将軍徳川秀忠が修復・再建したという。現在はかつての墓石の他に昭和四十四年（一九六九）に建立された家康の墓もあり、市指定史蹟である。この墓所は寺内の北西に位置する。充真院は「黒板へいにて、御門有、内には御八代様の御墓とて八ツあれとも、至て御そまつにして」と黒塀で囲まれた墓所は、門（御廟門）の向こうに松平氏八人の墓石があるが、たいへん粗末な墓石であると感想を記した。充真院が目にした松平家の墓石八基とは、初代親氏・二代泰親・三代信光の宝篋印塔三基と、四代親忠・五代長親・六代信忠・七代清康の五輪塔四基、八代広忠の無縫塔一基のことである。

粗末に感じた墓所　充真院は「こゝも雨にてこまり候まま、御門迄にて帰り」と、墓所内に入らず御廟門から墓所内を眺めて拝むにとどめた。それでも充真院は、御廟門からこれらの墓の大きさを確認した。「中て大きなるか、わつか一間計、段々ちいさきのも有て」と、一番大きいものでもわずか一間（約一八〇㎝）ほどで、他の墓はそれよりも小さいと記した。充真院は江戸に居住していた頃に、鎌倉の光明寺にある内藤家墓地の仰ぎ見る高さの宝篋印塔や、実家である井伊家の世田谷にある豪徳寺の墓所を参詣して実際に見ている。これらが充真院の墓石のイメージとなっていることは間違いない。ゆえに、松平一族の墓は充真院が認識している大名家の墓と比べると、小さくて数も少なく、さらに敷地も狭いと感じたのである。

四　大樹寺参詣（二）――大方丈・信楽院――

方丈へ移動　雨に悩まされながらも、充真院は寺域の北西の区域にある三棟の御霊屋の参詣を終えて、ようやく方丈に向かった。充真院は本堂と庫裏の間を通り、玄関から方丈に上がった。まず、東照宮をお祀りしている所（小方丈）を拝み、さらに廊下を通り大方丈（図17）の座敷に招かれた。充真院はこれから大方丈の障壁画を目にすることとなる。ここでこの障壁画について少し説明しておこう。

冷泉為恭の障壁画　充真院は障壁画を描いた絵師について全くふれていないが、実はこの襖絵は冷泉為恭《ためちか》（岡田為恭）の手によるものである。冷泉為恭は京都の狩野家の出であるが、狩野派よりも古大和絵を学び、幕末に大和絵師として活躍した著名な人物である。安政二年（一八五五）の大樹寺大火災後に再建した大方丈の障壁画を、同四年に完成させた。この障壁画を手がけたのは為恭が三十四歳の時で、代表作と位置づけられている。為恭は勤皇思想の持ち主であったが、元治元年（一八六四）五月五日に佐幕派と疑われて暗殺された。充真院は為恭が不慮の死を遂げてから一年後にこの絵を見たのである。

鶴の間へ案内　まず、充真院は大方丈の応接部屋の一つである鶴の間に案内された。大樹寺の大方丈には応接部屋が六部屋ある。それは壱の間、中の間、鶴の間、牡丹の間、鉄仙の間、広間である。訪問者の身分・立場により案内される部屋が異なる。鶴の間は大方丈の応接部屋として三の間（格の高さが三番目）に相当し、三五万石以上の大名が通される控の間である。鶴の間に応接された例としては大名では南部信濃守がいた。内藤家の所領は七万石であるので、充真院は実に破格の待遇を受けたのである。大樹寺が充真院に破格の厚い待遇をしたのは、塔頭の信楽院と内藤

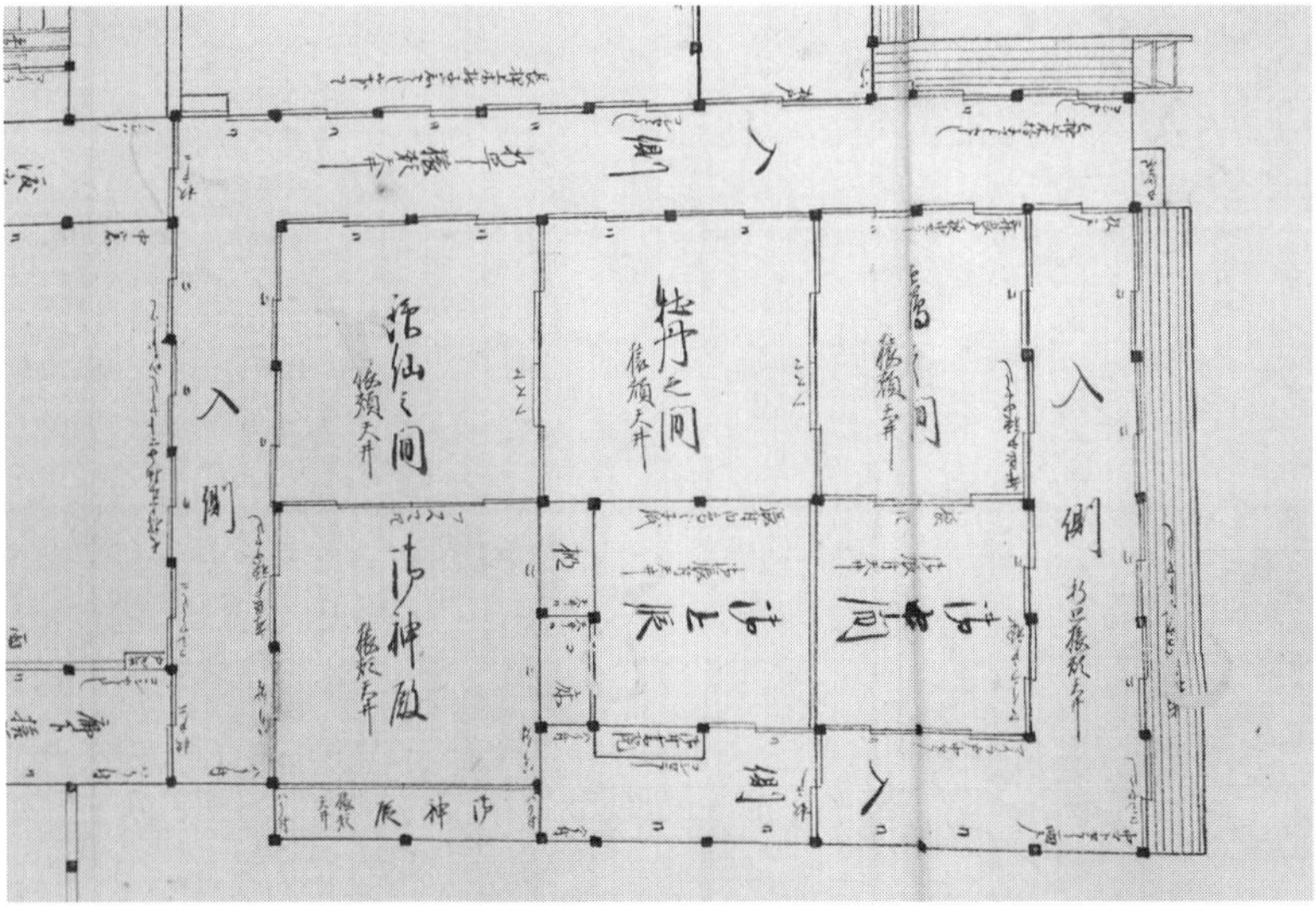

図17　大樹寺大方丈（「大樹寺旧建築設計図」）

家との所縁ゆえであろう。一方、充真院の随行者らは牡丹の間に通された。牡丹の間に応接された例としては、岡崎藩本多家の家老、旗本松平藤九郎、高田藩榊原氏の用人格兼書物方、越前両御女中などがいる。大名家の役人や女中が牡丹の間に通されているので、充真院の御付の者たちがこの部屋に通されたのは妥当といえよう。

充真院は案内役の僧から「上ノ間の方を向て居候様に役僧出て指図し」と、上の間の方を向いて座っているようにと声をかけられた。そこで「其座敷を見れは、田に鶴の絵書たしふすまに」と座敷を見ると襖に鶴の絵が描いてあった。この部屋の広さは一二・五畳で、襖絵に部屋の名称の所縁である鶴が描かれていた。

麝香猫の杉戸　この部屋の入側の杉戸には、「入かはの杉戸には、しやかう猫を書て有」と、麝香猫が描いてあった。具体的には左に白黒縞の一匹、右に茶色・黒斑が一匹と白色の子猫一匹が描いてある。麝香猫の背景に蘇鉄が描かれているが、充真院は蘇鉄については一言もふれていない。なお、この絵は為恭自筆の目録には「蘇鉄麝香」と記してある。ところで、充真院は老年期に猫を飼っていた。さらに内藤家は鶴（丹頂）を屋敷の庭で放し飼いにしていたことがある。したがって、これらの襖絵に描かれていた生き物は充真院にとって身近な存在であった。ゆえに、親近感を感じたのではなかろうか。

接待を受ける　いよいよ大樹寺から充真院へ接待が始まった。まず、茶と煙草盆が充真院に出された。役僧が二人やってきて充真院の向かいに座り、丁寧な挨拶を交わした。次に、寺側から充真院に二度も菓子が出された。さらに台に引盃（懐石に使用する酒を飲む塗盃）を乗せて持ってきたので、充真院は酒が振る舞われると推察し、丁寧な応接と思ったが、結局、酒は出なかった。寺側が接待に際して少々混乱したようだ。

鉄仙の間　それから役僧に促されて、充真院は随行者らが待っている次座敷（牡丹の間）の隣の部屋に連れていかれた。そこは鉄仙の間である。この部屋には四方にそれぞれ四枚ずつ襖があり、鉄仙が描かれている。充真院は「鉄せんの絵四まい唐紙の前へすわれよといふゆへ、心におかしく、目の前にから紙計見るやうと思居しに」と、唐紙（襖）の前に座るように促され、心の中で目の前の襖だけを見るように言われたことをおかしく思った。実はこの襖を開くとそこは御神殿だった。「中のから紙なと内仏にて、ここも東照宮様の大なる御づし拝し」と御神殿には内仏（仏壇）があり、ここにも東照宮の大きな厨子が安置されており、充真院はこれを拝んだ。

貫木神を拝む　さらにこの厨子の後ろに、大樹寺の宝というべき貫木神《かんぬきじん》が安置されていた。充真院は貫木神について、「其くわんぬき神とは何様を祭し神哉と尋しかは」と、誰をお祀りした神なのか僧に質問した。実は貫木神は江戸に数回もたらされ、江戸城内や尾張藩の市ヶ谷御門外にある上屋敷で開帳されたことがある。内藤家の親戚（内藤家のかつての当主政脩《まさのぶ》は尾張徳川家の第八代藩主宗勝の一四男で、内藤家に養子に入った）である尾張藩上屋敷での開帳は天保七年（一八三六）である。江戸での貫木神の開帳は珍しい出来事であり、充真院が江戸に居住していた時期で、かつ尾張藩上屋敷は井伊家の中屋敷の隣であるが、充真院は江戸で貫木神に関する情報を得ていなかったのである。もっとも、その二年前の同五年八月に充真院の夫である政順が死去しているので、この件について知り得なかったか、または知り得たとしても心に留まらなかったのだろう。充真院の質問に対して「是は御十九才の御時、御軍有しに、此寺にて御かせい申上候節、取あへす門のかんぬきをふりて敵をはらいて御勝利有しゆへ、神にまつりし物と申ぬ」と僧が返答した。すなわち、徳川家康が十九歳の頃に、桶狭間の戦いで今川義元が敗死したため、身の危険を感じて大樹寺に逃れてきたのを匿い、家康を追ってきた野武士が寺を包囲した際に、祖洞和尚が門の閂を引き抜き、閂を振り回して野武士らを追い払うことに成功したので、その閂を神としてお祀りしたのである。

充真院は「目悪くてよくは拝し兼候と申候へは」と、自分は目が悪いのでよく見えない旨を僧に伝えたところ、僧が「近く寄拝せよ」と近くで見ることを勧めてくれた。おかげで充真院は貫木神を近くでよく見ることができた。貫木神には家康が敵か味方かわからずに斬り付けた刀傷があった。充真院の次に、御付の者たちも貫木神を見せてもらった。

貫木神を見つめる　充真院は貫木神をお祀りしている御宮の外観と貫木神の安置の仕方について、「かんぬき神は御宮は中高く、両方屋根ひくくして、中に黒ぬりの御紋付たる箱の上に、赤地の錦の袋の上に有、御宮は一間もあらん」と文章で表現し、さらに挿絵(図18)も描いている。挿絵には「黒ぬりにて、御屋根には中に黒ぬりに葵の御紋之箱の上に、紅地の錦のふくろの上にかんぬきのせ有」とさらに補足説明をしている。御宮の屋根は左右が低くて中央が高く、その中に黒塗りで徳川家の家紋である葵の紋を付けた箱が置いてあり、その上に赤い色の錦の袋を敷いて貫木神を安置していたのである。

御朱印状を見る　その他に、充真院は経机に御朱印状(幕府が大樹寺に寺領を安堵した書類)が二箱乗せてあり、それ

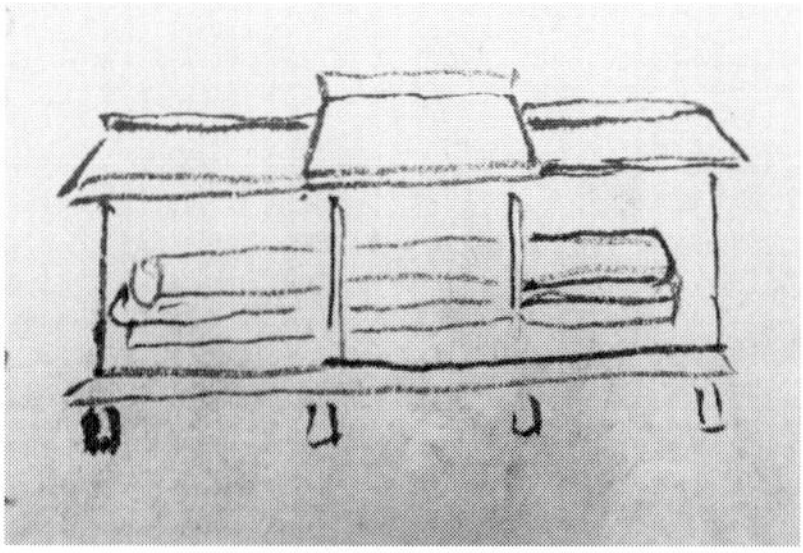

図18　貫木神

らを少し見せられた。見せてもらった以外に、御朱印状が一三〇状はあると説明された。多数の朱印状が存在するのは、徳川家が大樹寺を厚く庇護していたゆえである。

将軍御成の間の襖絵を拝見　充真院らは貫木神を拝見した後に、上の間（上段の間）の襖絵を見せてもらった。上段の間とは将軍御成の間のことである。将軍をお招きする特別な部屋なので、充真院は入室せず入側から眺めたのであろう。この部屋には、為恭の自筆目録に「円融院天皇子日御遊之図」と記した襖絵がある。円融天皇が若菜摘みを楽しむ様子が描いてある。なお、将軍御成の間でこの絵を見た将軍は、充真院が訪れた当時、皆無であった。充真院が拝見した翌月の閏五月九日に、十四代将軍徳川家茂が上洛途中に当寺を参詣した。家茂は将軍御成の間に通された唯一の将軍となった。

充真院はその襖絵を見て次のように記している。「上ノ間のはり付は、天子之小松引にて、床之上の松の陰に半分御貌出て有か天子也、外は公家衆大せい遊ひ居気色」。すなわち、上段の間の襖絵は、円融天皇の春の野遊びである小松引きを描いており、床の上の松の陰に半分だけ顔が見えるのが天子である。その他には大勢の公家衆が遊んでいる姿が描かれている。二の間、すなわち下段の間は秋の様子を描いた襖絵がある。この襖絵は三条左大臣実房公の茸狩の図のことである。為恭の自筆目録に「三条左大臣実房公茸狩之図」と記した作品のことである。

充真院の感想　将軍御成の間の襖絵を見た充真院は、「春秋とせし思ひ付はよけれど、其様に金なそもよふなく、何かへかへかしきはり付」と、上段の間と下段の間とで春秋を取り合わせた趣向は良いが、背景の金箔の具合が良くなく、何となくたわみそうな金箔の施し方であると、感想を書き留めている。絵に造詣が深い充真院らしい意見といえよう。充真院はけばけばしい色彩を厭う感覚の持ち主であるが、それがここでもうかがわれる。将軍御成の間の襖絵は、現在、国重要文化財に指定されている。

絵心がある充真院は、思いがけず大樹寺で障壁画の名品を目にしたのである。作品によっては、もちろん好き嫌いもあるが、それは充真院が絵を描くことを好み、親しんでいるからゆえである。障壁画拝見は充真院にとって楽しいひとときであったと推測される。なお、以上で紹介した為恭の手による数々の障壁画の原物は、平成十八年(二〇〇六)から始まった修復作業により修理されて、現在は収蔵庫内に収蔵・展示されている。

徳川家康御手植えの椎　充真院はその次に、徳川家康御手植えの椎の木を見た。「御庭に御手うへの椎之木、大樹と成て、是も東へ東へと枝茂る」と、椎が大木であることや、枝が東に向かってよく茂っている様子を記録している。「是も東へ」とは、先に惣門を通った次に目にした徳川家康所縁の旗かけの松も大木であり、さらに枝が東向きに枝を伸ばして茂っていた様子を思い出して、椎の大木との共通点に思いをめぐらせたのである。さらにこの椎の大木は「先年類焼せしかと、仕合とやけぬよし」と、先年(安政二年〔一八五五〕)の大樹寺大火災で焼失をまぬがれたと続けて記している。この記述から、充真院が大樹寺の大火災について説明を受けたこと、したがって再建後の寺域であることを認識したこともうかがわれる。なお、この椎の大木は今日も現存している。

住持入誉察彦と挨拶　ひととおり参詣が終わった。「是より方丈御あい申とて出て来て」と、住持が充真院に挨拶するためにやってきた。充真院はこの僧について具体的な名を記していないが、当時の大樹寺の住持は四十九世の入誉察彦である。住持は充真院にまず御十念(南無阿弥陀仏を十回唱える)を授け、それから挨拶を交わした。住持は「役僧よりは丁寧にて、色々咄しして引」と、役僧よりも丁寧な物腰の人物で、充真院としばらく歓談した。住持が退出した後、さらに蒸菓子と茶が充真院に供された。茶を飲み終わると二人の役僧が別れの挨拶にやってきて、充真院は玄関に向かった。

元治二年の「日鑑」　ところで充真院の大樹寺参詣は、大樹寺側の記録にも書き留められている。それは元治二年の「日鑑」である。「日鑑」はいわば業務日記である。その記事は左記の通りである。

（五月）二日雨　延岡内藤豊後（ママ）守殿養母・縁女、道中筋差合候ニ付、西光寺へ逗留、今日御宮初、惣御霊屋へ内拝被願度旨申来、聞済遣ス、夫より掃除申付、八ツ頃案内申遣ス、三御場所へ壱人ツツ相詰候様、山内へ申達ス、内拝之節、案内宝樹院申付、鶴之間へ相通ス、茶・煙草盆・菓子弐通差出ス、〇役人、且付の女中へも茶・菓子出ス、御方御逢有之事、

その内容を以下に説明しておこう。五月二日、天気は雨。延岡藩主の養母であった充真院と縁女、すなわち光《みつ》が、旅の途中で支障があり西光寺へ宿泊している。今日、東照宮をはじめすべての御霊屋を参拝したいと願い出があったので了解した。それから寺内の掃除を命じて、八つ（午後二時）頃に案内をした。各御霊屋に僧が一人ずつ待機するよう寺内に伝えた。参拝の案内は宝樹院（塔頭）の僧に命じた。鶴の間に充真院と光を接待のために招き、茶と煙草盆、御菓子を二名分出した。内藤家の役人と御付の女中にも茶と菓子を出した。住持が対面した。

光も同行　元治二年の「日鑑」により、実は充真院と共に光も一緒に大樹寺に参詣したことが確認できた。充真院は『海陸返り咲こと葉の手拍子』に光が大樹寺参詣に同行していることを一言も記載していないが、充真院は常に光を伴って行動しているので、光が同行していることを取り立てて記載しなかったのであろう。

その他にも、充真院一行の来訪前に、寺側は大切な客人である充真院らに礼を尽くすために寺内の掃除をしていること、充真院らが到着したのは八つ（午後二時）頃であること、御霊屋参拝には宝樹院の僧が同行して案内したこと、

随行した御付の者たちも茶や菓子を振る舞われて手厚い対応を受けていたことなどが明らかになった。

信楽院参詣　最後に充真院は大樹寺の東側に隣接する信楽院に赴いた。方丈の玄関を出てから庫裏門をくぐり、信楽院に着いたのであろう。当時の信楽院の住職は内藤賢寿である。現在のところ内藤賢寿について詳細は不明であるが、嘉永三年(一八五〇)から明治八年(一八七五)に信楽院の住職であったことは確実である。充真院が当初、信楽院についての情報を知り得ていなかったことから、推測ではあるが内藤賢寿とは内藤家の本家筋ではなく、別家の内藤家の出身であろうと思われる。

充真院はまず、「御ふたかた御いはゐを拝し」、すなわち義清とその妻の位牌を拝んだ。そして信楽院に充真院側が土産に用意していた菓子を渡した。充真院は信楽院の庭を目にした。「庭に美事に夏菊咲有しゆへ、少々好もらひしかは、悦て根もくれんといいしか、旅中故、致方なくとて行、枝折にしてもらひ」と、充真院は信楽院の庭に咲いていた見事な夏菊が気に入り少し欲しいと伝えた。充真院がこのような要望を示すのは、実に珍しいことである。信楽院の住職はその申し出を喜び、根ごと差し上げると言ったが、充真院は旅の途中ゆえ、根ごと貰うことは辞退して枝折にした夏菊を貰った。

充真院が信楽院の参詣を終え、西光寺に戻ろうとした際に雨が次第に強く降りはじめた。徒歩では無理と判断し、西光寺に残してきた充真院の駕籠を手配した。充真院は雨の中を駕籠に乗り信楽院をあとにした。

位牌の院号　西光寺に到着した充真院は、「御ひやう所へも行んと思ひしかと」と、当寺にある内藤義清と夫人の御廟所に御参りしたく思った。しかし、「雨天ゆへ本堂計拝し、いつれ天気次第にと申し」と、雨が降っているのでこの日は本堂だけを拝み、御廟所はいずれ天気が良い時に参詣することにした。

充真院は信楽院を訪れて気づいたことがあった。それは、義清夫妻について内藤家では当時、浄心院様・皓月院様と院号に改めて称していたが、充真院が信楽院を参詣した際に、信楽院側はその事実を把握していなかったことである。充真院はその場で夫妻の院号について直接住職に伝えることは控えておいた。しかし、西光寺に戻ってから、「御二方御院号に直りし事、信楽院にては知らねは、右之段も申、御いはい直し上候様にと申置ぬ」と、信楽院に夫妻の院号を伝えて、位牌を改めるように指示することにした。

中根家からの知らせ　西光寺は、帰宅した充真院に茶と菓子を供してくれた。参詣の疲れを労うための心遣いである。充真院は公家衆が西本陣の中根家から退去したか否かが気にかかっていた。そこで「もはや公家衆御通り済候哉と尋しかは」と、公家衆が岡崎を通行し終えたか尋ねたところ、「明日に成るとの事聞」と通行は明日であると返答があった。まだ、西本陣中根家に公家が滞在しているのでは、充真院も動きがとれない。「扨々こまりしと思ふのみ、致方なし」と、困ったと思うばかりであるが、仕方ないとあきらめた。このやりとりからも、充真院一行は江戸の旅を早く再開したく思っていたことがわかる。

五　大樹寺参詣後の日々――内藤家墓地参詣――

引き続き西光寺へ逗留　その後、充真院は八日まで西光寺に滞在し、八日の夕方に西本陣中根家へ戻り一泊してから、九日に岡崎の地をようやくあとにした。四月三十日に岡崎に到着して以来、十日間におよぶ長逗留になったのは、西本陣から宿替えをする因となった公家の岡崎宿泊が五月三日に完了したものの、さらに六日に別の公家が岡崎を通行することとなったからである。別の公家が通行する情報は、五月四日に充真院にもたらされた。なお、充真院は「秋月之奥方は此宿の川向の寺へ御隠に成しよし」と、秋月藩黒田家（五万石、外様）の奥方も充真院と同じように、当地の本陣での宿泊を遠慮して近隣の寺に滞在していたことを情報として知った。相次ぐ公家の通行は、幕藩体制が揺れ動き朝廷側の活動が活発化した時期ゆえで、充真院の旅も時勢に影響を受けたのである。足止めの日々を重ね、充真院は旅の再開を気にしていた。四日に「尚格に占はせ候所、七日迄はふさかりとの事」と、侍医の喜多尚格に占いをさせたところ、七日まではこの地に滞在するとでた。尚格の本職は医師だが、占いも修得していたようである。

降り続く雨の日々　充真院は西本陣中根家からの宿替えがきっかけで、内藤家の先祖（義清夫妻）の墓がこの岡崎の地にあることを知り参詣を希望していた。内藤家の墓が大樹寺にあるという当初の情報は誤りで、実は西光寺にあり、五月五日に参詣が叶った。西光寺に滞在していたにもかかわらず、墓地への参詣が五日になったのは、二日の午後から四日まで雨が降り続いたからである。旧暦の五月初旬はおりしも梅雨である。充真院が先祖の墓所参詣を実現した日は、西光寺に滞在してから既に四日が過ぎていた。

内藤家墓所参詣　五日は久々の晴れであった。充真院は西光寺にある義清夫妻の墓を参詣した。充真院は義清夫妻を「浄心院様」「皓月院様」と院号で表記している。夫妻の墓について、充真院は墓石の高さ、形式、状態、囲いの様子を次のように書き留めた。「昔の思ひ出られ御印は二尺計の御りんの至てそいし少し残しのみ、玉垣は石にて積みもせて有」。すなわち、墓の高さはおよそ二尺（約六〇・六㎝）ほどであること、形態は五輪塔だが甚だしく破損しており、礎石の部分がわずかに確認できる程度であること、墓地の囲いは石を置いただけの簡素なものであったという。とりわけ夫人の皓月院の墓は、「誠に有か無かと思ふ程残り」と、実にわずかしか形を留めていなかった。実は夫妻の墓は宝篋印塔だが、大破していたので充真院は墓石の形式を正しく把握できず、五輪塔と誤認したのである。

墓石を見てめぐる思い　充真院は激しく破損した義清夫妻の墓を目にして、自分が思いがけず西光寺に宿泊することになったのは、義清夫妻から引き合わされたに違いないと感じた。「昔の事のみ思ひ出、参れよとの御引合、宿もあらんに此所にて泊るといふいん縁之思はれ、そそろ哀に思ふ」と、内藤家の家人が久しく訪れていなかった墓の主である夫妻が、自分たちを思い出し参詣してほしいゆえに、内藤家の定宿西本陣中根家がありながら、充真院を西光寺に宿泊させたのであろうと思い至った。充真院は忘れられていた義清夫妻をたいへん不憫に思った。夫妻の墓には西光寺側が供花の定番である樒の他に、端午の節句ならではの花菖蒲、さらに夏菊をあらかじめお供えしてあった。

破損の甚だしい義清夫妻の墓について、充真院は「御墓立直し上てはいかか哉、余りかすかに成しと尋しかは」と、墓を再建してはどうかと尋ねたが、「昔のままかかへつてよしといいぬ」と建立以来のままの方が良いと言われたという。返答した人物が誰なのか充真院は明記していないが、西光寺の住職であろう。

現在の墓所の様子　現在、内藤義清夫妻の墓所は、本堂の南にある市営墓地の中ほどにある。図19のように小型の宝篋印塔の墓石が二基並び、向かって左には平成十一年（一九九九）に内藤久邦氏・恵子氏が建立した墓誌もある。前述した文化期（一八〇四〜一八一八）の調査で記録された図（図20）と同様に宝篋印塔である。墓所の囲いは二m四方である。義清の墓が向かって右で、高さ八四・五cm、夫人の墓は左で高さ八四・〇cmである。後世に義清の墓の相輪上部を切断して、上部が欠損していた夫人の墓石に接合した様子が確認できる。後世に修理を施しているが、充真院が拝んだ墓石である。宝篋印塔の石材は、「御先祖様御廟所三州引合一件帳」によると伊豆石である。

西光寺の位牌も整備　充真院は西光寺逗留中に、義清夫妻に関してもう一つ行動を起こした。それは位牌の整備である。八日に西光寺と信楽院に安置してある義清夫妻の位牌の表記を院号に改める手配を指示したのである。西光寺は「御いはゐ様御院号得候節には自分にて直し候由に付」と、寺で訂正するというのでその負担として三〇〇文を渡した。なお、前述した墓誌には、義清は「浄心院殿春山善芳大善定門」、夫人は「皓月院殿悦窓啓善大姉」と院号が刻まれている。時を経て、図らずも充真院の願いが叶ったようである。一方、信楽院について具体的な金額を充真院

図19　義清夫妻の墓（西光寺市営墓地）

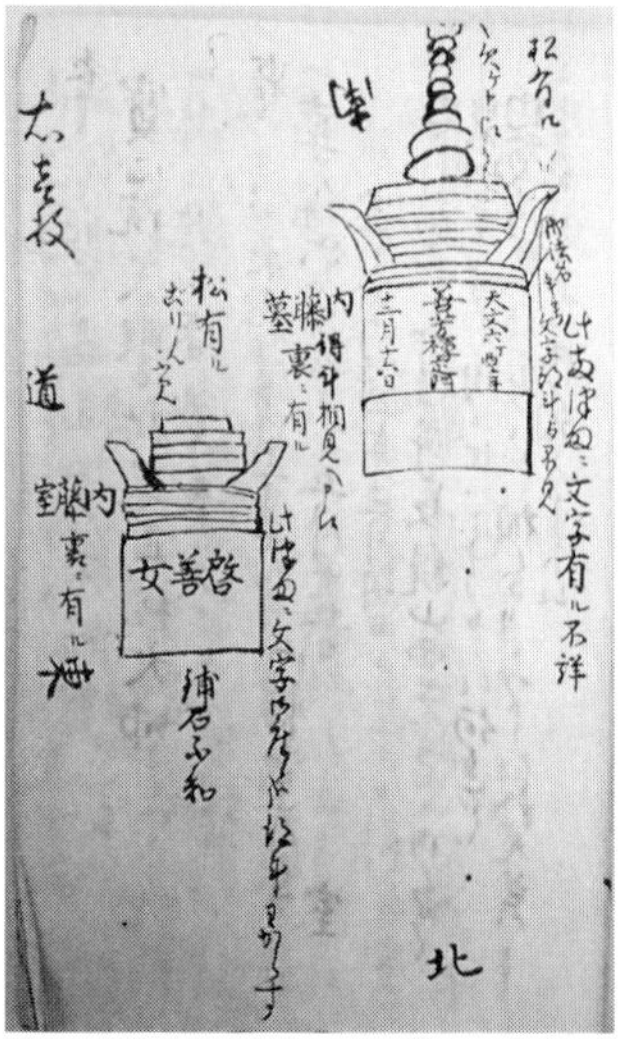

図20　文化年間の義清夫妻の墓
（「御先祖様御廟所三州引合一件帳」）

は明記していないが、位牌代を支払ったという。信楽院の場合は新しい位牌を仏具業者に発注したのであろう。

たびたびあたたかな心遣いにふれる　ところで、充真院は西光寺滞在中に西光寺・大樹寺・信楽院・西本陣中根家から、たびたびあたたかな心遣いを受けている。思いがけない事態が重なり長い滞在となった日々は、ちょうど梅雨時で連日雨が降り、充真院は外出できずに西光寺の書院で過ごすことが多かった。岡崎滞在で出会った人々が、充真院の無聊を慰めようと、お菓子や節句ならではの品、充真院が好きな花などを贈り物として届けてくれた。

西光寺の心づくし　なかでも西光寺は、充真院らが過ごしやすいように何かと気遣ってくれた。その様子を具体的に見ておこう。西光寺は三日にお汁粉を充真院らに差し入れた。この日は雨が降っており、充真院は入浴したり髪を整えて過ごしていた。そこへ「雨中なくさみとて、おゆるこ到来」と、雨のために室内にこもって過ごしている充真院の無聊を慰めるために、おゆるこ(お汁粉)を差し入れてくれたのである。しかも「次向へも出す」と、次の間に控えている御付の者たちの分まで大量のお汁粉が用意されていた。さらに西光寺は六日に「茶入て、あられのふり出し到来せしと出すなと」と、あられが入った振出(小粒の菓子を入れる容器)をいただいたからと、茶に添えて充真院に供し、七日には餅菓子を贈ってくれた。

毎日、風呂をたてる　しかも、西光寺は充真院が毎日入浴できるように風呂を沸かしてくれた。当時、風呂を沸かすには手間がかかるが、充真院が気持ちよく過ごせるように心遣いをしたのである。さすがに充真院は申し訳なく思い、辞退したこともあった。西光寺は端午の節句に先立ち四日に菖蒲湯をたててくれた。充真院は「せうふ湯とてよく心付湯立候、やはりせうふを入て也」と、西光寺が親切に菖蒲湯を用意してくれたことに感謝し、さらに当地でも江戸と同様に菖蒲の葉を入れた湯に入る習慣であると書き留めた。

退去時の馳走、退去後も贈り物　西光寺は充真院らが当寺を発つ八日に、名残を惜しむかのように繰り返し丁寧な対応をしてくれた。「茶はんの馳走と成、御備へ成候御備物、寺より戴かせ候」と、茶碗蒸しを振る舞って御馳走してくれたうえ、お供え物を土産に持たせてくれた。さらに同日の夕方に充真院が西本陣中根家に到着すると、西光寺の僧がわざわざやってきて、三州名物の杉原紙を充真院に贈っている。西光寺の僧は充真院一行が九日に中根家を発つ時にも別れの挨拶に訪れた。充真院は西光寺に延岡産の煙草を御礼の品として贈った。

大樹寺からおかき到来　大樹寺は充真院におかきを届けてくれた。三日に「逗留中のつれつれなくさみにもと、あけかちん二重到来」と、逗留中の手持ち無沙汰の気晴らしにと、あけかちん(揚げ餅、おかき)を重箱に二箱贈ってくれたのである。

信楽院から三回も小菊到来　信楽院からは夏菊を贈られた。五日に「寺より菊の花、節句の祝義として、信楽院より申来り候に付到来」と、信楽院から端午の節句の祝儀の品として、充真院に菊の花が届いた。二日に充真院が信楽院を参詣した際に気に入りもらった、あの夏菊を再び贈ってくれたのである。実に濃やかな信楽院の心遣いである。さらに、信楽院は八日に充真院が西光寺を発つ前に、「信楽院暇乞に参り、小菊もらひ候」と、充真院にお別れの品として小菊を贈ってくれた。小菊とあるが、充真院がたいそう気に入った夏菊のことであろう。充真院は信楽院から三度も夏菊を贈られたのである。

中根家から柏餅到来　西本陣中根家からは柏餅を贈られた。四日に翌日の端午の節句の品として、「本陣より、明日は節句とて、柏餅もらひ候」と充真院に届けられた。さらに、七日に連絡事項を伝えに来た際に、手製のみりん酒と重箱に詰めた五目寿司を充真院一行に贈ってくれた。当地の人々のあたたかさに支えられた滞在であったといえよう。

西本陣へ戻る　ようやく、八日の夕方に充真院一行は西光寺から西本陣中根家に移動した。七日に中根家から、八日の昼以後には充真院が宿泊できるよう準備していると連絡が届いたので、移動のための準備を少ししておいた。八日は出発前に、大樹寺から使僧が挨拶に訪れた。充真院からも返礼として挨拶の使者を大樹寺に派遣した。信楽院の僧もやってきて、前述したように充真院に小菊を贈った。それにしても、思いがけなく長い西光寺での逗留であった。充真院は「供之者参り、駕籠抔出し候て、ならへ置を見てやうやう立候様に成しと悦」と、お供の者たちが駕籠を並べて出発の準備をしている様子を目にして、やっと出発できると喜んだ。西光寺を出発しようとした時、突然、雨が降り始めた。充真院一行は雨の中を進み、西本陣中根家に六つ半(夕方七時)前に到着した。

宿の主人中根甚太郎と共に、充真院に懐いた宿の娘が充真院を迎えてくれた。馴染みの宿の者たちに、充真院は公家が宿に逗留中の様子を尋ねたが、よく見ていないという返答だった。公家は宿に女人禁制と記した幟を掲げ、女性たちが公家を見るどころか台所で働くことも禁じられ、公家らが使用している部屋から遠い座敷に一つに集められて過ごさせられたと聞かされた。

六　岡崎滞在からうかがえる充真院の人物像

岡崎での充真院を見つめて　充真院の大樹寺参詣を中心に検討しながら、滞在先の西本陣中根家や西光寺での様子について明らかにした。岡崎での日々を検討した結果として、次の四点についてふれておこう。それは、岡崎での充真院の寺院参詣の姿勢、当地の寺院との縁の再構築、滞在中の充真院の心情、充真院の人物像に関してである。

寺院参詣の姿勢　岡崎での充真院の寺院参詣の姿勢は、所縁の主家と内藤家の先祖など故人を悼み参拝するものであった。ゆえに、御霊屋や墓地に足を運び、さらに位牌を拝んだ。大樹寺で徳川家康・秀忠・松平広忠の御霊屋、松平八代の墓地を参詣したのは、内藤家が元はこの三河の地で松平氏の家臣であり、後に徳川家康により大名に取り立てられ今日があるという家の歴史からも、崇敬の思いが一層深かったためといえよう。雨が降る中での御霊屋参詣は、雨で足がずぶぬれになり、日頃の御殿暮らしでは体験しない不快な状況に閉口した。松平家墓地参詣は墓地の中までは入らずに、門から墓地の敷地を眺めて拝むなど、省略した場面もある。省略した参拝とはいえ、当時としては高齢の六十六歳の充真院が、雨の中を御霊屋と墓所、都合四か所の参詣を中止しなかったという事実は、充真院が内藤家祖先所縁の主人である松平家と徳川家に対して、譜代の家人として厚い思いを寄せているからであろう。

信楽院には内藤義清夫妻の位牌を拝むために訪れ、滞在した西光寺では義清夫妻の墓所を参詣し、位牌を拝んだ。もちろん充真院は当時の人々ならではの深い信仰心を有しているが、岡崎での寺院参詣は宗教・信仰そのものに対する敬虔な気持ちというよりも、お祀りされている故人を悼み崇敬する気持ちが前面に表れていたといえよう。

菩提寺との縁を再構築　次に、岡崎の寺院との縁の再構築についてである。当家の公的な系譜で筆頭の位置にある義清と妻の墓や位牌がある内藤家所縁の地でありながらも、内藤家家人の来訪が絶えていた。充真院は大樹寺の塔頭信楽院で位牌を拝み、当院と縁を結び直し、西光寺では、もはや痛ましいほどに朽ち果てた義清夫妻の墓に詣でた。充真院は内藤家の先祖を崇敬する念が厚く、さらにその心に基づく行動として、墓に参詣し、位牌の整備を指示することを実現したのである。実は、充真院は文久三年(一八六三)の江戸から延岡への転居の旅の途中で、近江国の大練寺に立ち寄り、ここでも既に内藤家の家人が訪れることなく久しい家長と元長の墓に参詣していた。岡崎ではさらに遡る祖先の義清夫妻に思いをはせ、行動したのである。

充真院は大樹寺や信楽院で参詣時に丁寧に応接されたうえ、その後も当地滞在中に心遣いを寄せられた。西光寺も逗留中に手厚く配慮してくれ、実に懇切であった。これらの寺が充真院に対する様子から、身分制社会における寺と大檀那の家人という間柄に基づく礼儀を越えて、あたたかな人間関係が築かれたことがうかがわれる。なかでも信楽院が充真院に三度も夏菊を贈ってくれたことは、微笑ましさすら感じられる。寺と良き関係を充真院が結べたのは、その教養豊かな人柄が一因していよう。前述したように大樹寺で住持と会った際には話がはずんだ。当時の知識人である僧、しかも大樹寺筆頭の僧と充真院がさまざまな会話をし得たのは、充真院が深い教養を身につけているゆえであろう。寺側から充真院は好印象、さらには尊敬の念を持たれたからこそ、滞在中、たびたび懇切な対応を寄せられたのではなかろうか。充真院はそれぞれの寺院と良き交流を紡ぎ、内藤家と三河の寺院との縁を再構築したのである。

充真院の心情　さて、岡崎滞在中の充真院の心情についてふれておこう。充真院は知的な楽しみの一つとして短歌を詠む。短歌は心情を集約した定型詩であり、充真院の思いを知る最適な素材である。五月五日に充真院は短歌を詠んだ。端午の節句の祝賀の日であるが、「あまり淋しく」と、たいへん寂しさを感じた。生まれ育った大好きな江戸に戻るうれしい道中であり、一日も早く旅を再開したいのに、岡崎での足止めが思いのほか長引き、心細く感じたのであろう。しんみりとした心地が歌心を誘い、短歌を六首詠んだ。左に紹介しておこう。

　旅衣さはりと成し公家と雨いつれかさきにはれて行らん
　ひと日ふた日身を山寺のかくれ家と思はすけふはあやめふく軒
　思はさる此山寺の旅まくらむかしのあとをとふかうれしき
　いそかるる心を公家に岡崎のやとをはなれし山寺の夢
　端午に夏きくのいとうるはしく咲たるを、けふの祝義旅中の慰にもと寺よりおくりこしけれは
　あやめにはあらて手入し夏きくの花のさまさま見るも珍らし
　菖蒲酒の肴には大平ととんふり
　長き根のあやめにあらて夏きくも千とせをのふる花とこそみれ

六首の短歌に込めた思い　右の短歌について簡単に解説しておこう。一首目は、旅の足止めとなった公家の通行と雨について、どちらが先に解消して旅を再開することができるだろうかと、待ちくたびれた気持ちを、二首目は西光寺で日々を重ねたところ、思いがけず端午の節句をここで迎えたことを詠んだ。三首目は、思いがけず西光寺で過ごし、内藤家の祖先らとの所縁を体験できたことをうれしく思う気持ちを詠んだ。これは内藤家の先祖らを大切に思い、

行動してきた充真院ならではの心情の表れでもある。四首目は、江戸へ向かう旅を急いでいるが、公家の通行が因で西本陣中根家を離れて西光寺に滞在している現実は、実に思いがけずまるで夢のようであるという。

五首目と六首目にはそれぞれ詞書がある。五首目の詞書には、端午の節句の祝儀として、寺すなわち信楽院から美しい夏菊の花が慰みとして届けられたと状況を説明したうえで、端午の節句の菖蒲ではなく、手入れをしたさまざまな色の夏菊を珍しく眺めて楽しんだことを詠んだ。六首目は、詞書に菖蒲酒の肴として大平椀と丼鉢に盛った物、すなわち端午の節句の祝いの膳をいただいたことを掲げたうえで、長い根の菖蒲ではないが、贈られた夏菊も、限りなく長い千歳もの年月を延ばす縁起の良い花であると祝賀の気持ちを寿いだ。

寂しさに誘発されて詠んだ短歌だが、旅の再開を待ちわびる心、内藤家と所縁のある寺院との思いがけない縁を感謝する気持ち、信楽院が夏菊を充真院に贈ってくれた心遣いをうれしく思う気持ちなど、思いをめぐらせながら折々に感じた気持ちを実に素直に詠み込んでいる。端午の節句に充真院が詠んだ短歌であるが、足止めとなった岡崎での日々におけるさまざまな思いをうかがい知ることができるのである。

新たに確認した人物像　最後に充真院の人物像に関してふれておこう。まず、充真院の好みとして今回新たに確認できた事項をあげておこう。まず、植物の好みだが、充真院は夏菊が好きであることが明らかになった。信楽院の庭で夏菊を見て、充真院にしては珍しく欲しいと希望を伝えたこと、さらに滞在中に再度、信楽院から夏菊を贈られて、そのうれしさを短歌に詠んでいた。好きな花なので、短歌を詠みたくなるほど、うれしさが一入だったのである。

居室については、清潔さや建具の使い易さを好んだ。滞在先となった西光寺を訪れた際に、古い寺かと思ったが新築の書院に案内され、しかも部屋が極めて清潔であり、雨戸の建て付けも良い状態であることをたいへん喜んだ。日頃から整った部屋で生活している大名家の奥方ならではの感覚がうかがい知れた。

好み以外に新たに確認した点として、食べ物を女房言葉で表現する様子が見られることである。今回の検討でお汁粉を「おゆるこ」、おかきを「あけかちん」と記していた。実は二年前の旅について記した『五十三次ねむりの合の手』では、ぼたもちを「やわやわ」と表現していた。日常において女房言葉を使い文語体としても用いていたのである。

墓地の敷地の広さについての基準は、松平家の墓地を狭いと感じた様子から、実家井伊家と婚家内藤家の広い墓地が充真院の墓地の基準であることがわかった。

既知の人物像の補強　人物像として、かつて拙著で指摘した事項を補強できる点も指摘しておこう。まず、充真院は詳細な観察眼を有し、豊かで緻密な表現力の持ち主であることについてである。岡崎に足止めされた日々を、充真院が『海陸返り咲こと葉の手拍子』に実に詳細にしたためたおかげで、当時の様子や充真院の気持ちをつぶさに知ることができた。とりわけ大樹寺参詣については、その過程を刻々と極めて克明に記した。二年前の旅の紀行文『五十三次ねむりの合の手』は詳細な記録と豊かな表現力が見所であったが、『海陸返り咲こと葉の手拍子』も同様であった。充真院の観察力と文章表現力が健在であることが確認できた。

知的関心については、間取りに興味を寄せていること、美的感覚の傾向、古建築に無関心であることを補強しておきたい。間取りに寄せる充真院の興味はこの旅でも同様で、岡崎では西光寺で充真院と御付の女性たちが使用した書院を一階・二階共、よく観察して、間取り図を描いた。

美的感覚については華美を好まない、特に煌《きら》びやかさを好まない点が、将軍の間の襖絵を見た際の感想にも共通しており、充真院の美的感性として追認できた。

充真院が古建築に興味がない点も事例の補強ができた。それは、大樹寺の多宝塔に一言もふれていないことである。

天文四年（一五三五）に建立した立派な多宝塔は山門の西側にあり、当寺を訪れれば必ず目に入る建造物である。それにもかかわらず、充真院が多宝塔について全く記載していないのは、古い建物を粗末に感じたからであろう。それは、惣門を見た時に立派ではないと感じたことと共通する。充真院は古色を帯びた建物に魅力を感じないのである。これは、文久三年（一八六三）の江戸から延岡への転居の旅の途中に石山寺に参詣した折に、多宝塔についての記述が全くなかったこと、挿絵を描いたものの形状が正確でなかったこと、すなわち関心がないので記憶があやふやであったことと一致する。なお、大樹寺の多宝塔は現在、国の重要文化財に指定されている。

健康面については、大樹寺の御霊屋と貫木神を参詣した際に、視力の弱さについて記載しており、年齢相応の視力の低下が続いている様子がここでもうかがえた。

第四章　摂津国大坂寺社参詣――大坂屋敷滞在時の名所めぐり――

一　内藤家の大坂屋敷

大坂寺社参詣を記した紀行文　本章では、充真院が転居の旅の半ばでしばらく内藤家の大坂屋敷に滞在した折に体験した寺社参詣について、紹介したい。この大坂屋敷とは蔵屋敷である。大坂の寺社を参詣したことについて、充真院は『五十三次ねむりの合の手』と『海陸返り咲こと葉の手拍子』に見聞の様子をしたため、かつ挿絵を数々描いている。挿絵を描いているということは、その対象に深い関心を寄せたことの反映であり、かつ読み手として想定している身近な人々にとりわけ伝えたいからでもある。

訪問先はいずれも当時、大坂の名所として著名な寺社である。参詣の様子を紀行文から再現しながら、どのような行程だったのか、境内のどこに立ち寄ったのか、どのように参詣したのか、特に関心を持った事物は何か、ということなどを明らかにして、充真院の寺社参詣の実態を見つめてみたい。同時に大坂寺社参詣を通じて、充真院の人物像についても明らかにしたい。

内藤家の大坂屋敷　充真院が大坂の地、および内藤家の大坂屋敷に初めて足を踏み入れたのは、文久三年（一八六三）の人生初の大旅行の途中であった。当時、充真院は六十四歳である。内藤家の大坂屋敷は堂島新地五丁目（現、福島区福島一丁目）にある。当時、この屋敷地は南を堂島川、北を蜆《しじみ》川に挟まれた地の西側にあった。西側のうち、堂島川の玉江橋と田蓑《たみの》橋の間、蜆川の浄正《じょうせい》橋と梅田橋の間の地に八家の大名の蔵屋敷があり、その西から三区画目であった。内藤家の隣は東が久留米藩、西は中津藩の屋敷であった。充真院が大坂屋敷を訪れた年と同じ文久三年に刊行された「改正増補国宝大阪《（ママ）》全図」から当該部分を図21として示しておこう。

なお、かつて大坂屋敷は別の地にあった。寛延（一七四八～五一）改正「摂州大坂画図」や宝暦九年（一七五九）刊行の「摂州大坂画図」によると、中之島の西側で堂島川沿いの小倉屋仁兵衛丁（現、北区中之島五丁目）に位置していた。この地は文久三年当時には津山藩の屋敷である。文化三年（一八〇六）に刊行された「増脩改正摂州大阪《（ママ）》地図全」には、文久三年の絵図と同じ場所に蔵屋敷が描かれている。何年に蔵屋敷の位置が変わったのか具体的な年代は現在のところ不明であるが、宝暦九年以降、文化三年以前の間に変わったのである。

大坂屋敷の敷地は南北に細長く面積はさほど広くないが、門前まで小船を着けることができ蔵屋敷ならではの便利さがある。しかし、充真院らが東海道を経て大坂屋敷に向かう折には、伏見から淀川水系を船で下り、八軒家で下船して、そこから駕籠に乗り大坂の町中を通行して大坂屋敷入りした。川に挟まれた両側には道もあるので、通行人の目が気になることもあった。その様子は、「屋敷廻りしうら門より外をのそきかへりしと、門のくりのしるらぬ間、直に通りの人こたこたと来て見と云くらひの物見高さ」とあるように、充真院が屋敷の裏門から外の様子を見ようと佇むと、すぐに通行人が充真院を眺めに集まってきた。武家の屋敷地であっても、物見高くぶしつけな大坂人の視線があるので気が休まらない。武士が多い江戸では庶民が武士に対する心得をわきまえているのでこのようなことは珍しく、充真院は大坂の人々の気質に辟易した。

滞在期間　充真院は大坂屋敷に文久三年（一八六三）四月二十四日に到着し、五月五日に屋敷を出発して延岡に向か

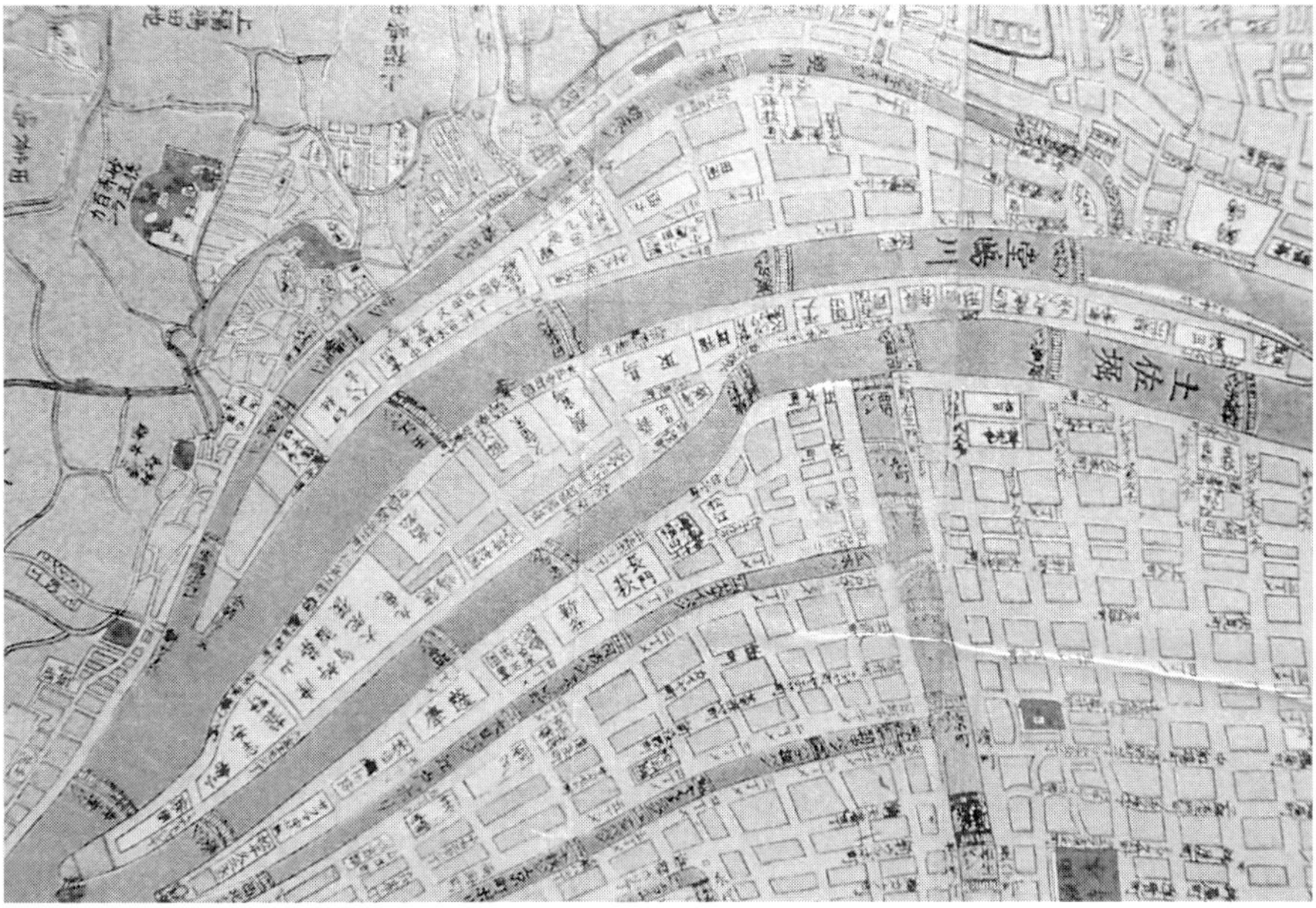

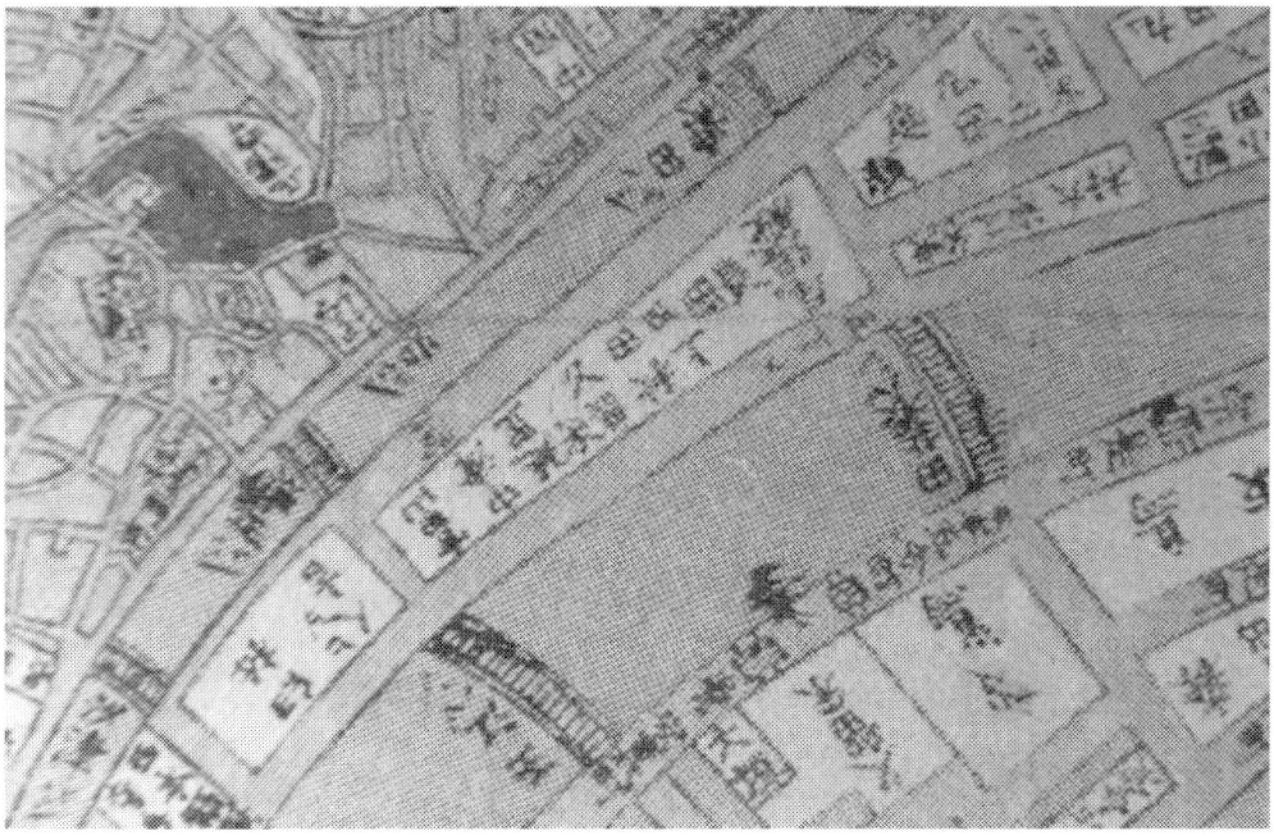

図21　内藤家の大坂屋敷（「改正増補国宝大阪全図」部分）
下は、内藤家を含む八家の大名の蔵屋敷。延岡を「延罡」と表記している。

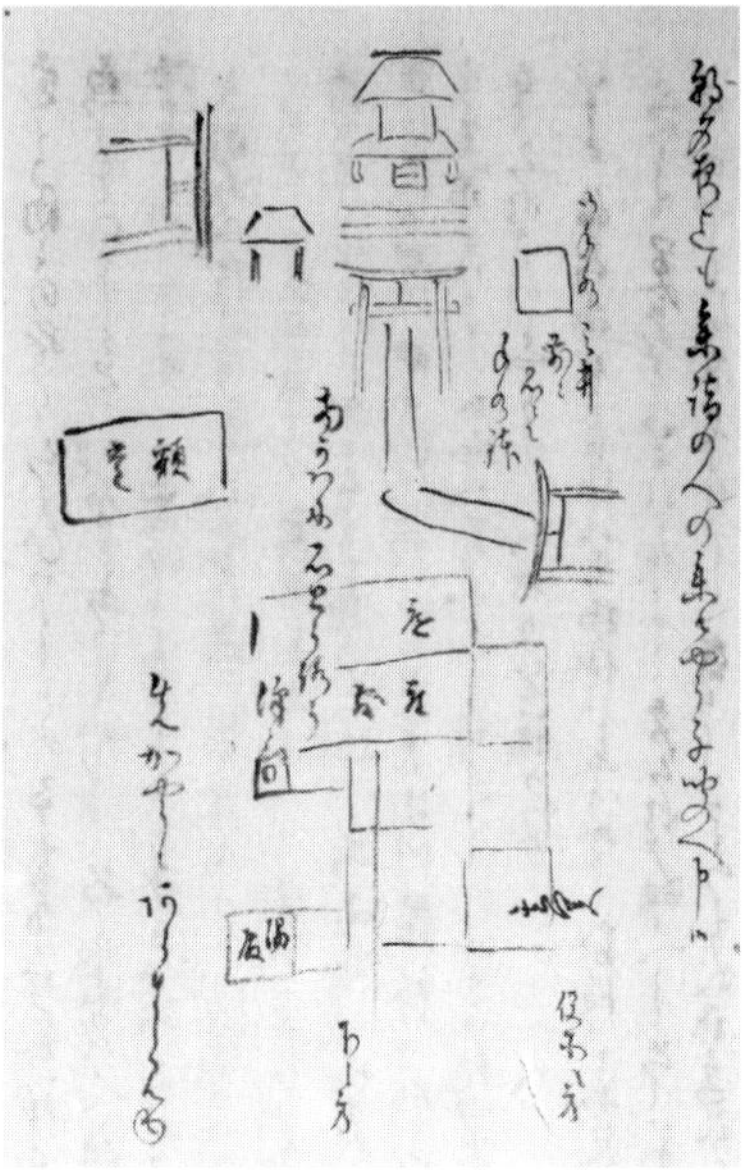
図22　大坂屋敷

う当家の船に一晩、船中泊をしてから六日に大坂を離れている。すなわち、旅の十九日目から三十日目まで十二日間も大坂に逗留し、そのうち大坂屋敷に十泊したのである。全五十六日間の旅のうち、二割にあたる期間を大坂屋敷で過ごしていたのである。大坂屋敷は江戸と延岡の中間地点であり、主たる旅の方法が陸路から海路へと切り替わる地点でもある。大坂屋敷は当時六十四歳の高齢であった充真院の長旅の疲れを癒すための格好の休憩所となった。充真院は大坂屋敷で土産品を整えたり寺社参詣に出かけるなど、くつろいだ時間を過ごした。

大坂屋敷を挿絵に描く　大坂屋敷については、充真院が敷地内の建造物の配置を『五十三次ねむりの合の手』に略図（図22の下部）を挿絵に描いた。この図から大坂屋敷の様子を具体的に知ることができる。玄関は役所の側にあり、小さい部屋が四間、広い座敷が一間、風呂場と厠らしい部屋がある。広い座敷は庭に面しており、庭の両側には石燈籠が多数設置されていた。充真院は『五十三次ねむりの合の手』に道中で休憩した座敷の間取りに関心を寄せ、間取り図をたびたび描いていた。同様に初めて足を踏み入れた大坂屋敷でも間取り図を描いたのである。この間取り図に充真院は「先かやうにあらまし見ゆ」と、ひとまずはおおまかに図に描いたような様子と理解した旨、言葉を添え書きしている。したがって、この図は大坂屋敷に到着した直後に充真院が認識した屋敷内の配置であることがわかる。

屋敷の御宮　大坂屋敷の敷地には、江戸屋敷よりも立派な屋敷神を祀る御宮が設けてあった。充真院は四月二十七日に御宮を見る機会を得た。同じ敷地内ではあるが、到着後にすぐさま参詣する時間がなく、大坂屋敷に到着してから三日後の二十七日の夕方に、ようやく御宮を初めて見ることができた。この二十七日の様子は、「いまた稲荷様・生目様・八天狗様へ参り不申、別段に参けいと思へとも間合なくいかす居候まま、夕くれに成候へとも只々御宮廻りのやうたいを見に行し也」とある。もっともこの時は正式に参詣するのではなく、御宮の周りの様子を簡単に見ただけだが、初めて目にした感想として、「誠に誠に御りつは成御宮之かかり」と感激を込めて表現している。充真院が御宮を正式に参詣したのは五月一日である。その折の御宮に対する感想は、「作りさまは随分江戸の神様と申てもはつかしくもなきやうにて、よき方によりて有とも」と、大坂屋敷の御宮の様子は、江戸の神様であるといってもひけをとらず良い造りである、と記しており、初見の感想と比べると抑え気味の口調である。充真院の江戸びいき、および江戸の有り様を基準として考えたり判断したりする傾向が反映した感想といえる。その点を考慮すると大坂屋敷の御宮は立派な造りであったと受け取るべきであろう。

なお、同日の感想として充真院は、「とふか江戸の屋敷神々様も、是程にはおよひも無なれとも、少しはよふ致思度事と思ひつつけ」と、内藤家の江戸屋敷の御宮は大坂屋敷の御宮の立派さにはおよばないが、それでも江戸の方が少しは良いと思い続けていると、江戸びいきな心地を再び表しながらも、大坂屋敷の御宮の立派さを褒めている。さらに「大坂にても屋敷の神々様のうちにては一と申事に候」と、内藤家の大坂屋敷の御宮は大坂の屋敷神をお祀りする御宮として一番すばらしいだろうと、自画自賛している。

御宮の挿絵　御宮には「屋敷なる稲荷様・生目様・八天句《(狗)》様、御同社にて有りしに」と、稲荷とおんめ様（産女霊神）と八天狗を一つの御堂に一緒に祀っていた。充真院はこの御宮の配置も略図で挿絵（図22の上部）にした。描いた日は初見の四月二十七日である。配置図によると、御宮の入り口と、拝殿の向かいと出口にそれぞれ一つずつ、都合三基の鳥居があり、御手水の井戸とその前には石製の手水鉢が設置してある。拝殿は階段を二段上がった所にあり、拝殿の斜め向かいに額堂が別棟として建っていた。「額堂抔にもりつは成大きやう成かく多有て」と書かれているように、額堂に立派で大きな額が数多く奉納されていた。

充真院が挿絵に省略して描かなかった物がある。それは多数の石燈籠である。「石とうろうも多有て」と、石燈籠が数多くあったことが記されてはいる。おそらく、石燈籠は拝殿に向かう鳥居の間の参道の両側に並んでいたのであろう。大坂屋敷の屋敷内の略図と御宮の配置図を描いたのは、充真院にとって初めて滞在する大坂屋敷が、目新しく興味をそそられたからに他ならない。

近隣の人々も信仰　立派な内藤家の御宮は、内藤家および家中に加えて、近隣の人々の信仰の場にもなっていた。しかも、昼夜を問わず頻繁に参詣者が到来していた。「朝夕夜迄も参詣の人の参るやうす聞へ申候」と、朝から晩まで参詣に訪れる人たちがたてる音が聞こえたという。外部からの参詣者が増えたのは、「外よりも此六、七年は多候へとも」と、六、七年前からという。「今は門むつかしく成候故、参詣は締なから、朝ことにはわに口の音哉、人の足音聞へ申候」と、現在は以前のように容易に開門せず気軽に出入りできないが、それでも朝には御宮の鰐口を鳴らす音や参詣する人の足音が聞こえた。大坂で内藤家は近隣住民に祈りの場を、以前より制限しながらも提供していた。屋敷内の御宮は近隣の人々が信仰を寄せ、親しまれていたのである。

二　高津宮と安居天神

滞在期間と参詣地　充真院が大坂に滞在した十二日間のうち、寺社参詣のために外出したのは二日間で、滞在五日目の四月二十八日と九日目の五月三日である。

この二日間のうち、四月二十八日は早朝から出かけて一日かけて遠方まで赴いた参詣で、訪れた寺社の数も多く、『五十三次ねむりの合の手』に文章と挿絵を豊かに描いている。四月二十八日は、大坂屋敷から南に位置する高津宮・安居《やすい》天神・新清水寺・一心寺・四天王寺・住吉大社など、六か所の寺社を参詣した。この日は一心寺に隣接する茶臼山古戦場跡も眺めた。五月三日は大坂屋敷から東に位置する本願寺と天満天神（現、大阪天満宮）を参詣した。五月三日は早めに昼食をとってから出かけ、訪れた寺社は少なく二か所で、むしろ茶屋町の様子を見聞することが目的であった。寺社参詣の記述は極めて簡略で、寺社に関する挿絵もない。そこで本稿では四月二十八日の寺社参詣を主たる検討の対象としたい。

なお、充真院が訪れた寺社はいずれも当地の地誌として著名な秋里籬島著『摂津名所図会』や暁鐘成著『摂津名所図会大成』に紹介された名所である。このうち『摂津名所図会大成』は、著者暁が『摂津名所図会』を超えた地誌を作成したいと志し、その晩年である嘉永年間（一八四八～五四）から安政年間（一八五四～六〇）の頃に著述したもので、幕末の当地の名所の様子を描いており、充真院が大坂を訪れた文久三年（一八六三）と時期が近く、充真院がしたためた紀行文の記述を補足できる好素材である。本章で充真院が訪れた参詣地とその見聞を検討するにあたり、これらの地誌も参考にして補足しながらその足跡を再現したい。

同行者　大坂寺社参詣の同行者の総数は不明である。気晴らしを兼ねた寺社参詣なので、必要最少限の人数であることは間違いない。具体的に名前が確認できるのは、孫娘の光《みつ》と奥付の女中で最高位の老女の砂野、奥付の女中であるが具体的な地位が不明の初、御里付重役の大泉市右衛門明影の四人である。当時光は十四歳である。

市右衛門は彦根藩の家中で、安政五年（一八五八）五月十二日に充真院の付人になり、文久三年（一八六三）三月十二日に、充真院が延岡に転居する際に御供するよう命じられた。その後、市右衛門は慶応四年(一八六八)二月二十三日に彦根住居を命じられるまで内藤家で充真院に仕えた。市右衛門が充真院に仕えたのは老年期である。なお、市右衛門の先代である養父の市右衛門敬介も充真院の付人をつとめ、天保十四年(一八四三)七月二十一日に任命されていた。敬介が充真院に仕えたのも老年期である。

これらの他に若干名の身近な者と、駕籠かきや荷物を運ぶ下働きの者などで出かけたのであろう。

参詣に出発　四月二十八日の参詣の順は、高津宮・安居天神・新清水寺・一心寺・四天王寺・住吉大社である。これらの寺社のうち内藤家の屋敷から最も遠い住吉大社は、直線距離ではおよそ九km、後述するような水路と陸路を経るとおよそ一二kmである。住吉大社が屋敷から遠方に位置すると意識していた様子は、前日二十七日に屋敷に招いた義太夫の名人の実演が期待していたほどには良くなかったため、下がらせる理由として「明日は住吉参詣取込ゆへと申かへしぬ」と述べたことからうかがえる。

当日は幸い天気も晴れ参詣に最適であった。丸一日をかけて充分に参詣する予定であり、「朝早ふおき出仕度して、六ツ半時供揃にて大坂屋敷を五ツ比に立出」と、早朝に起床して出かける用意をして、六つ半(午前七時)に随行員が集まり、五つ(午前八時)頃に屋敷を出発した。経路は水路と陸路を行くので船と駕籠を利用した。まず、大坂屋敷の門前から紅梅丸という船に乗った。紅梅丸は長さが四、五間(約七・二〜九m)で、船の両側に細い縁が付いている。さらに、障子を両側に立て、畳を三畳分ほど敷いてあった。充真院はこの船について、「江戸の舟より手薄く、何かこほけし船の様に思はれ」と、江戸の船のように頑丈ではなく壊れてしまいそうであると、その仕様を江戸の船と比較しながら感想を述べた。充真院は大坂の船を心細く思ったようである。なお、ここでも江戸の様子を判断基準として評価する充真院の特徴が表れている。

門前から乗船　船で進んだ川の名前を充真院は具体的に記していない。「此川の上手の方へこき行」とあるので、船は門前から上流に向かったのである。さらに進むと進路は「右へ入、左り《ママ》へ入て」と左右に曲がり、船から上陸した場所は「日本橋の橋つめ」であった。これらの手がかりを基にしながら古地図を参照すると、具体的な経路は次のようである。門前から堂島川を右(南)に中之島を見ながら上流(東)へ進み、難波橋の下を通過して、その少し先の葭屋橋をくぐりながら右(東)に曲がり東横堀に入る。しばらく南に進むと南本丁一丁目を過ぎた本町曲がりで掘割が少し左(東)に撓むが続けて直進(南)すると、右(西)に直角に曲がり道頓堀に入る。そのすぐ先が日本《にっぽん》橋の橋詰めで、ここから上陸したのである。日本橋からは充真院を駕籠に乗せ、東に位置する高津宮を目指したのである。

船で川を進む際に「橋多き所とて、右にも左にもいくつも橋有て」と、大坂の名物である多数の橋を目にし、さらに橋の下を何度も通過した。水の都ならではの体験である。しかしながら「あまり多けれは覚へす」と、充真院は橋の名前を聞いたものの、その数があまりにもたくさんだったので名前を覚えきれなかった。充真院が船でくぐった橋を、古地図を参照して往路での順に示しておきたい。堂島川は田蓑橋・渡辺橋・大江橋・難波橋、東横堀は葭屋橋・今橋・高麗橋・平野橋・思案橋・本町橋・農人橋・九宝寺橋・安堂橋・末吉橋・九之助橋・瓦屋橋・上大和橋、道頓堀は下大和橋・日本橋で、都合一九である。

最初の参詣地高津宮　一番初めに参詣したのは高津宮である。高津宮は古代において浪速に都を開いた仁徳天皇を主神とする由緒ある神社である。上陸した日本橋の橋詰から、高津宮は東におよそ一二五mの位置にある。充真院は高津宮に到着すると、駕籠から降りて境内を徒歩でめぐった。まず、充真院の当地での経路を示しておこう。充真院は「山に石段を作りかけて、此様に幾もきりきり上る」と記しており、まず、斜面に築いた階段を登った。

この階段を充真院は略図(図23)として描いている。三段に折り返した階段である。当時、このような形状の階段が

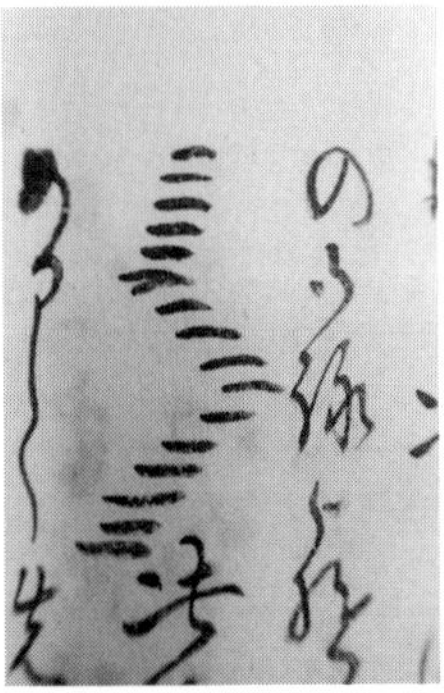

図23　高津宮の三下り半の石段

高津宮の敷地の西側に存在していた。日本橋の橋詰から高津宮に向かうと、最短の場所がこの西側の階段なのである。当時、この階段は三下り半の石段と言われ、階段がある坂を縁切り坂と称したという。つまり、当時「西坂の門」と呼ばれていた門をくぐり、階段を登って境内に入った。この階段は現在、改修して二段の折り返しとなっている。この階段に沿った西側の道は江戸時代には店が立ち並び賑わっていたが、現在はすっかり宅地化している。

御製の景観を眺める　高津宮で充真院が興味を示したものは、前述した三つ折の階段と、御製、本殿、茶店、茶店から眺めた御製に詠み込まれた景観である。

充真院にとって高津宮は、たしなみの一つである和歌と所縁の地である。「此高津の宮と申奉るは歌にも有、高きやに登りてみれはの御詠被遊候天子様を祭りし宮」と、当時、仁徳天皇御製(実は藤原時平の作)といわれていた短歌に思いをはせている。文学に造詣の深い充真院らしく、高津宮の説明として第一に御製についてふれている。高津宮の本殿は「宮作りは江戸と違ひて古代めかしく」と、充真院が江戸で見慣れている神社の建物の様子とは異なり古風な雰囲気と感じた。建造物を見る折にも、江戸の仕様を基準にしており、ここにも江戸で生まれ育った充真院の価値感が表れている。充真院は「先ふし拝み、暑きにて石段にていききれ候まま、上江は上らて下にてふし拝み」と、本殿を目にしてすぐさまその場で伏し拝んだが、暑さのために既に先の階段で息が切れていたので、本殿に上り正式参拝はせずに外から伏し拝むに留めた。

境内の茶屋にも立ち寄った。「わきに少し茶屋めきたる所有ゆへ、夫へ立寄」と充真院が記した茶屋は、拝殿に向かってすぐ左手前にあり、充真院が境内に入場した際に登った階段の右側でもある。この茶屋は当地の地誌である

『摂津名所図会大成』に記され、その西側と正面の様子が挿絵として描かれている。なお、この茶屋があった場所は現在、絵馬殿になっている。当時、茶屋およびその北側は、大坂市中西南を望む眺望の地として有名な大坂名所の一つである。北側では遠眼鏡を設置して、遠くに淡路島や須磨・明石・武庫山などが眺められ、参詣者にとって高津宮における見所の一つであった。文人らが来訪し、その景観を眺めて俳諧や短歌・漢詩に感動を詠み込んだことでも知られる。

しかしながら、充真院はここからの眺めを先人らのように感激できなかった。特技である短歌を詠じた様子も見られない。仁徳天皇御製として知られていた短歌に詠まれていた景色を眺めたものの、「御歌の躰のやうに向ふ見はらしけれと、昔には似す」と記した。仁徳天皇が見晴らしたと伝えられる場所に立って眺めてみたが、充真院が期待して確認したく思っていた御製の描く風景(庶民の家から竈の煙がたなびいている景色)は確認できなかったのである。さらに眺めた場所について、「木立茂りて左右はよくは見はれなく」と、茶店から西側を眺めると、その周囲に木立が生い茂り視界を遮っていたのである。

賑わう境内と門前　充真院が訪れた時、高津宮は参詣客で賑わっていた。充真院が茶屋で休憩していると「少し居うちに茶やの人立多て、供の者抔も、とこに居哉と思ふくらひ」と、茶屋に立ち寄る参詣客が増えて、充真院は御供を見失いそうなほどであった。それから「其をはらひはらひ」と多くの参詣客を人払いしながら境内の外に向かった。高津宮を退出する際、「うら坂よりもとる道は、さのみ石段もなく、なたらかにてあるきよく」と、到着時とは別の石段の数が少なくなだらかな道を進んだ。実はこの道こそが境内の南側に位置する表参道である。充真院一行は境内の西側から入り、南側から退出したのである。充真院は「うら坂」と記しているが、この坂道は表門に続く表参道であり、高津宮の正面入り口である。充真院は高津宮の西側から境内に入ったため、退出する際に通った表参道を裏側と誤認識したのである。

なお、当時の高津宮の境内では有名な湯豆腐屋が営業していた。湯豆腐屋は前述した茶店のさらに南側で、社内の西側に位置していた。湯豆腐に舌鼓を打ち、景色を眺めることが参詣客の楽しみであった。しかし、充真院はこの湯豆腐屋については全くふれていない。充真院は湯豆腐屋、および湯豆腐に関心がなかったのであろうか。庶民で混雑する湯豆腐屋をわざわざ覗く気にはならなかったからであろうか。

高津宮の表門を出た充真院一行は、次の参詣地である安居天神（現、安居神社）に向けて南に進む。高津宮から安居天神までの距離は近く四〇〇mほどである。高津宮から安居天神に続く道は、当時、参詣客で混雑していた。「見物の人に、うしろ前よりこたこと付て居ゆへ、町抔のやうすも見へねは、又かこに乗行は」と、充真院は表門を出てしばらくの間は歩いていたが、見物の人々が前後にたくさんいて町の様子が見にくいので駕籠に乗ることにした。当時のこの界隈の賑わいがうかがわれる記述である。大坂の人々は物見高く、充真院の駕籠の中を覗きこみ「ほんさんしゃ」と、すなわち坊さんだなどと言うので、充真院は閉口しながら安居天神に到着した。

静かな安居天神　安居天神は高津宮とは対照的に「けいたいは淋しく」と、充真院が到着した折に境内は静まりかえっていた。しかし、『摂津名所大成』には境内を俯瞰図で描いた挿絵と、社内の山で花見をする様子を描いた図もあり、当時、人々に親しまれていた名所であった。建造物について充真院は「御宮は随分りつはに作、大きく余程古ひ」と、立派な大きな社殿で建築してから随分年月を経ていると見定めた。安居天神は菅原道真をお祀りしており、天満宮と呼ばれていた。菅原道真が筑紫国に左遷される道中に、この地で休息（安居）された縁により、道真を祭神としたという。高津宮に比べると小さな御宮である。学問・文芸などに心を寄せる充真院には関心がありそうな神社であるが、「又跡急きしかは、ここも内神迄は上らすして外にてふしおかみ」と、後の参詣の予定が詰まっており急ぐので、拝殿には上がらずに外から伏し拝んだ。

高津宮と安居天神の参詣は、いずれも拝殿に上がる正式参拝はせずに、外から拝むに留めた。外から拝むという簡略な参詣にしたのは、「又跡急きしかは」とあるように、この日はまだこれから参詣する予定地が四か所も控えており、過密な計画だったため、一、二番目に立ち寄った神社に時間をかける余裕がなかったのである。なお、拝殿の外から拝んでいるが、いずれも伏し拝んでおり極めて丁寧で礼を込めた拝み方である。充真院の神に対する敬虔さがうかがい知れよう。なお、安居天神は大坂夏の陣で真田幸村（信繁）が戦死した地であるが、その点について充真院はふれていない。譜代の立場であり徳川家から信頼が厚い内藤家の一員、かつ同じく譜代の井伊家の出身である充真院にとって、安居天神が豊臣側の武将である真田幸村の終焉の地であることは、仮に当地で知ったとしても注目するにはあたらないことだったかもしれない。

三　新清水寺・一心寺とその周辺

新清水寺　次に充真院が訪れたのは新清水寺である。充真院は当寺を「清水観音」と記している。正式には有栖山新清水寺（現、清水寺）といい、四天王寺の支院である。充真院一行は「夫より田畑道を行、清水観音へ参詣よろしくとの事」と、安居天神から田畑に囲まれた道を進むと新清水寺に到着した。安居天神から新清水寺に移動したということは、経路としては北の方向に戻ったのである。高津宮の参詣を終えて南に向かった際に、安居天神と新清水寺の距離が五〇ｍにも満たない近所であるため、うっかり新清水寺を通り過ぎてしまい、安居天神に先に到着したのだろう。充真院は新清水寺について、観音像と境内の賑わい、楽焼《らくやき》の観音像と御守御影、滝について記録している。まず、充真院は「この観世音は京都清水を写し出来しとの事」と観音像の所縁にふれている。観音像とは当寺の本尊である十一面千手観音のことである。新清水寺は「参詣の男女随分有」と参詣客で賑わい、当時、多くの人々から信仰を寄せられていた。その様子を充真院も目の当たりにした。ここでの充真院の参拝については「拝して」と極めて簡単に記している。

楽焼の観音像　新清水寺には本尊を模造した楽焼の観音像が複数陳列してあった。充真院はこの楽焼の観音像がたいへん気に入った。大坂屋敷に到着する以前に関の地蔵尊を参詣した際に、充真院は地蔵像を入手している。その時と同様に新清水寺の楽焼の観音像を欲しく思った。そこで「いたたき候事も出来候はは、戴かへらんと尋しかは」と、可能であればわけてほしいと、遠慮がちにお供を通して寺側に尋ねた。「随分好に候はは戴も出来候へとも、楽にて直にかけるが承知ならおろし出さんといへる故」と、寺側は充真院が楽焼の観音像をたいへん気に入ったことを知り、楽焼なので頑丈ではなくすぐに欠けるがそれでも良ければ譲るという返答であった。充真院は「損しては気かかり故、まつ其事はやめ」と、模造とはいえ貴い観音像が欠損するのは畏れ多いので、わけてもらうことは取り止めた。その代わりに御守御影を入手した。

玉出の滝　当寺の見所である滝も見物した。この滝を充真院は清水の滝と記している。現在の玉出《たまで》の滝のことである。充真院は滝について位置および様子を詳しく記録している。境内での位置については「清水の滝は段の左手ゆへ行てみんとす」、さらに「よこの石段をおり、左りの手に行は、はばせまき道にて、下は飛石をわたり行は、舞台より三筋滝落、流水の末は飛石の中をなかれ行、うへは木茂りて玉垣ちらちらとみゆる」としたためている。つまり、滝を見るには本堂から左側の石段の方へ行くこと、さらに石段を下りて左側に行き狭い道を進み、飛び石を渡ると滝があり、見上げる高所から滝が三筋流れ落ちているという。滝の水は飛び石の方に流れ込んでいた。滝口のあたりは木が茂り玉垣が見えたという。したがって、充真院は滝を眺めるに際して、下に敷き詰めてある飛び石の上を歩いてから眺めたのである。滝壺のある敷地の入り口からも滝は充分に眺められるが、充真院は敷地の奥まで行き、滝を眺めたのである。玉出の滝の様子について充真院は関心を寄せたのである。

玉出の滝は近世末に造られた。この滝について『摂津名所図会大成』には本堂の巽（南東）に位置し、「近来多力の寄進により成就する所なり」とある。玉出の滝も当寺の本尊と同様に、京都の清水寺にある音羽の滝を模しているが、そのことについて充真院はふれていない。さらに三筋の滝の下には不動妙王と両童子の像が鎮座しているが、これらの像についても記していない。

当時を偲ばれる挿絵　新清水寺はさほど大きな規模の寺ではないが、充真院が訪れた折、「ふり袖着てつまからけの娘、大せいつれの人なそもみゆ」と、振袖を着飾った娘が大勢の連れと共に参詣している様子を目にした。充真院は新清水寺が気に入ったらしく、その敷地を鳥瞰の視点で挿絵（図24）に描いた。木々を周囲にめぐらした高台に本堂があり、その一角から滝が豊かに流れ落ち、境内を参詣客らが散策している様子である。当時、本堂があった場所は現在、墓地になっている。滝の流れも今はささやかな水量である。充真院が描いた当寺の挿絵は、現在は失われた往時の様子が偲ばれる貴重な史料である。

一心寺へ向かう　新清水寺の参詣を終えて充真院一行は裏門から退出した。ここから充真院が駕籠に乗ったことは「いねふりおほへす乍」という記載からうかがわれる。道の周囲に田畑が続くのどかな景色の中を駕籠で進むと、眠気を催し居眠りしそうになった。いささか疲れも出たのであろう。それでも「しそ抔よく茂り有、畑なその有とおほゆ」と、紫蘇が生い茂っている畑を眺めている。新清水寺からはさらに南にある一心寺に向かった。

既に参詣した安居天神のすぐ南に一心寺がある。充真院一行は新清水寺の裏門から退出しているので、新清水寺か

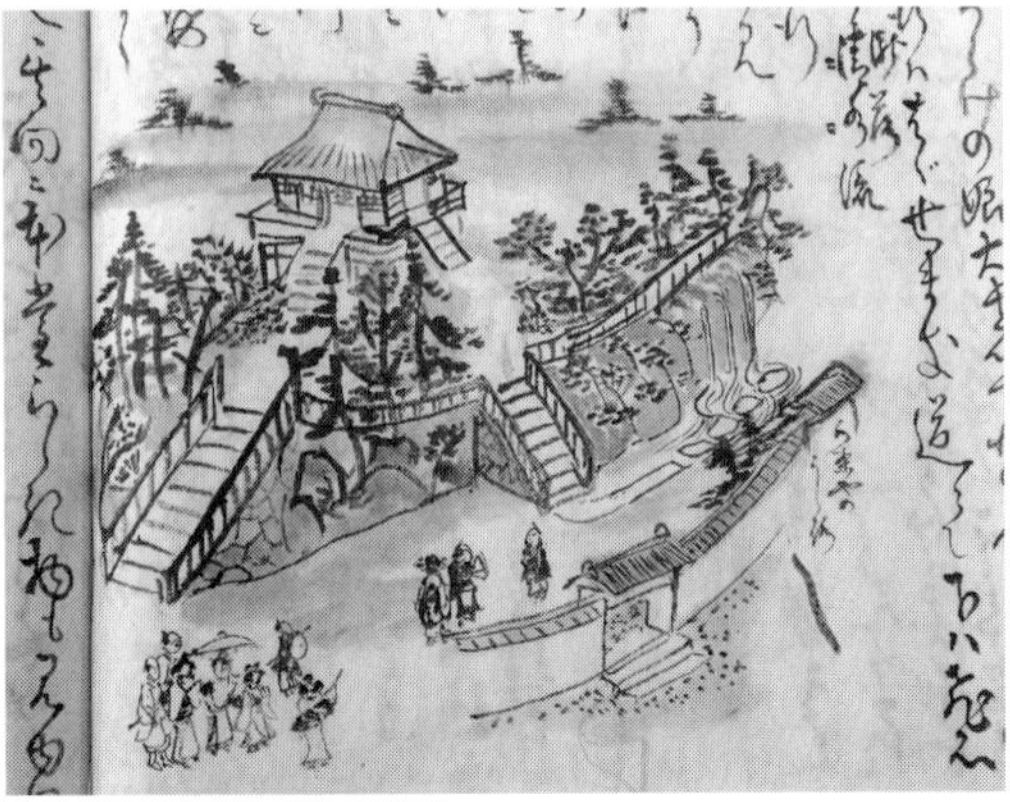
図24　新清水寺

ら一心寺までの距離は五〇mほどである。すぐ近くなので充真院は居眠りを本格的にする間もなく到着したはずである。一心寺に関して、充真院にしては珍しく具体的な寺名を記していない。もっともこの寺について「茶うす山古せんしゃう跡、今は寺に成しよし」と記しており、これに相当する寺とは一心寺(坂松山高岳院一心寺)である。宗派は内藤家の菩提寺である光明寺と同様に浄土宗の寺院である。

一心寺へ到着　一心寺に到着すると「ここへ来り門より駕籠におり行に」と、充真院は門で駕籠を降りて徒歩で境内に入った。この門は当時の正門のことであり、一心寺の北西に位置する。当時の正門とは現在の北門のことである。この門は現在、参詣者はほとんど通行していない。現在の正門は敷地の北東にある。一心寺に到着した時の様子を充真院は「殊之外暑くおほへしままつ、かたわらなる小なる堂の軒下に、しばらく休て向を見れば、大きなる松、其枝ふり殊の外よく枝たれ、四方四面にてよき松也」と、たいへん陽気が暑かったこと、門の側にある小さな御堂の軒下でしばらく休憩しながら、四方に枝を形良く垂らした大きな松を眺めたことなどを記している。この向こうに見える立派な枝振りの松とは、書院の庭にある駒繋松のことであろう。駒繋松は『摂津名所図会大成』に記述がある当寺の見所の一つである。一方、当時の正門から境内に向かう坂道に生えていた霜降りの松については、充真院は一言もふれていない。現在、霜降りの松は上部がなくなりながらも、根元から芽生えた若木と共にかろうじて残っている。

大名本多氏所縁の寺　さらに境内に歩を進めた充真院は本堂を目にする。本堂では地面に莫蓙を敷いて「本田(多)家のまくを張て、僧共大勢い経よみ有しかは」と、本多氏の法事を行っていた。この本多氏とは、本多出雲守忠朝のことである。本多忠朝は徳川家康に近侍した武将で、徳川四天王の一人の本多忠勝の次男である。関ヶ原の戦いで徳川側として島津勢を相手に活躍した勇者である。その軍功により上総国大多喜（現、千葉県夷隅郡大多喜町）に五万石の所領を宛がわれて大名となったが、後に大坂夏の陣に出兵して茶臼山の戦いで奮戦したが戦死した。徳川家康は忠朝の兄である本多忠政を本陣に呼び寄せ、忠朝の死を悼んだという。

充真院は一心寺と本多氏の所縁を知らず、「尋し所御ゆい所有故」と当寺で質問して知った。実は、本多忠朝と内藤家の近世初期の当主政長は慶長十九年（一六一四）九月に安房国の里見忠義が幕府から所領を没収された折、共に命《めい》を受けて当地に赴き城郭の破却と当地を守護する任務を果たしている。充真院は内藤家のかつての当主に思いをはせる人物であるが、政長と本多忠朝との関わりについては知らなかったのである。充真院は本多氏および共に戦死した家臣らの墓も目にした。「右の堂を立出て、右手の向に行は、爰にて打死なせし人々のはか有て」と充真院が記したのは、一心寺の本堂から見て東側に位置する忠朝とその配下の者たちの墓所のことである。忠朝の墓石は巨大な五輪塔であるが、形状に関して充真院はふれていない。本多氏と家臣の墓も当寺の見所で、『摂津名所図会大成』に「戦死古墳」として紹介されている。

茶臼山古戦場　一心寺の隣に茶臼山古戦場がある。茶臼山古戦場も『摂津名所図会大成』に記されている。茶臼山古戦場について、充真院は草木が茂った小高い山の姿を見て興味を持ったが実際に歩くには至らなかった。「向に小高き山有て、木茂り草多はへて有ゆへ、人にうへは見はれにてもよき哉と尋しに、何もみへす、只昔の古せんしやうの跡計との事故、おそなはりもせんと、又只々見し計にて、元の所にかへりぬ」と、充真院は茶臼山の頂上は見晴らしが良いかと尋ねたが、登っても特に何も見るべき物はなく昔の古戦場の跡であるだけとの返事だったので、見るだけにした。充真院がこのような質問をしたのは、もしも見晴らしが良ければ茶臼山に登って周囲を眺めてみたかったからであろう。

福屋で昼食　一心寺参詣を終えて、充真院一行は昼休みをとるために福屋を訪れた。福屋は一心寺の近所にある料理茶屋で、宴席が風流で庭先の景色が美しく人気が高い有名店である。『摂津名所図会大成』によると、福屋は一心寺の北のあたり、かつ四天王寺の石鳥居の西に位置すると説明がある。充真院は福屋で休憩した時の様子を目に浮かぶように詳しく記録し挿絵も描いている。福屋は充真院にとって印象深い店だった。まず、到着した充真院一行は、玄関で赤前垂れを腰に巻いた福屋の女房らしき人物に出迎えられた。建物の間取りに興味がある充真院は、さっそく座敷を目にして「其広き事十五畳計もあらん」と記している。座敷については、「座敷二間有て、縁広く、其前によしにて日よけして」と、他の座敷の存在や縁側が広いこと、縁側の前面には葦簀を設置して日よけとしていることなども観察している。

庭の感想　福屋の見所として有名な庭について、充真院は「庭はあまり広からず」と極めてそっけない。充真院は江戸の広い大名屋敷で生活していたので、福屋の庭は広く感じないのである。庭の記述はさらに続き、「山有て、其下にはなれや有やうすにて、隣座敷も広々思ふやう成屋根みゆる」と、庭に築山がありその側に離れ家があること、隣の建物には広い座敷がありそうな屋根が見えると書き留めている。この福屋の庭や建物について、充真院は挿絵(図25)を描いた。挿絵には庭を取り囲む建物、庭の離れと山々、その他に木々や飛び石などが描かれている。建物の側の沓脱ぎ石や手水鉢も描いてある。

ところで、福屋の建物の外観が『摂津名所図会』に掲載されている。当書の「安井天神山花見」の図に、安居天神社内の山から福屋を間近に見下ろした様子が描かれている（図26）。福屋は安居神社と道一本隔てた位置に店を構えている。したがって、安居天神の山から福屋の北側を鳥瞰図として描いたものである。充真院が描いた福屋の図は、建

図25　福屋

図26　安居天神から見下ろした福屋（『摂津名所図会』より）

物に囲まれた中庭の様子で、『摂津名所図会』には描かれていない箇所である。充真院の挿絵は当時の福屋の庭の様子を知り得る貴重な史料といえる。

大坂の拳　なお、充真院らが休憩をしていた隣の座敷に、先ほど新清水寺で見かけた娘の一行が酒盛りをしながら休憩していた。この界隈の寺社参詣の際に福屋で休憩をとるのが定番だったのだろう。充真院一行は店の赤前垂れ（接待女）に四天王寺を節に詠み込んだ大坂の拳（拳遊び）を見せてもらった。赤前垂れが披露した大坂の拳は、「天王寺の蓮池にかめがこうほす、はせたへていんとうかねこんとつきやアおとやんのしやん」と唄いながら拳をするのであった。まさに次の参詣地として充真院一行が向かう四天王寺を詠み込んだ拳で、印象深かったことだろう。充真院側は赤前垂れたちに御礼として江戸の拳を披露した。身分の違いを越えて、一緒に賑やかに笑い合い楽しんだのである。その後、赤前垂れたちの控えの部屋を見せてもらってから、店の女房らしき者ときちんとした身繕いの女性らに玄関で見送られて福屋をあとにした。

四　四天王寺と住吉大社

四天王寺　次に充真院一行が向かったのは四天王寺である。充真院は当寺を「天王寺」と記している。大寺院である四天王寺について、充真院は文章を多く記したうえ、挿絵（図27）を二つ（場面としては三か所）描いている。挿絵の一つは充真院らが入場した門と御堂や舞台と池、廻廊などの様子であり、もう一つは仁王門（二王門）と五重塔や金堂（御堂）、さらに鐘楼堂とその向かいの織殿があった廻廊などである。素描とはいえ、舞台の周辺の様子が的確に描かれ、仁王門と五重塔や金堂が、いわゆる四天王寺式伽藍配置で一直線に並んでいる様子を忠実に描いた。

石舞台と池　充真院は「先大門を入て舞台有とは」と記しているので、一行は四天王寺の北西に位置する北門から境内に入ったのである。北門をくぐり充真院が第一に関心を寄せたのは、石造の舞台（石舞台）である。北門から舞台までの間には食堂や西僧坊など寺院の僧侶らが生活する建物があり、舞台に行くにはここを通過するが、これらの建物について充真院は特にふれていない。唯一、北門付近の様子を挿絵に描いた際に、御堂と記したものが六時堂であるが、これについても特に説明していない。充真院は舞台の形状を「三間四方くらひにて、三尺くらひ高き」と、広さは縦横が三間（約五・四m）四方、高さが三尺（約九〇・九cm）と目測した。舞台は聖霊会など法事の折に法楽を演じるためのものであるが、充真院は形状についてだけふれている。現在、石舞台は重要文化財に指定されている。舞台の両側には池があり玉垣と石橋があった。この池を覗いた充真院は「鯉・鮒・亀抔居て、くわし遣し候へは出てたへ申候」と、さっそく鯉や鮒・亀などに菓子を与えて楽しんだ。つい先ほど福屋の赤前垂れが唄った拳の歌詞「天王寺の蓮池にかめがこうほす…」の亀がおり、同行者らと愉快に語り合ったことだろう。

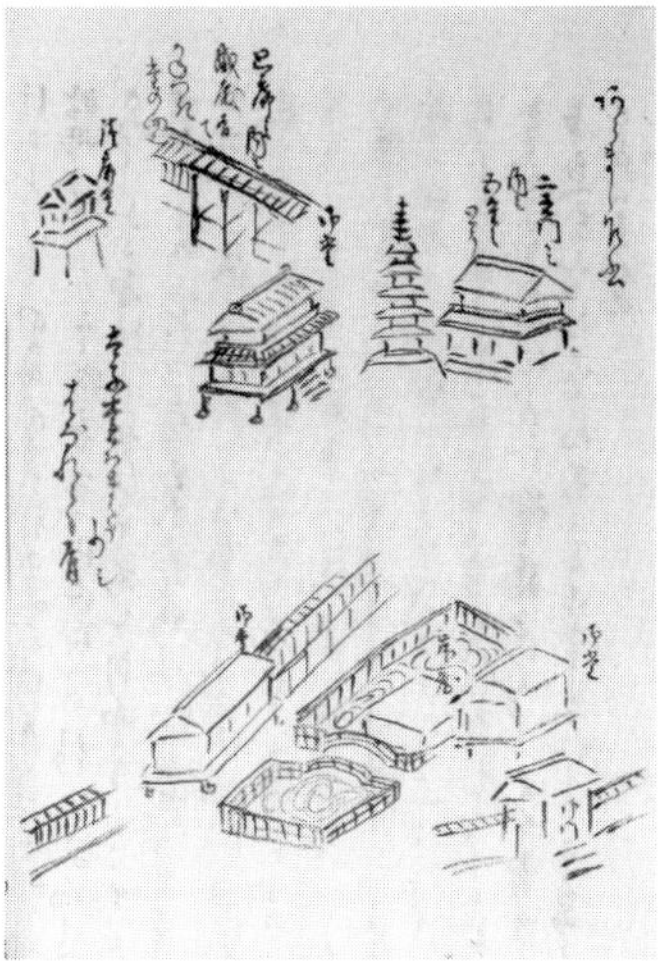

図27　四天王寺

金堂・太子堂　さらに次の門をくぐると、「くわひろうつくり、下小石敷て有」、すなわち廻廊をめぐらせて、その廻廊内の地面には小石を敷き詰めてある様子が目に飛び込んできた。四天王寺の主要な伽藍が続く地点に足を踏み入れたのである。門をさらにくぐると金堂（御堂）があり、それを外から拝んだ。それ以外にも境内にはさまざまな御堂があり、金堂のすぐ隣には五重塔があるが充真院は立ち寄らず、廻廊内から出てすぐ南東に位置する太子堂（聖霊院）に

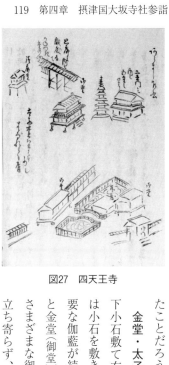

向かった。

太子堂では「横之上り段より上りて、御内しんにて拝し」と、建物に上がって内陣で参詣した。太子堂では珍しい物を見せられた。ちょうど退出しようとした際に、太子堂の堂守をつとめる老人がやってきて、充真院らに「何かふたまたに成し古き竹を持来りて、是は其むかしさんかん征伐之時の御幡さを之由」と、二股の形状をした古い竹を持参して見せ、古代の三韓征伐で旗竿にした竹であると説明した。他の品も見せられたが、充真院はさほど関心を持たなかったらしく忘れている。この古い竹の取り扱いと保存について、充真院は「江戸に此様成あらは大切に金の袋にも入候はんに、こみたらけにてありし」と、江戸ならばこのような珍しい品は金(金襴)の袋に入れて大切に保管するだろうが、当地では剥き出しのままでごみまみれであると記し、杜撰な扱いに呆れたようだ。

猫ノ門　太子堂を囲む廻廊の中ほどに門があり、猫と牡丹の彫刻が施してあることに、充真院は目を留めた。これは廻廊の北側にある猫ノ門のことである。「其猫夜な夜なぬけ出との作物」と、猫の彫刻が夜になると抜け出してどこかに行くという説明を聞いた。実は、充真院は老年期に猫を飼っている。充真院が執筆した雑記『色々見聞したる事を笑ひに書』に、その飼い猫が夜になるとどこかに出かけていくと記している。猫好きな充真院だからこそ、四天王寺の境内を散策中に猫の彫刻に目が留まり、関心を寄せて伝承を知り特記したのであろう。

亀井堂　猫ノ門を見た後、充真院らは「向之方へ行は、さつとしたる屋根にてせひ其所を行やうにして」と簡単な屋根のある所に移動した。猫ノ門からすぐ北に位置する亀井堂のことである。「其中に亀のせなかに水ふき出る有、五、六尺もあらんかの大きさ」と、背中から水が吹き出る仕掛けがある五、六尺(二m弱)ほどの大きな亀があったという。この亀は亀形石のはずだが、充真院は材質についてはふれていない。亀井堂は経木流しをする場所で「其水の中へ心さしたる仏の号名を経木に印て水にてこすれは、くとくに成との事にて水底に幾まいもしつみて有」と、供養したい故人の戒名を経木に記し湛えられた水に漬けてこすると功徳があること、さらに経木が何枚も沈んでいたことを充真院は記している。亀井堂の傍らには阿弥陀三尊像と位牌が安置されていたという。現在、この亀形石は背中ではなく口から霊水が流れ出ている。霊水は亀の口のすぐ手前にある石造りの水槽に溜まり、先祖や供養したい人の戒名を経木に記して水中に浸すと極楽浄土が叶うといわれている。

織殿　充真院は、亀井堂の次に鐘楼を目にしている。鐘楼は亀井堂から西に位置している。当時、鐘楼に多くの人が登っていた様子を眺めている。鐘楼よりも充真院が関心を寄せたのは織殿である。織殿の位置について、「其向に有廻廊の中程に織殿有て錦をたらす」と、鐘楼の向かいの廻廊の中ほどにあると充真院は記している。織殿については挿絵にも鐘楼の向かいの廻廊に位置する様子を描き、挿絵の説明文として「廻廊之内に織殿有て、かねつき堂の向也」と重ねて説明している。充真院は織殿がとりわけ気になったのである。充真院は織殿の内部を見物したく思い、御付に交渉してもらったところ、「織りよし見候様との事、うれしうて」と、織殿を見ることが了承されて喜んだ。うれしいと自分の気持ちを率直に表現しており、喜びがひとしお大きかった様子が伝わってくる。

しかし「行し所、二階にて織居由」と、廻廊の入り口に行くと織殿は二階にあった。充真院は「兼之目故、上りおりむつかしく」と、日頃から視力に支障があり階段の昇降に自信がないため、織殿に登ることを断念せざるを得なかった。そこで「お光を初遣し、下にこしかけ持《(待)》候うち」と、同行していた孫娘の光に御付の初を伴わせて二階の織殿に登らせ、充真院は階下で腰掛けて待った。その後、先方から「織し錦をいろいろ見せ整候てもよくとの事ゆへ、五ツ、六ツ持かへりぬ」と、織殿で織った錦を階下で待つ充真院の所に運び見せて、気に入った品を譲ると申し出があり、その好意を受けて五、六点を入手した。

充真院の関心事　以上が、充真院が特記した四天王寺での見聞と事物である。それ以外については、「所々に御堂有れとも、其節々にしるさざれは忘れぬ」と、あちこちに建造物があったものの見学中に記録しなかったので忘れたとのことである。充真院が興味を寄せて特記した事物を振り返ると、四天王寺式伽藍配置の建造物の挿絵は描いたものの、これらについての説明や感想はなく、境内の各所に配された荘厳な寺院建築や仏像に関する記述もなかった。むしろそれ以外の石舞台や、池の鯉や亀、猫の彫刻、大きな亀形石がある亀井堂、織殿や錦など、信仰そのものではなくそれらに付随する事物に関心が向いていた。唯一、太子堂の内陣で参詣したが、全体としては珍しい事物を見聞することに興味が傾いていたといえよう。

住吉大社　四天王寺の次に、本日最後の参詣地である住吉大社に向かった。この日のこれまでの参詣地はいずれも近隣に位置していたが、住吉大社は唯一離れた地にある。四天王寺から一・六㎞ほどの距離を南に進むが、その間の様子について充真院は一言もふれておらず、住吉大社の門前に駕籠で到着してからの様子を記している。住吉大社の門前で遅れている同行者が到着するのを待ち、御門から境内に入った。充真院は具体的に記していないが、北西に燈籠が林立する参道があり手水舎もあるので、ここを通り手水舎でお清めをしてから中ノ鳥居をくぐり、その後ろにある門から境内に入ったと思われる。

正式参拝　住吉大社について「住吉様は四社有由にて、まつ本社へ行」と、充真院は四社からなる社のうち、まず北側で境内の奥にある本社、すなわち一の神殿に詣でた。充真院は本社の内に上り正式参拝をしたのである。さらに、本社の外観と内部の様子を充真院は文章や挿絵（図28）で説明している。充真院はその大きさを「三間計もあらんか」と目測し、内部の仕様について「なみの御宮とはちかひて惣板はりにてむなき有て白木作、上へ上りは直に板敷、奥のいんは向戸帳、両方にあま犬たしか向合有とおほゆ」と、内部が全て板張りであることや棟木が白木造りであることと、奥には戸帳、天犬（狛犬）が両側に向き合って安置されていることなど、実際に神殿の内に上がったからこそ知り得た見聞を記している。挿絵には、拝む場所を示して畳が敷いてあることを注記したり、御幣の位置や脇に小さな座敷があることなど、文章を補足する見聞を描いた。詳しい観察から、充真院が本社の内部にとても興味を持ったことがわかる。

社殿を眺める　この日は「今日公方様御参詣ゆへ」と公方様が住吉大社を参詣するという。公方様とは十四代将軍徳川家茂である。『続徳川実紀』によると、家茂は公武合体を図るため文久三年（一八六三）二月十三日に江戸城を発ち、同三月四日に二条城に入城、同四月二十一日から大坂城に滞在していた。四月二十八日は泉州・紀州などの海岸に御成のため、梅崎栗毛に乗馬して四天王寺付近を通行し、天下茶屋で休憩、その後は駕籠で移動している。この経路の途中に住吉大社がある。しかも、「けふは卯の日にて二十八日、公方様御参詣かたかたにて、猶人多きよし」と、住吉大社の鎮座の日である卯の日のため、参詣者が多かったうえ、公方様を見ようと人々が参詣を終えても帰らずにいたと、充真院は記している。

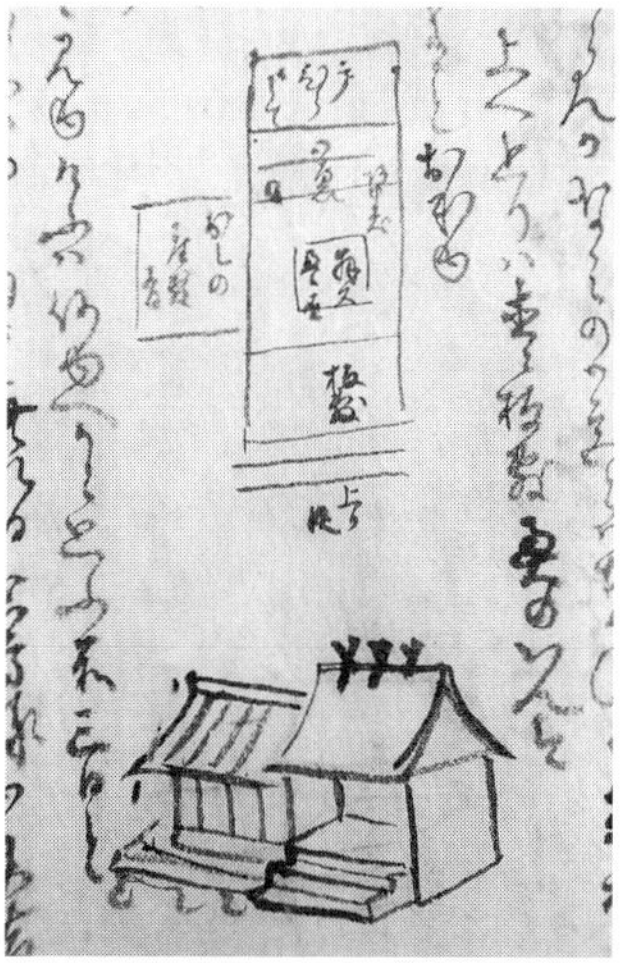

図28　住吉大社の本社

境内に大勢の人々がいる中を充真院一行は参詣を続けた。充真院は本社と同様に他の社殿にも注目して観察している。「四社とも同し作なから、二社目は少し御宮ちいさき様に覚へ、跡は又ちいさくてわきの座敷は無かと覚ゆ、跡二社はならひ有と覚ゆ」と、それぞれの社殿を見比べている。建物の外観に充真院が関心を寄せて文章に表すことは珍しい。境内には他にも神輿舎や神楽所、鉾社、その他にもさまざまな建造物が数多くあるが、充真院は特記するほどの関心はなく、南側の門をくぐり社殿のある区画から退出した。

図29　住吉大社の反橋

林立する石燈籠　次に充真院が目にしたのは、その両側に松並木が連なり大小の石燈籠が林立する景観である。「両方松なみにて、石とうろう大小はあれともいくつとも数知れぬ程有て」と、石燈籠が実にたくさん建てられている様子を記している。石燈籠の並ぶ場所から「そり橋をわきに見へ、左之方へ行、高とうろう有」と、住吉大社の建造物の中でも名高い反橋《そりばし》が横に見え、さらに左の方に行くと高燈籠が見えた。出見浜にそびえ立つ当社所縁の高燈籠のことである。『摂津名所図会大成』に、夜間に船が方角がわからなくなった折、住吉大社に祈ると高燈籠が煌々と輝きを増すという伝えがあると記されている。

断念した高燈籠見物　充真院は高燈籠を見に行くことを切望した。「奥絵にも書あれは夫を見度と思、浜江も参り度といへと」と、高燈籠がある浜まで行きたいと充真院は御付に言った。自らの希望を積極的に御付に表明するのは充真院としては稀である。しかしながら、「ここよりは五町も有、夫江行は跡おそく成へしとてゆかす」と、住吉大社から高燈籠がある場所は五町（約五四五m）も離れており、立ち寄ると帰りが遅くなるので断念せざるを得なかった。一行の主人である充真院の希望であっても、御付の責任者が行程の都合を判断して無理な場合は充真院に理由を伝えたうえで我慢させたのである。この判断を下した御付は御里付重役の市右衛門であろう。

反橋　住吉大社の見所である反橋について、充真院は「そり橋は亀井戸《（ママ）》のよりも少し大きくとは思ひつれと、廻りのけしきなく、少しの池にてむさく思ふ」と、かつて江戸の亀戸天神で見た反橋を思い出して比較し、住吉大社の反橋はその周囲の景色に見るべきところがなく小さな池があるだけでむさくるしいと、たいへん手厳しい感想を漏らしている。これも江戸風を最上とする充真院の傾向が表れた感想である。充真院の審美眼に叶わなかったかのような反橋であるが、石燈籠と松並木と門を背景にした反橋の挿絵（図29）を描いている。しかも、紙面を横長に大きく用い、かつ丁寧に描いた堂々たる挿絵である。反橋は充真院にとって絵心を駆り立てる対象だったのである。反橋に対する充真院の辛口な感想は、その直前に高燈籠の見物を希望したが断念させられたため、不機嫌であったためかもしれない。

御成行列の御供　住吉大社の参詣を終えて、充真院一行は休憩地として予定している難波屋に向かうため、参道を通行した。参道は「石とうろうは二、三丁もつつきたちて有かと思ふを行て」と石燈籠が二、三町（二〇〇～三〇〇m強）も連なっていた。通行する途中に「何か向賑はしく、何と尋候へは、御成の節の御供の人とをる由、わきによけて行は宜敷よし」と、行く手が騒がしいのでどうしたのか聞くと徳川家茂の御成の御供が通行するので、脇によけるという。そこで、「横道なる所へ駕籠にて見ておれは、馬上にて随分りつは成供廻りにて十人計もとをり申候」と、横道に逸れて駕籠の中から充真院が見ていると、馬に乗ったたいへん立派な御供らが一〇人ほど通行した。日頃、充真院は通行の折に庶民から注目される立場であるが、片や将軍の御成行列の御供が通行することを知ると、礼を逸しないように気遣いながらも眺めずにはおられないのである。好奇心旺盛な充真院らしいひとこまである。

図30　難波屋の笠松

難波屋で休憩　難波屋は庭一面に四方に笠のように広がる笠松が有名である。充真院は建物と笠松の様子を挿絵（図30）に描いた。四方に広がる枝を柄柱で支えている特徴ある形状を、充真院は簡素な筆致ながらも的確に描き留めている。「奥の中二階より松見物して」とあるので、挿絵は奥の建物の中二階から庭を見下ろして眺めた様子を描いたのであろう。難波屋では「皆はやはやはやう成物をたへ候とも、少しきたなき様に見へしかはたへすかへりぬ」と、周りの客たちは、やはやは（牡丹餅）のような物を食べていたが、少し不衛生そうに見えたので充真院らは食べなかった。

難波屋を出て畑沿いの道を進み、他の茶屋に立ち寄り食事とお酒をとった。この茶屋で次の間に控えて食事をしていた御付の砂野や初の所に、茶屋の女房や娘らがやってきたので会話をさせ大坂の様子を尋ねさせた。充真院は客が酒宴をしていた表座敷を見たく思った。「其跡の座敷向抔見度行し所」と宴会が終わった後の座敷を見に行ったところ、「すのものにもあらんや、丼におろし計多有、外には肴やうなるものの少し残り、外には無様子」と、酒宴の肴が酢の物ですらなく、丼に盛った大根おろしを食べていた形跡が多く、他の肴は少なかった状況を見た。そして「皆々わらひ、上方の人はしまつと聞しか、皆此やうなものにて茶やに行てものたへかへるならん、いやな所と申しつつ」と感想を記した。すなわち、関西の人は倹約すると聞いていたが想像以上であり、茶屋に来ても質素というより吝嗇というのが相応《ふさわ》しい大坂人気質を目の当たりにして幻滅を感じた。

茶屋を出てから日本橋に到着したのは六つ時（午後六時）を過ぎていた。船で内藤家の大坂屋敷の前に到着したのは、夜四つ半時（午後十一時）頃で、門前に家中の者が箱提灯を灯して出迎えてくれた。ようやく、一日がかりの寺社参詣が終わったのである。

五　二度目の大坂寺社参詣

二年後の大坂参詣　充真院は文久三年（一八六三）四月二十八日に訪れた寺社のうち三か所を、後に再び参詣する機会を得た。それは慶応元年（一八六五）四月十五日で、充真院が延岡から江戸屋敷に転居する旅の途中に大坂屋敷に再び滞在した折である。充真院はその様子を『海陸返り咲こと葉の手拍子』に記した。二年後の大坂寺社参詣は、「天王寺辺見物に参る」というもので、四天王寺周辺の町を見物してから、高津宮と四天王寺・天満天神を訪れた。四天王寺を参詣した後に、天満天神に向かう途中で大坂城を眺めた。訪れた寺社の数は二年前に大坂の寺社を参詣した時よりも少なく半分である。さらに『海陸返り咲こと葉の手拍子』には、屋敷から参詣地に至る経路を推察できる手がかりや、同行者に関する記載がない。したがって、参詣地と休憩地の行動と見聞を追えるだけであるが、以下に示しておこう。

図31　高津宮の工夫した石段

二度目の高津宮　久しぶりの高津宮は「御堂之内はしかと此前之事覚へぬ故、上りて拝さはやと思て」と、御堂（本殿）の内部の様子については先に参詣した時のことをはっきりと覚えていないので、今回は本殿に上り参拝した。実は以前訪れた折に、充真院は本殿の形状を見て江戸の仕様と異なると感想を持っており、その外観を目にしているものの、本殿には上がらず外から伏し拝んでいた。忘れたのではなく、そもそも本殿には上がっていないので記憶にないのである。充真院は上り段の仕様に心を魅かれた。「内より上り段を出し付ると前の石にはさむと上の方切くみ有、ゑんにあふなく無様にすはりよく出来有」と、縁に安全のために工夫を施している様子にたいへん感心し、挿絵（図31）も描いている。上り段の工夫に注目したのは、日頃から好奇心豊かで生活の知恵や工夫に広く関心を寄せる充真院だからこそといえよう。

本殿の内陣はあまり広くなく、充真院は二間（約三・六m）四方と目測している。本殿は仁徳天皇をお祀りしており、ここで数々のお供えと幣束を目にした。さらに、充真院は本殿の脇にある神楽殿と金を張った襖や、その反対側の茶屋も目にした。しかし、この茶屋には立ち寄らなかった。なお、「石之穴より御覧たるとの石、木之先に有」という記述があるが何を指すのか不明である。見晴らしの地として著名な高津宮は、境内の北西に遠眼鏡が備えてあり展望を楽しむことができるが、それについては充真院はふれていない。その後、参詣を終えて門を出ている。

二回目の参詣は、前回の参詣では行わなかった本殿での正式参拝を実現したり、以前の参詣の際に関心を寄せた事物とは異なる事柄について記している。したがって、二回目の高津宮参詣は二年前の見聞を補う目的と視点で境内を散策したといえよう。

二度目の四天王寺　次の参詣地である四天王寺では、一ノ鳥居と西門を通って御門をくぐり廻廊から五重塔を眺めた。一ノ鳥居とは境内の西側中ほどにある石鳥居のことであり、先の参詣とは異なる経路で境内に入ったことがわかる。御堂（金堂）に上って拝み、閉め切りの格子を覗き阿弥陀仏が安置してある様子を確認している。五重塔にも上って拝んでいたところ、僧侶たちがやってきて充真院らの額に御印を捺してくださるという幸運にも恵まれた。

先に訪れた際に充真院が参詣した太子堂は焼失して、仮御堂が建てられていた。「此前拝し色々縁起聞し事故、永くも成故、上り口外より拝し」と、かつて参詣した時に御堂に上がって拝み、縁起も聞いているので、今回は入り口の外から拝んだ。その他に「何様哉幾度も拝し候けれは、いくつ有しやわすれ候」と、境内にある御堂をいくつも参拝したがその数は忘れたという。他の御堂について充真院は関心を寄せることはなかったのである。「所々あるき見しなれは又わすれ候」と続いており、境内のあちこちを見て歩いたために忘れてしまった。境内が広くさまざまな建造物があるのでいたしかたないといえよう。

再度、織殿へ　一方、興味のある事物に関して充真院はしっかりと書き留めている。それは織殿である。織殿の位置については、「織殿は山門の向にて」と山門の向かいにあると記している。以前訪れた際には、織殿は鐘楼の向かいの廻廊内にあると文章と挿絵で書き留めていた。二年の間に織殿の場所が移転したようである。充真院が期待していた錦については、「錦も見れと此節はあまり織不申とて、少々計あれともよきかたの切は無」と、近年はあまり錦を織っておらず少しばかりあったものの充真院が良いと思う品はなかった。それでも「少々計整て」と少し分けてもらった。その後、戻って御堂を拝んでから池で先に参詣した時と同様に「鯉・亀におくわしを遣し」と鯉と亀にお菓子を餌として与え、石橋を渡ってから東門に向かい退出した。

丁寧に境内をめぐる　二度目の四天王寺の参詣は時間の余裕があったらしく、以前よりも丁寧に境内をめぐり、あちこちの御堂を数多く参詣できた。もっとも、かつて参詣した御堂を訪れる際には参詣方法を簡略にした。前回は初めて訪れた四天王寺で珍しい事物に心奪われることが勝《まさ》っていたが、二度目には丁寧に拝むことを主にしたように見受けられる。先に訪れた際に目に留めた猫と牡丹の彫刻については、二度目の参詣ではふれていないが、池の鯉や亀に餌を与えたり、織殿で錦を入手するなどの楽しみは、二度目の参詣でも行った。

見事な境内図　二度目の四天王寺参詣は時間的にゆとりのある参詣だったようだ。四天王寺の主要な建造物を描きこんだ境内図を『海陸返り咲こと葉の手拍子』に見開きで描いた（図32）。この挿絵は寺域の西側から鳥瞰図として描いている。立体感があるうえ、それぞれの建物の特徴を巧みにつかんだ見事な描きぶりである。描かれた建造物の配

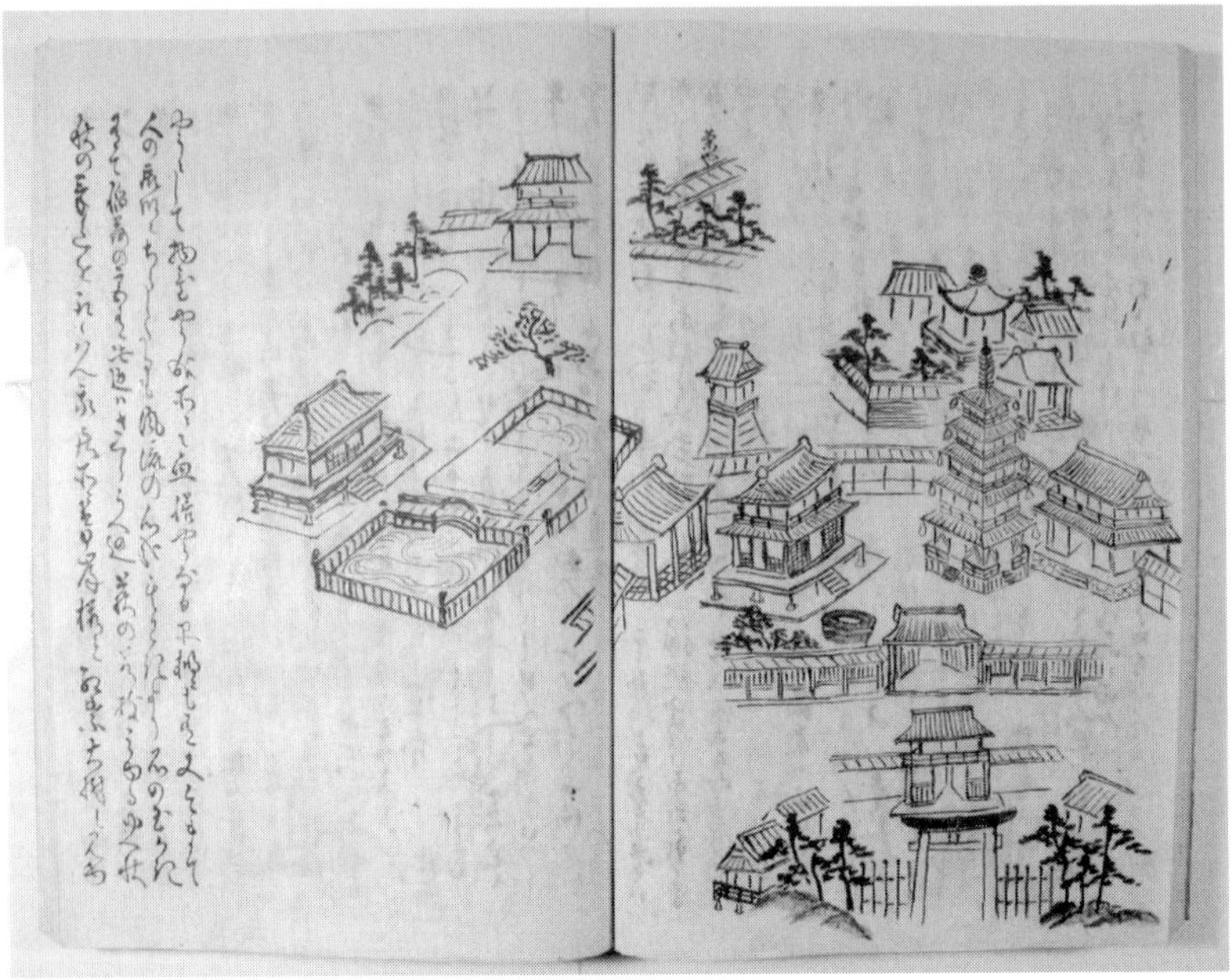

図32　二度目に描いた四天王寺境内図

図33　大坂城遠望

置の正確さは、充真院が二度目の参詣で、境内の配置を充分に理解したからこそ可能になったといえる。初回の参詣で配置の概観を把握し、さらに二回目に境内のあちこちを歩き廻り配置を正しく把握できたのである。

挿絵に描かれたのは、境内の西側にある西門と石鳥居、中央の廻廊とその内側にある仁王門・五重塔・金堂・講堂、南東にある太子堂とその周囲の建造物、さらに北側にある池と舞台・六時堂・東門などである。以前訪れた時にあっさりとした略図で描いた同じ対象を、より詳しく描き込んだのである。絵心のある充真院にとって、二度目の参詣で描いた挿絵はいわば完成図と認識していたかもしれない。この挿絵は二度目の四天王寺参詣の大きな成果である。充真院にとって、前回よりも納得が行く境内の挿絵を描きあげることも、再度の四天王寺参詣の目的だったのではなかろうか。

大坂城を眺める　四天王寺参詣を終えた充真院一行は、茶屋で食事をした後、八つ半(午後三時)頃に茶屋をあとにして、遠くから大坂城の外観を眺め、松林越しに見えた大坂城の天守閣と櫓を挿絵に描いた(図33)。「御城辺を見、江戸よりも御やくら抔は多様に見へ」と、充真院は大坂城には江戸城よりも櫓が多くあるように感じている。それから天満天神に参詣したが、「少々気分悪く見物に出しが、其心もなくて帰り」と、充真院は体調不良となったため見物を断念して帰宅を余儀なくされた。二度目の大坂寺社参詣はこうして終了したのである。

六　大坂寺社参詣からうかがえる充真院の人物像

大坂寺社参詣を振り返って　充真院の大坂寺社参詣の様子を再現しながら検討してきた。江戸時代の人々は信仰心が深く、充真院もその例に違わない。寺社を訪れた際に、伏し拝むというように礼を尽くした態度であり、さらに御堂に上がって正式参拝も行っている。信仰が根底にあるものの、初めての大坂寺社参詣は名所として著名な寺社を多く訪れることが目的であり、娯楽の要素が強かったように見受けられる。信仰に関わる建造物そのものに対する興味は、住吉大社以外ではさほど感じられない。また、本尊をはじめとする仏像に対しても詳細な記述は見られない。唯一、新清水寺で本尊を模した楽焼の小さな像を入手したく思ったが、壊れることを恐れ案外とあっさりあきらめ、代わりに御守御影を入手した。

むしろ、充真院は寺社内の珍しい事物に心を魅かれている様子が多々うかがわれた。特に、四天王寺で池の鯉や亀に餌を与えたり、門に施した猫と牡丹の彫刻、亀形石など、生き物に関する事物に心を寄せて楽しんだ様子が見られた。四天王寺では織殿の内部を見物したく思い、その望みは自分の視力の支障からあきらめたものの、錦を分けてもらい持ち帰った。さらに、住吉大社と所縁があるものの、境内からは離れた浜辺にある高燈籠を見に行くことを切望したように、信仰そのものとは異なる建造物に強く興味を示した。また、一心寺や難波屋の松など名木を見ることも楽しみであったようだ。新清水寺の滝や一心寺に隣接する茶臼山など、充真院は滝や山など自然の景観にも心を寄せた。

寺社参詣の間に立ち寄った茶屋では、接待女や女将らと交流を楽しんだ。茶屋で疲れを癒しながら賑やかなひときを過ごしたり、茶屋の人々から話を聞いたり自ら見たりして、大坂人の気質を知り実感を得る恰好の場所でもあった。さらに、茶屋では座敷を見物して、間取りをよく観察している。間取りは充真院の関心事の一つであり、大坂屋敷に到着する以前の道中で立ち寄った休憩地でも、屋敷内の間取りを見せてもらい、たびたび間取り図を描いている。大坂滞在中も大坂屋敷の簡単な間取り図と住吉大社の一の神殿の間取り図を描いた。

楽しみとしての寺社参詣　充真院の初めての大坂寺社参詣は、信仰に直接関する参拝を欠かさず行いながら、初めての土地で珍しい事物に出会い、見聞することに楽しみを見出していたといえる。娯楽が少ない当時において、さらに自由に外出する機会が少ない大名家の家族の一員として、寺社を訪れることは珍しい事物を見聞できる貴重な機会であり楽しみであった。行程の都合や充真院自身の体調の面から希望を叶えられず、残念な思いも少々味わったが、大坂での寺社参詣は長旅の過程で気晴らしになった。未知の地で初めて目にする名高い数々の寺社とその事物は、充真院の知的関心・好奇心を充分に満たすことができたといえよう。

二度目の大坂寺社参詣は、以前訪れた寺社の中から充真院の希望を聞いて選定したと思われる。実質的には高津宮と四天王寺のみの参詣となったが、御堂に上がり丁寧に参拝した。四天王寺は拝んだ御堂が多すぎてその数を忘れたものの、前回よりもはるかに多くの御堂をめぐった様子がうかがえた。そして、初回の参詣で描いたよりも見事な見開きの境内図を挿絵として完成させた。拝むこと以外にも、充真院は高津宮の上り段の工夫された仕様に感心し、四天王寺の織殿で錦を入手することを期待するなど自らの関心事を楽しんだ。二度目の参詣についての記載は、特に関心が深い事物以外は初回とあまり重複しない。前回を補足する視点で二度目の見聞を行い、『海陸返り咲こと葉の手拍子』にしたためたようである。

充真院にとって大坂寺社参詣は、神仏に対する信仰心に根ざしながらも、好奇心を満たす楽しいひとときで娯楽の機会であった。同時に名所を実際に訪れて見聞する、貴重な知的経験の場でもあったのである。

第五章　讃岐国金毘羅――初回と二度目の参詣を中心に――

一　金毘羅と内藤家

充真院の金毘羅参詣　本章では充真院が讃岐国仲多度郡の金毘羅（現、香川県琴平町の金刀比羅宮）を参詣した様子を明らかにする。金毘羅は江戸時代において、伊勢参りや善光寺参りと並ぶ人気のある参詣地である。充真院はその人生において、金毘羅参詣に三度訪れた。初の参詣は文久三年（一八六三）で、二度目は二年後の元治二年（慶応元年・一八六五）、三度目は明治五年（一八七二）である。いずれも転居のための旅の途中に立ち寄っている。

金毘羅と内藤家　金毘羅は海上の守護神で航海安全や豊漁を祈願することで知られているが、その他にも家内安全・無病息災・病気平癒など現世利益の神として、近世に全国的規模で庶民・武士など階級を問わず崇敬の対象となり、金毘羅参詣が大流行した。しかも、金毘羅は大名から厚い信仰を寄せられていた。讃岐国の高松藩・丸亀藩・多度津藩では藩主が非公式に参詣し、家臣らがたびたび代参している。他国の諸藩からの代参も多く、内藤家は代参が多い上位二〇藩のうち、九番目である。内藤家よりも代参が多い九州の藩は、四位の豊後国杵築藩や、五位の豊前国中津藩、七位の同国臼杵藩である。ちなみに内藤家は文化四年（一八〇七）から嘉永四年（一八五一）の間に代参を九回している。右に示した諸藩は、参勤交代で江戸に向かう折に領地から船で出発して瀬戸内海を渡るという地理的要因が内藤家と共通している。

内藤家およびその家中が、江戸・延岡間を往来する際に、大坂・延岡間は瀬戸内海と豊後水道などの海路を進む。大坂から延岡に行く過程を例にあげておこう。大坂の淀川河口を船で出発、瀬戸内海を進みながら金毘羅のある讃岐国を目指し、以後は四国の海岸線を進み豊後水道を渡り豊後国南部に向かう。そこから海岸沿いに南下して日向国の延岡藩領の入り口というべき島野浦に立ち寄ってから延岡の五ヶ瀬川の河口に入る。ここから上陸、または川船で城の近くの船着場まで移動して上陸する。九州の大名にとって金毘羅は危険を伴う海路の安全を祈ったりお礼をしたりするのに恰好の場所に位置していた。

なお、内藤家の江戸屋敷では、日頃から定例で複数の寺社に使者を派遣して代参しており、そのうちの一つが江戸の金毘羅宮分社(虎ノ門の上屋敷の近所に位置する、丸亀藩京極家〔五万一〇〇〇石、外様〕の上屋敷内)である。この丸亀藩上屋敷内の金毘羅分社は毎月十日に邸内を開き、江戸の人々に参詣を許していた。内藤家も毎月十日に家臣が代参した。内藤家は延岡に領地を移動して以来、海上移動が不可欠となり藩として金毘羅を厚く信仰していたのである。

豊かな記述量　充真院は金毘羅を三度訪れたが、初回と二回目にたいへん詳細な見聞を紀行文に書き留めている。江戸から延岡へ向かう旅の過程で多くの寺社に立ち寄ったが、一つの参詣地としての金毘羅に関する記述量は他の参詣地より突出して多い。たとえば、充真院が参詣した寺社のうち、前章で紹介した四天王寺や住吉大社も規模の大きい寺社であるが、それらと比較しても金毘羅参詣に関する記述量は多い。記述量の多さは規模の大きな参詣地であることが何よりの要因であろうが、充真院が金毘羅で見聞したものがとりわけ興味深かったことの反映でもある。さらに、金毘羅に向かう道筋での見聞も豊富であり、充真院の細やかな観察眼と豊かな感情を知ることができる。

そこで、本章では初回と二度目の金毘羅参詣の実態を再現しながら、充真院が何を見聞し、とりわけ何に関心を寄せたのかなどを明らかにしてみたい。検討に際しては、初回の参詣については『五十三次ねむりの合の手』、二度目は『海陸返り咲こと葉の手拍子』など、いずれも充真院の紀行文を主な素材とする。

二　金毘羅へ向かう道筋での見聞

旅の途中に参詣　充真院が金毘羅を初めて訪れたのは、文久三年（一八六三）五月十五日である。江戸から延岡へ転居するための旅の三十九日目である。当時六十四歳の高齢である充真院にとって長旅であるが、四月二十四日に大坂にある内藤家の蔵屋敷に到着、しばらく滞在して休息したり大坂見物を楽しんだりした後、五月六日から船で瀬戸内海を進む船旅を始めた。大坂の河口から出発して、兵庫・明石・赤穂坂出・大多府《（椨）》・多度津などに停泊しながら、船旅の十日目に金毘羅参詣を果たしたのである。

　大坂屋敷で疲れを癒したとはいえ、船旅が十日目となると再び疲れが溜まる頃と思われる。金毘羅参詣は船から上陸して陸路を進むので、参詣のために丸一日かかる。金毘羅は延岡に向かう途中に位置するものの、参詣のためにわざわざ赴いたのである。充真院は金毘羅参詣に関して『五十三次ねむりの合の手』に六丁も紙面を割いている。なお、充真院は金毘羅を「金毘羅様」「金ひら様」「金毘羅」などと表記している。金毘羅大権現と丁寧に記さず通称を用いている。当時の人々に親しまれた名称を充真院も用いている。

多度津に入港　充真院一行が金毘羅参詣に選んだ経路は、讃岐国の多度津に入港して、金毘羅五街道の一つである多度津街道を通り金毘羅に向かう行程である。一般的には大坂より東から金毘羅参詣をする場合は、大坂から船で丸亀に入港して丸亀街道を南下して進んだという。一方、大坂より西（中国地方・九州地方）から金毘羅を訪れる時は、多度津に入港して多度津街道から金毘羅を目指すという。充真院一行の今回の行程は大坂から海路を進んだので、丸亀から入港してもよさそうであるが、多度津に入港した。もっとも、多度津は近世後期に「丸亀にも勝る良港」であった。

充真院一行は十三日の夕七つ(午後四時)に多度津に入港して船中泊した。十四日も多度津に滞在して金毘羅参詣の仕度を入念に行い、十五日に金毘羅に向けて出発した。当初の予定では十四日に金毘羅を参詣するつもりであったが、十三日に多度津に到着するのが予定よりも遅くなったため、十四日は準備の日として十五日に参詣することにした。これについては十三日の記録に「明日は金毘羅様へ参詣と思ひし所、おそふ成しまま、明日一統支度して、明後早朝よりゆかんと申出しぬ」とあることから確認できる。もっとも、参詣の準備をするのは御供たちなので、充真院は十四日について「何もなし」と一言記したのみである。御供の準備とは、金毘羅参詣に行く日が確定したので定宿に伝えに出かけたり、金毘羅までの陸路は距離があり移動に時間がかかる小さな旅なので、必要な品を準備したりしたのであろう。

同行者　充真院の金毘羅参詣に同行した具体的な人数は不明である。同行したことが確認できるのは、御里付重役の大泉市右衛門明影と老女の砂野、駕籠かきとして動員された舟子たちなどである。同行しなかったことが確実な者は、重役副添格の斎藤儀兵衛(義兵衛)智高、その他に女中のうち、お末と思われる花と雪である。儀兵衛は本船の留守番をつとめ、花と雪は前日に金毘羅参詣に先行させていた。参詣のための移動なので、比較的少人数であったはずである。

早朝から出発　十五日の金毘羅参詣は、船から上陸して金毘羅へ向かう街道での見聞も、金毘羅そのものの見聞と共に充真院にとって関心事であった。当日の出発、上陸の様子から以下に順に見てみよう。幸いにも十五日は朝から天気に恵まれた。充真院らはまだ夜が明けぬうちから準備をして出発した。まず、「船に乗て」とあるが、これは本船から小船に乗り換えて上陸したのである。なお、充真院は多度津から金毘羅までの距離について、「金毘羅へは四里との事」と記しているが、実際には三里（約一二km）である。いずれにしても距離があるので早く出発して効率の良い一日にしようとしたのである。

旧暦のこの時期は、現在の六月中旬に相当するので、一年の中でも日の出が早く、およそ午前四時台には夜明けを迎える。したがって、まだ暗い午前四時という早い時間帯に出発したのである。岸に向かう小船で充真院は、「日の出之所ゆへ拝し有難て」と日の出を眺めて拝んでいる。海上から見た日の出は、海面が赤々と光輝き格別な美しさであったことだろう。充真院はその風景に心打たれ、さらに当時の人々が有する太陽に対する信仰心によりありがたく感じている。

多度津街道を進む　小船から上陸した坡塘《はとう》（堤防）は石段が甚だしく荒れて足元が悪く危険であった。充真院は「人々に手こしをおしもらひしかと」と、御付に手や腰を押してもらいながら登ろうとした。充真院がこの旅でこれほど手厚く御付に手助けされるのは初めてである。御付の者に支えてもらっていたものの、よほど足元が悪かったようで、「ずるずるすへりふみはつしぬれは、水に入と思て」と、もしも石段がすべり足を踏み外したならば、海に落ちてしまうので心配でたまらなかった。危険な思いをしながら「やうやうととをりて駕籠に入」と、やっとのことで石段を登り、用意していた駕籠に乗り込んだ。

さて、ここから駕籠に揺られて金毘羅まで陸路の小旅行が始まった。充真院は駕籠の中から周囲の景色を眺め、まず、町の様子を記している。この町は「大方小倉より来りし袴地・真田、売家多みゆる」と、袴の生地や真田紐を販売する店がたくさんあることに目を留めている。充真院はこれらの商品の大体は小倉から船で運ばれてきたと記している。充真院が興味を持ち、御付に尋ねさせて知ったのだろう。

さらに進むと農家らしき建物が散在しており、城下であるという。具体的な記述はないが、この城下とは多度津藩（一万石、外様）の陣屋の周辺のことである。多度津藩は丸亀藩の支藩で藩主は京極氏である。三町（約三二七m）ほど進むと松並木が続き、左側には池らしいものが見えたという。松並木が続くのは街道として整備された箇所を進んでいるからである。そこから先は田畑や農家が多くあり、街道が農村沿いになったのである。この付近は「金ひら参の人に行合」と、充真院一行と同様に金毘羅参詣に向かう人々が通行するのに出会っている。

農作業を見る　その後、一里半（約六km）ほど進み小休憩をとった。間取りに興味を寄せる充真院は、さっそく休憩した家の造作を観察して書き留めた。「此家は門を入と少し庭有て、座敷へ上れは、八畳計の次も同し」と、門や庭があることや、八畳間が二部屋続いている様子を確認している。充真院は座敷に上がって休憩をとった。座敷には「脇に窓有て、めの下に田有て、夫にて馬を田に入て植付の地ならし居もめつらしく」と、窓から外を見るとすぐ下に田があり、馬を田に入れて田植えに備えて地ならしをしていた。農作業の様子を充真院は珍しく思いながら眺めた。これほど近くで農作業を見るのは、充真院にとって旅だからこその稀な体験だったことだろう。

心魅かれた貼り交ぜ屏風　この家で充真院は「茶抔のみ、いこひし」と、お茶を飲みながらくつろいだ。休憩をしていると、先日、先に金毘羅参詣に出かけた御付の花と雪が休憩にやってきた。この家で充真院は思いがけず心魅かれる物を目にした。それは、充真院が通された部屋の隣室に置いていた貼り交ぜ屏風である。充真院は「次の間なる屏風のはりませには何か有哉と見れは」と、隣室の貼り交ぜ屏風に何が貼ってあるのか興味が湧き見てみた。屏風に貼られていたのは、「文晁の蝶の絵、南湖の山水、南嵜の人物を初、我しれる歌よみの大人発句いろいろ名高人多帳（張）有」と、当時著名な谷文晁が描いた蝶の絵、春木南湖の山水画、南嵜の人物画などの絵と共に、充真院が知っている著名な俳諧、さらにさまざまな有名人の作品が屏風に貼ってあった。絵心があり文学に親しんでいる充真院にとって、心ときめく作者と作品ばかりだったのである。しかも、江戸に住んでいた頃に知った絵師や俳諧師の作品に、遠く離れた旅先で出会えて懐かしさも伴い、ひとしお感動したことであろう。

充真院はその感想を「うれしくて」と率直に表明している。そして、これら数々の作品を「よく書留度は思へと」と、自分の備忘として詳しく書き留めておきたかった。しかしながら、たくさんの作品について記録する充分な時間をとることは、金毘羅を目指す予定が控えているので無理だった。「旅にしあれは致かた無過ぬ」と、旅の途中なので仕方ないと断念した。金毘羅参詣がこの日の目的なので、一行の主人である充真院の希望でも、予定外の時間を費やすことはできなかったのである。

参詣者のための茶店　休憩を終えて街道を進みながら、充真院は周辺の様子を観察している。周囲は田畑が広がっているが、金毘羅参詣の人々が休憩するための簡素な茶店が何軒もあったことを目に留めている。「百姓やならん門口によし津をはりて、戸板の上にくたもの・徳りにお酒を入、其前に猪口を五ツ・六ツになら(ら)へて有、幾軒も見へ候」と、農家の前に葦簾をかけた簡素な休憩所を設けて、机代わりの戸板の上に果物やお酒を供していた。参詣者が多い金毘羅へ向かう街道だからこそ、周辺の農民もこのような商いをしていたのである。庶民向けの簡素な休憩所は、充真院の目に珍しく映ったことだろう。お酒が好きな充真院らしい着目点といえるかもしれない。

街道を行く人を見る　充真院は街道を行く人々にも興味を寄せている。一行の進む反対側から馬に三人乗りをした者たちが充真院一行とすれ違った時のことである。充真院らを見て、急いで除けようとして百姓らが設置した休憩所である葦簾張りの中に入ろうとしたが、馬に乗っていたために葦簾に馬上の人がひっかかり、葦簾が落ちて囲いが壊れたうえ、馬が驚いて跳ねるなど大騒ぎとなった。充真院はこの思いがけない出来事を見て肝を冷やしたようで、

「誠にあふなくと思ふ」と心配したことを記している。

舟子が駕籠かき　前述したが、充真院一行の金毘羅参詣は海路を進む途中であった。江戸から大坂屋敷までは駕籠かきが同行していたが、大坂から延岡までは船に乗るので舟子はいるが駕籠かきはいない。「舟中より参詣する事故、駕籠の者もなく」とある。そこで「舟子共をけふは駕籠かきにして行」と、舟子に駕籠を担がせることにした。

舟子たちは駕籠を担いだ経験がないので心配がぬぐえない。自信がなく不安な気持ちを互いに口にしている様子を充真院は耳にしている。「其ものの咄しを聞は、かこは一度もかつぎし事はなけれと、先々おとさぬ様に大切にかき行さへすれはよからんと云しを聞き」と、舟子たちが駕籠を担いだことは今まで一度もないけれど、駕籠を落とさないように大切に担いでいけばよいだろうと話し合っていたという。舟子たちは初めての駕籠かきであるうえ、主人である充真院が乗っているので、大切に駕籠を落とさないようにしようと心しているのである。

この言葉を聞いた充真院は「かわゆそうにも思、又おかしともおもへる由」と、本職ではない仕事を命じられた舟子たちを可哀相であると同情しながらも、その会話を愉快にも感じている。愉快に感じた会話は、落とさないようにしようという点であろう。舟子たちが言う落とさない対象とは駕籠とも、駕籠に乗り込んでいる充真院のこととも、はたまたその両方とも読み取れる。舟子たちはおおいに困惑しながらも、その会話からは、そこはかとなくおかしさが滲み出ている。なお、充真院が舟子たちを気の毒に思っている様子は、身分の低い使用人たちに対しても思いやりの心を寄せる充真院らしい優しさといえよう。

駕籠の中で体調不良　舟子たちは「かこかきおほへし小使有しゆへ、おしへおしへ行し」と、駕籠かきを経験したことがある小使に教えられながら街道を進んだ。駕籠をかくには中に乗っている人に負担にならぬよう、揺れを抑えるように運ぶなどこつが必要なのある。しかし、困った事態が生じた。舟子たちが担ぐ駕籠に乗っていた充真院が、その後体調不良になったのである。「かこにゆられし故か、暑に障りしゆへか、気分悪く、とうきして薬抔用ひつつ行」と、原因は駕籠に揺られたためか、または暑さかもしれないが、気分が悪くなり動悸もしたので薬を服用したという。初めて駕籠をかく舟子たちなので揺れがことのほか大きく、充真院は体調不良になったのであろう。

短歌を詠む　充真院は気分が悪くなったものの、服薬がすぐに効を発したのか、それに続く記述には周りの風景を眺めて美しさを愛でる余裕が生じている。その景色は「早苗のうへ渡したる田は青青として詠よく、向に御山みへると知らせうれしく、夜分はさそな蛍にても飛てよからんと思ひつつ」とある。一面に早苗の初々しい緑が広がる田は、清々しく美しかったのであろう、充真院の心に感動が満ち、短歌が湧くように詠めたのである。

歌心のある充真院にとって、感動した気持ちを極めて自然に短歌に詠み込めたことは喜びである。そして、目指す金毘羅が中腹に鎮座する象頭山《ぞうずさん》（標高五二一m）が向こうに見えることを確認してうれしく思いながら、さらに、この場所は夜に蛍が舞い飛ぶ情景もとてもすばらしいことだろうと、想像をめぐらせている。暗闇にシルエットとして見える早苗の間の水面に、蛍の光が映り輝く様子を思い浮かべたのであろう。

荒れ寺で休憩　美しい風景を堪能した後に、寺で小休憩をとった。この寺の具体的な名称は不明である。寺に入ると充真院は「何か拝す神にても有哉と思ひし所」と、さっそく拝む対象があるだろうかと気にしている。信仰心が厚い充真院らしい。この寺は僧侶が無住であり町が管理していた。充真院一行が休憩に立ち寄ることは急に決まったため、町側はあらかじめ清掃できず寺の座敷は荒れ放題であった。その様子は「すわる事もならぬくらひこみたらけ、皆つまたてあるきて」と、腰掛けることもできないほど、ごみだらけであり、一行の人々は汚れがつかないように爪先立ちで歩いたという。そして「たはこ抔のみて、早々立出る」と、煙草を一服しただけで、急いで寺を立ち去ったのである。大名家の一行にとって、荒れ放題でごみだらけの部屋を目にしたり、不潔な部屋に入室することは日常ではあり得ないことであり、非日常の旅とはいえ珍しい経験である。汚さに辟易して早々に立ち去った寺であるが、充真院は庭に石が少しながら配してあったことや、五月躑躅《さつきつつじ》の花が咲いているが、雑草に覆われて他は何も見えなかったと観察した様子を記している。

金毘羅に近づく　寺を出て再び田に囲まれた道を進んだが、しばらくすると町に近づいてきた。子供に角兵衛獅子の軽業を演じさせて物乞いしている様子や、太鼓を叩いている渡世人などを見ながら進むうちに、金毘羅の近くまで来たらしく人家が増えて御宮の鰐口を打つ音が響いてきた。「段々近く聞ゆる故うれしく」と鰐口の音が次第に近づいて聞こえてくることに充真院は心をときめかせている。金毘羅の表参道沿いの町は「随分家並もよく、いろいろの売物も有て賑わひ」と、家並みが整っており商売が繁盛していた。その様子を充真院は「道中筋の宿場よりもよく、何もふしゆうもなさそふにみゆ」と、途中で見かけた街道の宿場と比較して、金毘羅の表参道の町の方が豊かであると確認している。

定宿の桜屋　金毘羅の表参道沿いの町でまず、充真院一行は内藤家が定宿としている桜屋に向かった。桜屋の位置は表参道沿いの石段にかかるすぐ手前で、参道から金毘羅に向かって右手側(北側)である。かつては桜屋伝兵衛の宿と称し、寛保二年(一七四二)には存在していたという。桜屋の位置は現在の「こんぴらうどん　参道店」で石段から二軒目である。現在の建物は桜屋旅館として営業していた明治時代に建てられ、こんぴらうどん参道店(旧桜屋旅館)として国の登録有形文化財に指定されている。見上げると二階の欄干に桜の花の木彫りが施されており、桜屋と称していた頃が偲ばれる。すでに充真院一行が立ち寄ることが連絡されていたので、桜屋の玄関には「延岡定宿」と札が掛けてあった。ここで少し休憩して暑さで疲れた体を休めようとしたが、一階の座敷は人通りが多くて障子を開けにくいので二階に上った。広く風の通る座敷で一息ついてから、待望の金毘羅参詣に出かけた。

三　初めての金毘羅参詣

足場の悪い登り坂　金毘羅に参詣するには、ひたすら坂道を登ることとなる。象頭山の入り口は「初の御坂は五間もあらん」と充真院が記していることによると、坂道が五間（約九ｍ）あり、次に石段が幾重も続いていた。まず、充真院は坂道の足場の悪さに閉口した。「御山口の坂は、足場悪くてするするとすへり、そうりぬけさるやういろいろやうやう人々にたすけられ」と、足元がすべりやすいので草履が脱げないように御付に補助してもらいながら登り始めた。すべりやすい坂道を苦労して登ることは、当時六十四歳の充真院にとって体力的な負担が大きかった。「用意に薬水抔持しをのみ、やすみやすみて」と、途中で準備していた薬や水を飲み休みながら進んだのである。

幾重も続く石段　坂道を登り切ると次は石段が続く。「石段之高き坂いくつも有て」と、充真院は幾重にも続く石段を見上げている。石段を登り進めるうちに、充真院は体調が悪くなってきた。「行程々につけて気分悪く、とうきしけれと」と、気分が悪くなり動悸までするようになった。高齢であることに加えて、大名家の女性たちは日頃、屋敷で静かに暮らしており、長い距離を歩くことに慣れていない。その上、金毘羅へ向かう参道はひたすら登り坂が続くのである。しかもこの日は陽気が暑かった。充真院が具合が悪くなったのは無理もないことであろう。しかしながら「ここ迄参詣せしに上らんも残念と思ひ」と、せっかくここまでやってきておきながら参詣しないのは残念であると思い、体調不良を我慢して石段を登ったのである。

疲れ切って一休み　そして「かの鰐口有し御堂の前には青貝の鳥居有」と、遠くから響いていた鰐口がある御堂の前の青貝の鳥居の所までようやくたどり着いたのである。この鳥居は「近比納りし由にて、誠に誠にひかひかして有り」と、充真院が参詣した近年に奉納されており、新品であるためぴかぴかと光り輝いて見事であった。しかしながらすでに充真院は疲れ切っていた。体力が限界に近くなっており、「生もたへなんと思ひ、死ひやうくるしく成」と、息ができなくなりそうなほどで、死んでしまうのではないかと思われるほど苦しかった。そこで「さあらは急にも及ぬる故、少し休て上る方よし」と、急ぐ必要はないので少し休憩してから登ろうということになり、「とうろうの台石にこしかけ休居」と燈籠の台座の石に腰掛けて、人心地がつくまで休むことにしたのである。

休憩している折に、盲目の人が杖にすがりながら下りてくる様子を目にした。体が不自由な人が信心を持って一生懸命に参詣を果たしているのに、自分がこのまま疲れたから引き返すのは「残念、気分悪く」と充真院は思った。そして「御宮前にて死度と思、行かねしはよくよくはち《（罰）》当りし人といわれんも恥しくて、参らぬ印に気分悪と思へは猶々おそろしく」というように、もしも疲れてここで死ぬのならば、御宮に参詣してから死にたい、参詣しなければ実に罰当たりであると人に言われるのも恥ずかしい、参詣せずに気分が悪いというのはなおさら畏れ多いと、思いをめぐらせた。この充真院の思いには当時の人々ならではの信仰心の深さや、恥の意識などがうかがわれる。

気力を振り絞り本宮へ　充真院は奮起した。「夫より、ひと度は拝し度と気をはり」と、とにかく一度は参詣しようと固く決意したのである。そして「又々幾段ともなく登り」と続く石段を頑張って登り続けたのである。努力の甲斐あり、充真院は本宮にたどり着いた。もはや「御堂の脇に上る比は、めもくらみ少しいきつきて」と、本宮に到着する頃には目が眩み息が少し荒くなっていた。それでも「御堂のわきなる上り段より上りて拝しけれと」と、本宮の横の階段から室内に上がり拝んだのである。

本宮を参詣した折に、充真院は御内陣を自らの目で確認しようとしている。その様子は「目悪く御内神《（陣）》はいとくろうしてよくも拝しかねしおり、やうやう少し心落付しかは薄く見へ、うれしく」と、日頃から目が悪いことに加えて室内が暗いのでよく見えなかったが、心が落ち着いてからはうっすらと見えたという。目が暗さに慣れたからであろう。薄く見えたのではあるが充真院はうれしく思ったのである。そして「御守うけ度、又所々様へも上度候へ共」と、御守りを授与してもらったり、他の御堂にも上がって拝んだりしたいと思ったけれど、「右様成事にて、只々心にて思へる計にて御宮をおりぬ」と疲れが甚だしく、さらに目の具合も悪いので、拝みたい気持ちを心に留め置いて本宮から下山することにした。

御付に助けられながら下山　無理を押して本宮までたどり着いた充真院を、御付たちはたいへん心配していた。その様子は「皆は私気分悪きにて、御守戴事も忘て気をもみ居計とのこと」とあるように、御付は充真院を心配するあまり、充真院が入手したかった御守りを手配することを忘れてしまった。充真院は御守りを手に入れられなかったことを後に残念に思ったと記している。しかし、御付にしてみれば大切な主人の一大事であり、それどころではなかったのである。下山する時も「今来りし石段を、又人々にたすけられつつおりて」と、御付に助けられながら石段を下りた。

石段の途中に観音堂がある。観音堂の案内人から御堂に上がって拝むかと尋ねられたが、充真院は「気分悪く上るもめんとう」なので外から拝んだ。苦しくても拝むことを欠かさないのは、信心深さゆえである。

金光院で休息　充真院が御付に助けられながら石段を下りてくる様子は「余りくるしそうに見へし」と、たいへん苦しそうに見えたため、金毘羅側の知るところとなった。「本坊へ立寄休よと僧の来りて、いひしましたかひて行し所」と、僧侶が充真院らのところに来て本坊で休憩するよう勧めてくれたので、厚意に甘えることとした。本坊とは金光院のことである。

充真院は金光院側が休憩するために提供してくれた奥の座敷に移動する際に、途中で通過した部屋や周囲の様子な

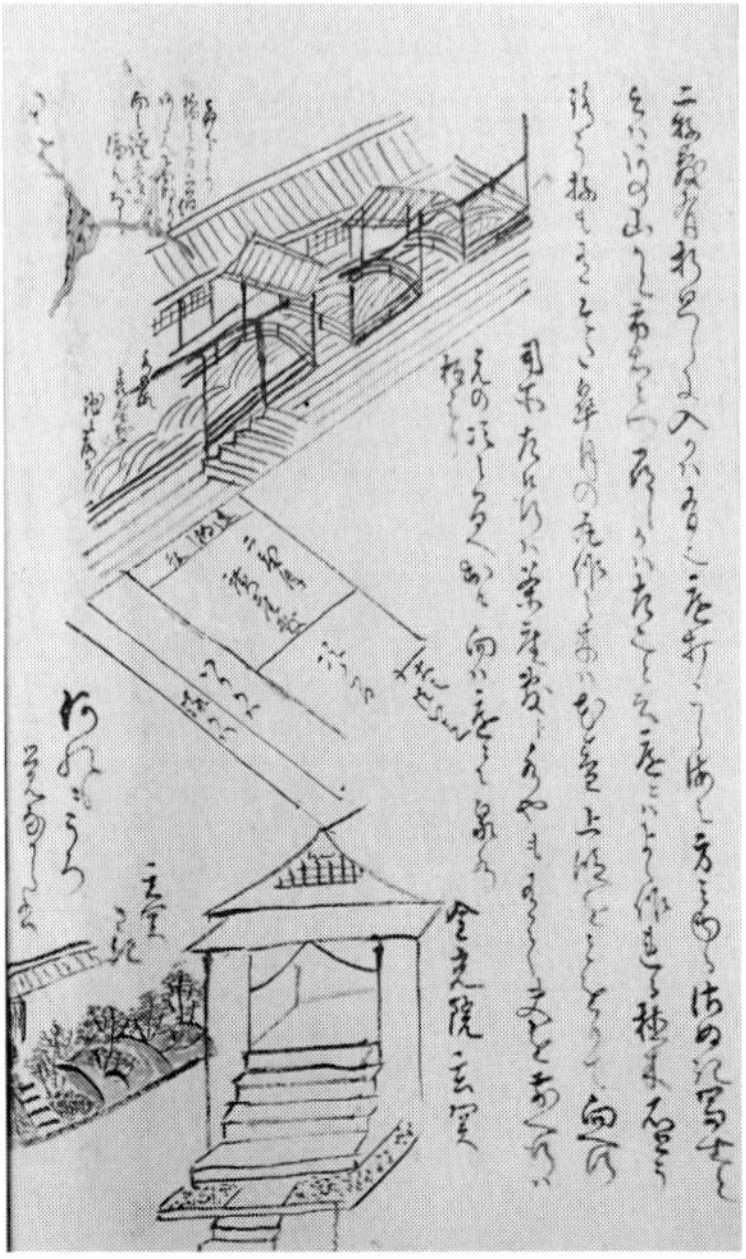

図34　金光院玄関と表書院の一部分

どを、体調がすぐれないにもかかわらず実によく観察しており、詳しい記述と挿絵(図34)を記した。まず、玄関について「りつは成門有て、玄関には紫なる幕を張、一間計の石段を上り」と記し、挿絵として玄関先の造り、石段、幕、その横の五月躑躅の植え込みと塀を描いている。挿絵には「何れもうろ覚ながら書」と添え書きをしているが、後に思い出して描いたとはいえ、的確に描写している。なお、五月躑躅は現在もこの場所に植えられている。金光院の玄関に僧侶らが待っており充真院を出迎えてくれた。

金光院の座敷と庭　そこから一間(約一・八m)ほどの高さの箱段(木製の階段)を上り、次に右に進み、さらに左に進むと一間半(約二・七m)ほどの箱段があり、これを上がると書院らしい広い座敷が続く脇の入側を進んだ。充真院が推測したように書院(表書院)である。この右へ廻ると庭があり少し水が流れており、植木もあり、向こう側では普請をしていた。

充真院はここで休むのかと思ったが、さらに奥に案内されたところ、釣簾の下がる書院があった。書院には次の間と広座敷があり、広座敷には床の間と違棚があった。さらに入側の奥から縁に出て右に曲がると箱段がある。ここを上り折れて進むと、板張りの廊下がありすぐ横の二間(約三・六m)ほどの細長い庭のところに小さな流れがあり、朱塗りの橋が二つ架けてあった。この流れは、表座敷に面した庭に注いでいた。なお、現在、この朱塗りの橋は塗装が剥落して白木の状態である。さらに、その下の流れは枯れており、表座敷側の庭は池がなくなっている。充真院が眺めるとその向かいに立派な経堂があった。さらに段を上り奥へと導かれた。

奥書院　充真院が案内された場所は奥書院である。ここは金光院別当の私的な生活の場である。表書院の一二畳ほどの座敷を通り過ぎ、ようやく休憩のために提供された奥書院にたどり着いたという。突然、休憩することとなったが金光院側は充真院に礼を尽くしてくれたのである。奥書院内の部屋について、『五十三次ねむりの合の手』には、どのような名称の部屋なのか充真院は明記していない。しかし、充真院が描いた奥書院の見取り図を現在の奥書院の配置図で確認すると、充真院が休息に招かれた部屋は菖蒲の間であることが確認できる。菖蒲の間は「立《ママ》三間、横二間も座敷金はり付、其上之間之中しきりにはみすも掛け」、すなわち縦は三間（約五・四m）、横が二間（約三・六m）の広さで、周囲を金箔で装飾した豪華な部屋で、その隣の柳の間との中仕切りとして御簾が掛けてあったという。なお、充真院の挿絵では、御簾は巻き上げてある。もう一方の隣の上等な座敷にも釣簾が掛かり、畳（厚畳。詳細は後述）が二枚敷いてあったと記している。この座敷は春の間のことである。

讃岐富士が見える庭　菖蒲の間の向こう（東側）には入側があり、隣接して庭が広がり、しかも讃岐富士（飯野山）が借景として美しく見えた。「庭打ちこし、海之方みゆる、さぬき富士と云はあの山かと市右衛門尋しかは、左也と云」と、庭に出て海の方向を眺めると山が見えたので、市右衛門があの山は讃岐富士かと寺の者に尋ねたところ、その通りであると返事があった。庭にはよく手入れを施した植木や石燈籠が配してあった。丸い形に整えた五月躑躅はおりしも花盛りであった。春の間を通り抜けるとその向こうは用所、左側に行くと茶座敷と水屋が設けてある。それをさらに行くと元の次の間があり、向かいに泉水や築山がある庭があったという。

このように充真院は部屋に通されてから、まずは周囲を珍しそうに見ており、すぐさま体を横たえて休んだのではない。好奇心旺盛な性格も一因していようが、何よりも充真院の体調不良は一過性のものであったからだろう。高齢であることに加えて、当日の蒸し暑さ、乗り心地の良くない駕籠、長く続く石段を登り下りして疲れ切ったことなど、悪条件が重なったためである。

一服してから横たわる　充真院は周囲を見てから「座に付は、茶・たはこ盆(出)し候」と、やっと部屋に座り、茶や煙草を出して一服した。茶を飲み、煙草を吸って落ち着いてから、「気分悪く少し休居候」と体を横たえて休息をとることにした。「枕とて、もふせんに奉書紙をまきて出し候まま、よくも気か付て趣向出来候とわらひぬ」と、金光院側が枕に使うようにと毛氈をおそらく巻いたか畳み、それに奉書紙をかけて整えたものが用意してあるのを見て、充真院はよく気がついてくれたうえ趣向があると、うれしく愉快に感じている。しかも、笑う余裕も出てきている。さらに、「ねりやうかんと干くわし出し候、至て宜敷風味之由」と、練り羊羹と干菓子も用意してくれてあり、たいへんおいしかったと感想を述べている。疲れ果てた体に甘いお菓子は格別においしく感じたことであろう。

奥書院を描く　図35は充真院が描いた奥書院の挿絵である。上の挿絵は通された部屋とその周囲の間取り図で、下の挿絵は休憩した部屋を吹き抜け屋台の視点で立体的に描いたものである。間取りは充真院の関心事であるが、体調不良にもかかわらずよく観察して見事に描いている。この二種類に描き分けた挿絵により、充真院が休んだ部屋の様子がよくわかる。ところでこの時、充真院は体調不良であり、部屋を見たその時に備忘録にその様子を記載する余裕はないはずである。後日、思い起こして備忘録に部屋の様子を書きつけたと思われる。そのためか、挿絵に若干、矛盾がある。それは、本来は菖蒲の間の向こうにある庭を、春の間の向こうにあるように記載してしまった。とはいえ、それ以外についてはおおむね正確であり、充真院の記憶力が優れていること、さらに歩きながら見た場所について図に描き起こす能力に優れていることがうかがわれる。

なお間取り図には、充真院が休憩した際に寺側が用意した茶椀や菓子皿、煙草盆らしき物までが描かれている様子がほほえましい。なお、上の挿絵の一つの部屋に、「此座敷、〆切故、知らす」と添え書きしている。充真院が訪れた際に閉め切っていたため、室内の様子を知ることができなかった部屋とは、上段の間のことである。間取り図の春の間と菖蒲の間にかかる添え書きに「惣金はり付三ノ間迄」と記してある。実際には、充真院が目にした柳の間、菖蒲の間、春の間は、四の間、三の間、二の間である。充真院は一の間にあたる上段の間をこの時は見ていないので、実際に目にした柳の間を三の間、休憩した菖蒲の間を二の間、春の間を一の間と理解しており、充真院の思う一の間から三の間までの全ての部屋の四面が金箔貼りであると記したのである。

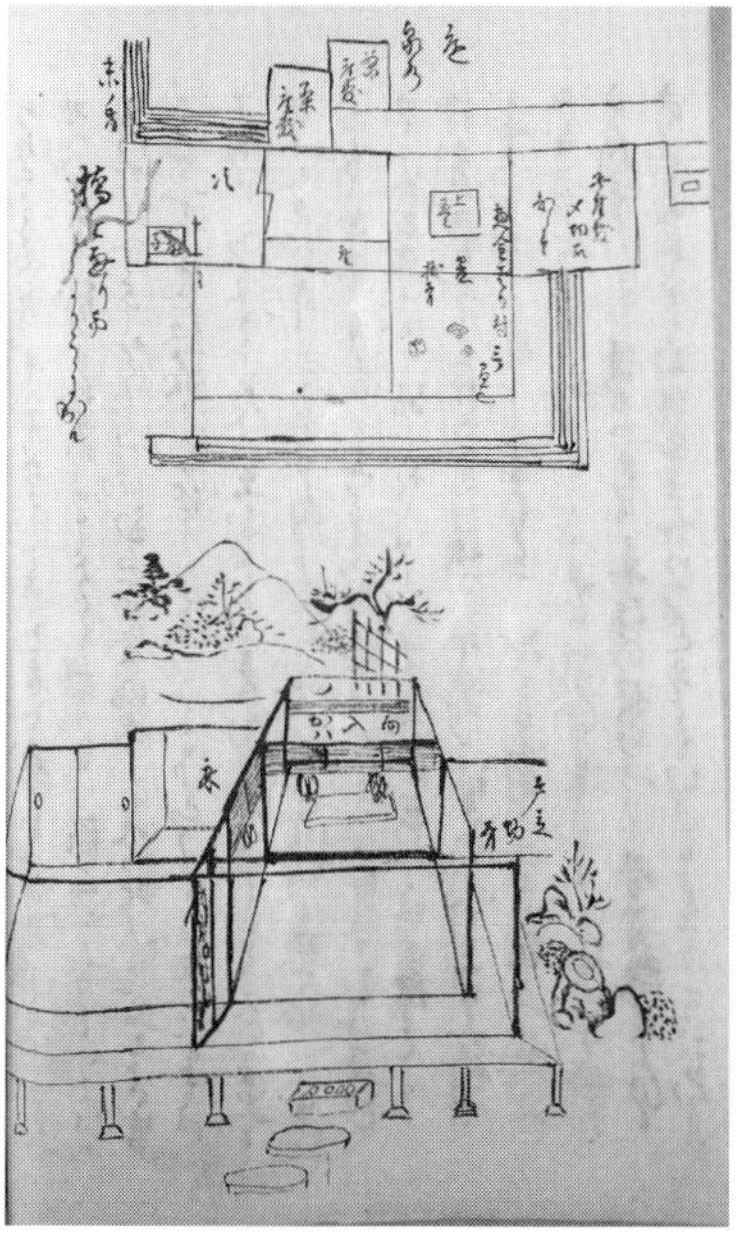

図35　奥書院の座敷

駕籠で下山　充真院が休憩している間に八つ（午後二時）頃になってしまった。御付の者たちは、充真院が体調不良となり、その対応に追われたため、昼食をとる機会を逸していた。そこで充真院は「皆かわりかわりに下山してたへん」「そのうちに私もよからん」と、御付たちに交代しながら下山して食事をとるように勧め、その間に自分も元気になっているだろうと言った。

しばらくして充真院は気分が良くなったので、桜屋に戻ることとなった。夕方までには気分がすっかり快復するであろうと思い、金光院の門前に駕籠を待機させることにした。気分が良くなったとはいえ、徒歩で下山することは不安に感じたので、桜屋に置いてきた駕籠を迎えに来させたのであろう。奥書院の座敷から退出して、先に来た通路や表書院に戻り駕籠に乗って下山した。下山に際しては、「少し道かわり候哉、石段もなく、初之たらたら上りの坂に出、桜やに行」と、行きとは異なる道を下った。これは、途中から石段の続く参道を外れて、上り坂から見て左側(南側)にある坂道を下って、桜屋に向かったのである。この道は緩やかな坂道なので、駕籠で桜屋に戻るには参道を下りるよりも少し遠回りになるが、安全だったはずである。

桜屋の豪華な料理　桜屋に到着した充真院は、それまで張り詰めていた気持ちが急に緩んだのであろう、「二階にてふし」と桜屋の二階でとうとうぐったりと横になった。充真院が横たわっているものの、「鉢・肴・御酒・くわし・二汁五さいの膳、其外いろいろ出させ候へとも一口もたへす」と、桜屋が豪華な料理を供してくれたが、残念ながら充真院は御馳走を一口も食べられなかった。「かやうに丁寧ならすともよさそな」と充真院が御付に言ったところ、御馳走が用意されるのは先例であるという返答であった。なお、桜屋の料理は「誰参り候ても二度と一色の品は出さぬよし、十日くらひは違たるもの出す」と、どのようなお客に対しても同じ品の料理は出さないこと、つまり十日ぐらいは違う品を供する心配りをしていることを充真院は知った。桜屋は徹底した営業努力をしていたのである。そのような方針だからこそ、大名家の一行が利用するにふさわしいと認められ定宿となったのであろう。しばらくすると、「寺よりも使者来り、参詣の悦いふて、金玉糖もらひ候」と、金毘羅から桜屋に使者が到来して、充真院らが参詣に訪れたことに対して御礼の挨拶を伝え、金玉糖を土産として届けてくれた。夕方になり暑さが少し和らいだ七つ半(午後五時)前に桜屋を出発して、往路を戻った。

駕籠の中で大慌て　復路で充真院らしさ(前向きで明るい性格や、御付の者を煩わせないようにする心遣い)がうかがわれる一幕があった。それは以下の通りである。「日入比に田の畔に野立しければは、茶をたへんと思て」と、途中で日が沈む頃に野外で休憩する際に茶を飲むつもりであった。茶を飲むとあるが、実は薬を服用するつもりであった。その用意として「小やかんに水入てよく包、駕籠のわきに置しかと」と、小さい薬缶に水を汲んでこぼれないように包み充真院が乗っている駕籠の中の脇に置いていたが、「ゆれる度に口よりひよこひよこ水出て、あたりは皆ぬれし儘、薬どころにもなく、其しまつにて大こまり」と、駕籠が揺れるたびに水が薬缶の口から出て周囲が水浸しになり、薬を飲むどころではなく、そのこぼれた水を片付けることにおおいに困った。そこで充真院は、「夫よりやかんの口にせんして、手ぬくひを火入にて干抔し、夫を敷てこほれぬかたわらに置」と、中の水がこぼれないように薬缶の口に栓をして、駕籠の中に持ち込んでいた火入れで濡れた手拭を乾かして薬缶の下に敷いたのである。

一見、粛々と進む駕籠の中で、実は充真院はこぼれ出る水の処理に、一人あたふたしていたのである。「大こまり」とあるように、充真院はこの事態にたいへん困ったものの、処理が済むと「独狂言おかしく」と、一人で大慌てしたことをおかしがっている。思いがけない事態が生じても、不平に思わず面白がる前向きな姿勢は充真院の長所である。しかも、水が薬缶の口から出てくる様子を「ひよこひよこ」とユーモラスに表現している。この表現も、ささやかなことにも注目して面白さを感じる充真院の観察眼がもたらす産物といえよう。それは、困ったことがあっても、それを旅の一つの出来事として楽しむ姿勢の表れでもある。充真院が旅を愉快な体験として楽しもうとしているからともいえよう。

ハプニングを笑いに変える　この姿勢は充真院が十返舎一九著の『膝栗毛』、いわゆる『東海道中膝栗毛』を読んでいたことによる影響と思われる。充真院は弥次郎兵衛と喜太八の珍道中を楽しく読み、自らの旅にも愉快なことを見出そうと心がけているのであろう。旅中で起きた思いがけない困ったことを、くよくよと悩むのではなく、むしろ笑いの種に出会ったととらえて楽しむ心地なのである。充真院は自らの旅も『膝栗毛』のようにおかしさを見出すことにより、旅の主人公となっているのである。そういう意味でみると、『五十三次ねむりの合の手』は充真院にとって、『膝栗毛』を意識してしたためたもので、いわば充真院版『膝栗毛』と位置づけられるのではなかろうか。なお、平常の生活とは異なり困難や不快適さを伴う旅を乗り切るにあたり、困ったことからも面白さを見出して笑いに感じる充真院の心は、しなやかさと逞しさを兼ね備えており、充真院の人間的な魅力といえよう。

矜持と思いやり　充真院は駕籠の側に付き従っている者たちが駕籠の中の気配を「何をすと思わん」、すなわち駕籠の中で何をしているのかといぶかしく思っただろうと察してもいる。決して騒いで御付に処理させたりせず、自分でできることは自力で解決するのである。充真院は、常に御付の手を煩わせないことを心がけていたのである。これは、身分の高い者としての矜持であり、部下たちに対する優しい心遣いでもある。充真院は御付にとって配慮のある良き主人であった事実がここからもうかがえよう。

想像通りの美しい夜景　その後、往路で休憩した無住の寺に着いた頃は「人貌もやうやう見ゆるくらひ」と、あたりがかなり暗くなったので、ここで休憩することは中止して帰路を進んだ。前述したが往路で充真院は田が広がる景色に感動して、夜に蛍が飛ぶ様がすばらしいだろうと思いをめぐらせた。しかも幸いに復路で、その思いを現実として目の当たりにする機会を得た。「段々暮行まま、初思ひし田面には、蛍飛かふさま」と、進むごとに暗さが増して、行きに蛍が飛ぶ様子を想像した田で、まさに蛍が飛び交う情景を見ることができたのである。田の水面が見える所に蛍の光が映りこみながら揺れて、その美しさはこの上なかっただろう。さらに「夫に十五日の事故、月もよくてあらわに見へ」と、折しも十五夜で満月が空に姿を現したのである。満月の輝きと蛍の舞い飛ぶ光、それが田の水面に映りこむ美しさは充真院の心を満たすとともに、「猶淋しく心ほそふ」と旅愁を催した。

往路の最初に休憩した茶屋には、六ツ半(午後七時)頃に着き、少し休憩してから出発した。充真院は駕籠から外を眺め、「月もよく遠山の姿もありありと見へ」と、満月と遠くに見える山を眺めている。夜道を進みながら、充真院は心細さも感じていたようで、「皆の声すると近くに居哉と嬉しく」と、一行の者たちの声が聞こえると、近くにいると感じてうれしく思った。

体調不良の原因を思案　駕籠に揺られながら、充真院は本日の体調不良の原因について思案している。その原因として、「けふの暑さと、かこにゆられしと、色々にて気分も悪く成しならん」と、暑さと駕籠の揺れをあげている。旧暦の五月十六日は、現在の六月末から七月初め頃の陽気で蒸し暑さが増している。しかも、駕籠をかいた経験がない舟子たちが、その場でこつを即席に指導されて充真院の駕籠を担いだので、揺れが大きくて充真院の体にこたえたのであろう。日頃から充真院は「いつもあつさきらひには候へとも」と暑さに弱かったものの、「此様成事は初て、ふしき成ると思ひ」と、いまだかつて体験したことがない体調不良だったのである。

悪条件が重なったものの、充真院にとっては不思議に思うほど異例な体調の悪さを、「今日は死ひやう思ひしに」と、死んでしまうかと思ったと感想を記している。それでも体調不良をおして「滞なく参詣せられしを有難思のみにて」と、金毘羅参詣を果たせてありがたいと感謝の気持ちを心に抱いている。辛かった気持ちを思い出して心がつぶれそうになるのではなく、辛さを思い出しながらも、参詣できたという結果を良しとして、感謝の気持ちに転換する充真院の心の強さと前向きな姿勢を、ここでも確認できる。

本船到着　潮の変化のため、朝とは異なり町の港から船で内藤家の本船に戻った。本船に戻ると、留守番として待っていた儀兵衛が充真院に、「けふは風も有涼しくて宜敷御参詣」と声をかけた。港は風が吹いて涼しかったので、儀兵衛は充真院が気分良く金毘羅参りを楽しんだものと想像していたのである。それに対して充真院は「此方は暑くて気分悪くよふよふの事にて行」と、私の方は暑さで気分が悪くなり、やっとのことで金毘羅参りを果たした旨、返答している。主人と御付とのほほえましい会話である。

御付への配慮　充真院は儀兵衛に気分が悪くなった原因として暑さのみを伝えたが、一方、駕籠の揺れについては一言もふれていない。充真院の舟子たちに対する思いやりの表れといえよう。さらに熟練した駕籠かきを同行させていなかったことは御付たちの不手際となるので、事立てしないように自らの心の中に留め置いたのである。充真院は常に御付たちにさりげなく配慮する、心優しい主人だったからであろう。

すぐに就寝　充真院は船に戻った気持ちを、「先々帰られてうれしく」と、まずは帰ることができてうれしいと記している。しかしながら、ほっと安心して疲れがどっと出たようである。「直に打ふし」と、船に戻るとすぐに体を横たえたのである。過度の疲れは食物を口にできないほどで、「持帰りてたへよといいぬる物も、一口もたへかね知らす」と、桜屋で持ち帰り用に包んでもらった御馳走を全く受け付けなかった。充真院はとても疲れてしまい、翌日の予定について珍しく希望を御付に申し出た。「明日は気分悪く、夜辺よりの舟出は見合くれよといひ置ぬ」と、疲れで気分が悪いので、翌日は夜に舟で移動することは見合わせてほしいと伝えたのである　このように、充真院は初めての金毘羅参詣を体調不良に悩まされながらも、果たすことができたのである。

四　再び金毘羅に向かう道筋での見聞

二年後に再度参詣　充真院が二度目に金毘羅を訪れたのは、元治二年（一八六五）四月五日である。このことは、充真院の紀行文『海陸返り咲こと葉の手拍子』に記載されている。『海陸返り咲こと葉の手拍子』を執筆する折、充真院は大部分の各日の冒頭に月日を明記している。しかしながら、四月五日の記事は冒頭に五日である旨を明記していない。五日に相当する記事は、「ふとめ覚（目）しに」という記事から始まる。二度目の参詣は初回からわずか二年後で、充真院は六十六歳であった。二度目の参詣も転居の旅の途中に立ち寄っている。延岡から江戸の六本木屋敷に戻る旅であり、充真院にとっては生まれ育った江戸、しかも二度と足を踏み入れることができないと思っていた懐かしい江戸への帰還であり、実にうれしい旅であった。充真院は旅の様子を『海陸返り咲こと葉の手拍子』にしたためている。二度目の金毘羅参詣に関する記載は、体調不良に悩まされた前回よりも文章の量が一層多く、挿絵もさらに豊富に描いてある。今回は幸い道中も目的地でもたいへん健やかに過ごすことができた。

今回も多度津に入港　二度目の金毘羅参詣は、四月二日の時点では四月四日に行う予定であった。前回と同様に多度津に上陸して多度津街道を進み目的地を目指した。一行は二日に多度津に到着しており、「明日我は参詣といへる所」と充真院は翌日の三日に金毘羅参詣をするつもりでいたが、「舟の人を皆つかふ事ゆへ、色々支度にて明日はむつかしくとて四日と定ぬ」と、舟の人、すなわち船頭や舟子が参詣に向かう陸路に同行するので支度に手間がかかるため、三日は準備をする日にあてて、翌々日の四日に参詣することにひとまず決めた。二日は、御付の者たちにとっては準備に忙しい一日を過ごしたようだが、「義（儀）兵衛より鞆名酒に徳りもらひ候」とあり、充真院は重役の儀兵衛（斎藤義兵衛智高）から鞆の名酒を徳利に入れてもらい、味わいながらくつろいだようである。

三日は天気が良く、参詣日和であった。「今日参詣ならはよろしくと人々いいて」とあるように、御付の者は今日が参詣当日であればよかったと口々に言うほど、小旅行に出かけるには好適な陽気だった。なお、充真院の御納戸役頭取役格の石井貞之允治良と御用達の佐久間泰三郎恭明は、四日に充真院が参詣する旨を金毘羅に伝えるために、一足先に三日に出発した。御付たちはこの日もそれぞれ準備に余念がない。あいにく夕方から雨が降り始めてしまった。充真院らは「明日は天気いかかと空のみ見つつ、明日の事抔いいつつやすみ候」と、翌四日の天気を案じながら空を眺めて、明日の参詣について語りながら眠りについた。

悪天候の四日　残念ながら一同の願いは虚しく、四日は朝になっても晴れあがらなかった。「此分にてはとても行れましと、いねおり」と、この様子では今日の金毘羅参詣は無理とあきらめ再び眠った。ところが、「五ツ比に、空追々はれかかる」と、五つ（午前八時）頃から空がだんだん晴れあがってきた。しかし「昼前に沖の方くろう成、はやてにても参候哉と申居」と、昼前に沖の方が暗くなりにわか雨が降りそうだと言っていると、波が泥のように濁った色になり、夕立が今にも降りそうなので、沖に繋留していた船は突堤の中に避難するために移動した。充真院が乗っていた船も突堤の奥に移動しようと用意を始めたが、たちまち雷が鳴りはじめ、供舟は苫が風に煽られて吹き飛び、掛け直そうとしたものの雨が降る中で大騒ぎになった。苫を供舟に掛け直しきれないうちに、雨は小降りとなった。「とかく天気はれやらて、明日の事も有故、気をもみ居」と、一向に天気が回復しないので、明日の金毘羅参詣ができるのかどうか、充真院らは気をもんだ。

ようやく「夕こく天気に成、今こき入し舟もこきつれ出る」と、夕方には雨があがり天気が良くなり、突堤の内側に避難していた船などが沖に出ていった。充真院らは「明日こそよろしく」と、明日こそ金毘羅参詣に好都合の天気となるだろうと期待を込めた言葉を交わしたうえで、「七ツ半時供揃、明ぬうちに余程行やうにとくれくれいひふくめふしぬ」と、七つ半（午前五時）に出発準備を完了して、日の出前にはかなり往路を進んでいるようにしようと、充分に一行の者たちに言い含めてから就寝した。

夜中に目覚める　しかし、充真院は「ふとめ覚しに、舟の外さわかしく九ツ半故あまり早すき候はんと見合居」と、九つ半（午前一時）頃に舟の外が騒がしかったため、目が覚めてしまった。それにしても早すぎるので様子をうかがっていたところ、騒がしさの原因は港から船がいくつも出港したからであることがわかり、「七ツ過にも成候ゆへ、人々をおこしおきしと思、心ゆるみ哉、ねむりしならん」と、七つ（午前四時）過ぎ頃、すなわち空が白みはじめたら皆を起こそうと思っていたものの、つい心が緩み再び眠りに落ちた。

充真院は自らが一番早く目覚めて、御付の者を起こすつもりでいるのである。充真院は六十六歳という高齢ゆえ、早起きの傾向があるのだろう。しかし、本来は御付が主人よりも早起きして主人の起床に備えるべきである。旅の途中という非日常的な状況が一因しているのであろうが、それにしても主人が御付よりも早起きすること、しかも主人が御付を起こすつもりでいる様子などは、充真院が寛容な心を有する人物であること、さらに身分制社会にありながらも御付に対して気さくな一面を持ち合わせていたゆえといえよう。

皆を起こす　充真院が再び目を覚ました時、既に夜が明けて五日になっていた。「又め覚てみれは明渡り、皆はまたねておりしゆへ、かならす早くといひふくめしを明渡りしとて、夫より早く早くと大せきにて」と、必ず早起きしようと皆の心に留めさせていたにもかかわらず、誰も夜が明けたことに気づかずに眠っているので、充真院は皆を起こして早く準備するようにおおいに急かした。そして「やうやう五ツ比に支度出来、大まこつき、大てんまに乗移り」と、ようやく五つ（午前八時）頃に一行の出発準備が完了して、たいへんまごつきながら本船から大きな伝馬船に乗り移り、岸へ向かった。

多度津の町を歩く　充真院らは番所前の岸から上陸した。「帰りはくれんままま、御城下之辺を今之うち歩行して見るかよからん」と、帰りは日暮れ時になるので今のうちに城下を歩いて見物することとなり、「三、四町計歩行して」と三、四町（三〇〇～四〇〇m強）ほどを充真院は歩いて進んだ。城下とは前回と同様の行程なので、多度津藩の陣屋である。当地を散策中に何を見聞したのかは全く記載していない。

また舟子が担ぐ駕籠に乗る　その後、「夫より駕籠に乗、いそきけれと、俄の六尺故、只々ゆらるるのみにて、はか取かね」と、駕籠に乗りこみ急いで進んだが、駕籠を担いでいるのは専門の駕籠かきではないので、駕籠の揺れが大きくて、進む速度が上がらなかったという。「俄の六尺」をした者について具体的に明記していないが、おそらく前回（文久三年〔一八六三〕）と同様に舟子が駕籠をかいたのであろう。

前述したように、文久三年の金毘羅参詣で充真院は駕籠かきの経験がない舟子が担いだ駕籠に乗り、揺れの激しさも一因して、いまだかつてないほど辛い体調不良に陥った。それにもかかわらず、二度目の金毘羅参詣でも再び臨時の駕籠かきであったのは、充真院が前回、駕籠の揺れに苦しんだにもかかわらず、その不満を御付に伝えず心に収めたからに違いない。充真院は自らの発言で、周囲の者たちが叱責を受けることがないように日頃から配慮する人物である。舟子は一行の中で身分が低い者たちであるが、充真院はそのような者たちに対しても細やかな心配りをしているのである。しかしながら、持ち前のあたたかな心遣いが裏目に出て、再度揺れ過ぎる乗り心地の悪い駕籠に乗るはめとなった。

怪しげな店で休憩　往路は途中で三度、休憩した。多度津から一里（約四km）ほどで一度目の休憩にしたが、「いか敷所なれと、ここのみとて休、上り見れは至てむさく」と、付近で唯一休憩をとれる店であったが、風紀の良くない店で、上がってみたものの内部がたいへんむさ苦しかった。それに加えて、いかがわしい気配が漂うことに充真院は辟易して、「下さへよくは早く立出んと云て出て」と、下々の者たちの疲労がとれたら、ここから早く出発したいと言い、店を後にしたのである。下々の者とは誰を指すのかを充真院は具体的に記していないが、休憩を必要とするほど疲労する者、すなわち駕籠かきを務めている舟子たちのことであろう。充真院のような大名家の家人という高貴な立場であっても、非日常的な旅においては、いかがわしい店で休憩せざるを得ない事態にも遭遇するのである。

再度、休憩　二度目の休憩はさらに一里（約四km）ほど進んでからである。「此度は随分そうおふなる家にて、此前にもやすみし所也」と、充真院たちが休憩するのに十分にふさわしい家であり、初めての金毘羅参詣に向かう際に、途中で休憩した家であった。「座敷よりうしろの窓を明れは、直に田にて、先茶こしらへさせ、菓子なそ取出し」と、座敷の後ろ側にある窓を開けて、窓のすぐ正面にある田を眺めながら、まずお茶を入れさせて持参していた菓子を出して食べながら一休みした。前述したが以前この家で休憩した際に、充真院は窓の下に広がる田と、その田で馬を用いて土をおこして田植えの準備をしている様子を珍しく思いながら、お茶を飲みつつ眺めた。充真院にとって好ましい思い出として心に留めた風景を、再び愛でながらくつろぐ機会を得たのである。心休まるひと時を過ごしていたが、「其うち村《（群）》雲立けれは、降なはこまりやせんと、いそき立出」と、しばらくするとにわかに雲が集まり空を覆ってきた。雨が降ると進行に差し支えるので、急いで休憩していた家から退出した。

荒れ寺で休憩　三度目の休憩は、これも以前休憩した荒れ寺である。「此まへの古寺、猶々あれはて座もこみたらけ」と、以前にも増して荒れ果てて、座敷もますますごみにまみれていた。しかしながら我慢して上がり、「又下供の休しをやうやう待て出れは」と、下々の者が休憩して人心地がつくまで待ってから出発した。

荒れ寺を後にすると、「山々見へ、田畑をとをり、御山迄は七十町とのこと」と、讃岐平野のなだらかな山々を見ながら田畑が左右に広がる街道を進むと、象頭山まで七〇町（約七・六km）を残すばかりである。

高燈籠　初回と同じように、ところどころで角兵衛獅子の子供が舞いながら見物人から物を貰っているのを目にするうちに、象頭山が現れて、「此所までくわ口の音、間なく聞ゆ」と、その中腹に鎮座する金毘羅から参詣者たちが鰐口を鳴らす音が絶え間なく響いてきた。いよいよ表参道に近づいたのである。さらに進むと、「左之方は清き流にて河原有て、気色克、大石之とうろう有」と、道の左側に澄んだ川と河原が美しい景観を成しており、さらに大きな石造りの燈籠があったという。多度津街道沿いの進行方向左側に流れる川とは金倉川であり、大石の燈籠とは北神苑内に立てられた高燈籠のことである。ところで、この高燈籠は、二層瓦葺の木造で高い石垣を築いた上にそびえている。厳密には燈籠の部分は木造であるが、見上げる高さの石垣の部分が充真院の目に強い印象を残したのではなかろうか。全体の高さは二七・六mで、瀬戸内海を航行する船の指標であった。高燈籠は万延元年（一八六〇）に完成したので、充真院は建築五年後のまだ新しい姿を見たのである。

打ち水と先払い　次第に「人家も段々しけく」と街道沿いに家がたくさん増え、表参道に到達した模様である。表参道は「水打して、町中殊の外心付し様子にて、何か下に下にとせいし声する故」と、道には水打ちをして清めてあり、町中が特別な対応をしている様子がうかがわれる。しかも、「下に下に」と貴人が通行する際に周囲の人々にかける先払いの声が聞こえてきた。充真院はこれを耳にして、「何様之御とをりにてもあらんと思ひて承りし所」と、誰の通行があるのだろうかと思い、御付に質問した。御付の返事は「今日はこなた様之御通りゆへ、別当所よりのふれにて、無礼なきやうにとて、此通りに心付るとの事と聞」と、今日は充真院が通行するので、金毘羅の別当所（金光院）が事前に表参道沿いの住人たちに、充真院一行に対して失礼がないようあらかじめ通達していたので、町の人々が道を清め、さらに先払いをする者を待機させていたという。返事を聞いた充真院は、「扨々気のとくなる事と思つつ」と、自分の通行のために町の人々にたいへん気の毒なことをしてしまったと、申し訳なく思った。この充真院の思いから、謙虚な人柄が伝わってくる。

ところで、金光院が充真院の来訪を知ったのは、「昨日より泰三郎参り居し故、別当所にも知れるよし」とあるように、先行して貞之允と泰三郎が金毘羅参詣をして、その際に連絡したからである。なお、前回の金毘羅参詣では、充真院が表参道を通行する際にあらかじめ到着を知らせておらず、二回目のように道を清めたり、先払いを待機させたりしていない。なお、前述したように二人が先行したのは、前回の金毘羅参詣の際に充真院が体調不良となった際に金光院にたいへんお世話になり、かつ先方と面識ができたので先行して挨拶に赴いたのであろう。

桜屋へ再来　五、六町（約五五〇〜六五〇m）ほど進むと、「桜やといへる延岡定宿之家につきぬ」と、内藤家が金毘羅参詣の際に定宿にしている桜屋に到着した。なお、初回にも桜屋を訪れており、充真院にとって二年ぶりの来訪である。すぐに桜屋の二階の座敷に上がり休憩して、金毘羅参詣のために新しい着物に着替えた。

心配な出来事　実は着替えをした後に、充真院の心に不安がよぎった。不吉に感じることを思い出したのである。それは「ちうきのましないに、たんひやう帯に十八、九年も付しをふみこわし候まま、今日は何そ有印かと思へは、何か気かかりて居といたし方もなき事故」と、中気、すなわち脳血管障害による半身不随、腕・足の麻痺を予防するまじないとして、十八、九年前から帯に付けていた「たんひやう」（ひょうたん・瓢箪）を踏んで壊してしまったのである。瓢箪は除災招福の縁起物である。充真院は御守りとして「瓢箪」を根付にして帯飾りとして身に付けていたのである。十八、九年前から帯に付けていたというので、四十七、八歳から愛用していた御守りなのである。長年、自分を守ってくれていた瓢箪が、これから金毘羅参詣に向かおうとしている時に破損してしまった。何か良くないことが起きる予兆ではないかと、何となく気がかりであるのだが、どうすることもできずに不安な心地でいたのである。気がかりでしかたない充真院は、二階から階下に降りてから、中老の秀野にその旨を話すと、「秀野も昨夜右之やう成たんひやうをこはし候」と秀野も昨晩、充真院と同じように根付の瓢箪を壊してしまったという。

市右衛門に相談　ますます心配になった充真院は、御里付重役の大泉市右衛門明影にこの件について話した。すると市右衛門は「もはや神も夫を御付け被遊すとて、ころはせぬ様に御守有ならんと云御知らせと申されしまま、夫にて少し心よく成」と、瓢箪が壊れたのは、神がもう瓢箪を身に付ける必要はないと示しているのであり、充真院が中気になることがないように神が守ってくれるという知らせであろう、と返答したので、それを聞いて充真院はようやく少し不安が消えたのである。長年身につけていた御守りが、よりによって非日常の旅で壊れたこと、さらに参詣前に破損することは、信心深い充真院にとって実に心配な出来事である。しかも、前回の参詣では思いがけず体調不良に見舞われ苦しい思いをした。したがって、不安にさいなまれたのであろう。しかし、市右衛門の慰めとも励ましともいえる説明を受け入れて、気を取り直したのである。充真院の素直な心がうかがえるひとこまでもある。

五　二度目の金毘羅参詣

今回もすべる足場に苦労　桜屋で休憩してから、充真院は金毘羅参詣に出発した。「桜やを立、前段々御山にかかると、兼て中通りの足場悪くて、いわひ付そうりも少しもやくたたす、するすると下る様成御山」と、桜屋を出て象頭山の上り坂に着くと、前回と同じように相変わらず足場が悪く、草履がすべって脱げないように足に括り付けたが少しも役に立たず、ずるずるとすべり、なかなか進めず苦労した。横に登る道には両側にいくつも石燈籠が並んでいた。ここには玉垣もあり、「其所をまつかろうして上り」と、何とか登っていった。さらに「此度のは石段を余程上るには」とこれから石段をたくさん登るので、充真院は「手足をおしてもらひ」と、御付に手足を後ろから支えられながら進んだ。

他の参詣者への配慮　山内に入ってからは「御山之内は御威光強僧先立にて、通りの参詣をは払しまま」と、格の高い僧侶(金光院の僧侶)が充真院一行の先頭に先払いのために立ち、他の参詣者を人払いしながら進んだ。この時、充真院一行の後に多くの参詣者がいたようである。「跡之方は人多く付来るゆへ、やすみやすみ行事故、手間とれしまま、少し角の有所にていきをつき居る間に、跡の参詣をとをし、跡より心静にゆかんとてとをし」と、充真院らがゆっくり途中で休みながら進むと後に続いている参詣者に迷惑になるので、石段の角で一息ついている間に他の参詣者らを先に通し、充真院らは心静かに進むことにした。金毘羅側は大名家の家人である充真院に敬意を表し、先払いに立って山内を通行させ、それを充真院らも受け入れた。しかし、充真院らは他の参詣者らに配慮をして、石段の広い所に休憩方々よけて、自分たちよりも先に他の参詣者を通したのである。充真院が一般の人たちに対しても心配りをした様子がわかる。

本宮に向かう途中　これから本宮に向かうまでの様子について、やや長くなるが充真院の記述を引用する。「又石段を登る程に青貝なる御鳥居前に出る、其脇にも石とうろう多有て、かたかたに御宮有て、ここにてかのわに口たへす参詣の人ならす由、是よりむかふの石段を上りて、いまた段余程有と思し所、直に二王《ママ》門にて、御堂前に引石にてくわしなそあきのふ者少々出て居」。右は次の通りである。さらに石段を登ると「青貝なる御鳥居」の前に着いた。その脇にも石燈籠がたくさん立っている。あちこちに御宮があり、その一つに「かのわに口」、すなわち桜屋に到着する前の通行中に耳にした象頭山中腹から町まで響いていた鰐口を、参詣者が鳴らしている様子を目にした。ここから向こうにある石段を登ると、さらに石段がたくさん続いているようだと思っていると、すぐに仁王門（二王門）があり、仁王門の前の引き石を敷き詰めてあるところで、菓子を商うものが数人いた。

充真院は記述に添えて、鳥居と石燈籠、鰐口、石段とその周囲の松の木の様子を描き、「御山青貝之鳥居前」と説明を添えている（図36）。充真院にとって印象に残る場所であったようだ。なお前述したが、二年前に参詣した際は疲れてしまい、この鳥居と鰐口のある所で石燈籠の台石に腰掛けて休んだ。仁王門とは現在の大門である。大門の向こう側の長方型の平らな石を敷き詰めた所で菓子を商う者とは、現在も金刀比羅宮名物である五人百姓の飴売りのことであろう。

図36　青貝の鳥居と鰐口

往路の記述　ところで、右に引用した充真院の記憶・記述に若干の混乱があるようだ。本宮に向かうまでにまず登場するのが青貝の鳥居、鰐口のある御宮、仁王門、五人百姓の順である。青貝の鳥居は鰐口のある御宮のすぐ側にあり、この鰐口のある御宮は当時の金堂（現在の旭社）である。しかし、実際には参道から登ると、大門をくぐった後に五人百姓が商う場所を通り、さらに石段を進むと右手に書院（当時の金光院）があり、そこを左手に曲がって進み、次に右の石段を進むと金堂があり、金堂から石段をさらに進むと本宮に到着する。したがって、充真院が本宮に参詣に向かう際の記述は、順序が逆なのである。

しかし、参詣後、戻る道筋については、本宮から戻る記述の箇所で「真すく成石段をおりれは、かのわに口之前に出る、又石段にかかり行は、別当金光院之門前に出」とあり、本宮から石段を下ると鰐口がある金堂、金堂から石段を下ると金光院、すなわち現在の書院の前に着く、と正しく記している。なお、書院から石段を進むと五人百姓の商い場所、そして大門（充真院が二王門と記した門）となる。

充真院が誤記したのは、参道の上り坂の足元が悪くすべりそうで疲れ、さらに本宮に向かう際には石段をひたすら登り続けて疲労したため、正しく記憶できなかったからではなかろうか。そもそも本宮に到着するまでの道のりが長く、さまざまな御堂が散在しているので多少の混乱はいたしかたなかろう。順序に若干の乱れがあるが、初回の参詣のような体調不良に見舞われなかったため、初回よりも途中の様子を詳しく記載している。

感慨深い二度の本宮参拝　金堂から本宮まで引き続き石段を登るが、その様子については記しておらず、次に本宮に到着したことにふれている。「此度は正面之所より上り」と、今回は本宮の正面の石段から向かったという。前回（文久三年〔一八六三〕）は本宮に向かって右側の石段から登ったことがわかる。本宮の脇から内陣に入ると周囲がとても暗く、やっと拝む場所に着き、「いとゝふとくふしおかみ」と、たいへん畏れ多く思いながら伏し拝み御祓いを受けた。本宮の脇には愛染不動尊らしい像と他の神像があったように思うと、充真院は目にしたものを記している。

今回は支障なく無事に参詣できたことについて、充真院は「先滞なく拝し、御礼も申上し嬉しさは、いはんかたなく」と、そのうれしさは表現できないほどであると記している。そして、自分のような者が二度も金毘羅参詣をすることができたことについて、「私の身にて二度迄も登山するといふもふし義成事、有難さ有難さ只々涙の落るのみ」と、不思議であり、かつありがたいことであり、感涙するばかりであると、感極まった。さらに思いをめぐらせて、「先めいわくと思へる延岡にも行て、また帰ると云仕合之事有難く」と、行きたくなかった延岡に転居したが、思いがけず江戸へ戻ることとなった境遇を思い、ありがたさをかみしめている。

本宮での参拝を終えた充真院は、境内に数々の御堂が散在している様子を目にしたが、建物内に上がって参拝はせず、立派な御堂のみ伏し拝んだ。観音堂や薬師堂も大きく立派な建物だったが、急ぐので中には入らずに外から拝むに留めた。絵馬堂も立派であるが、前回の参詣で見たので中には入らなかった。石段を真っすぐに下り金堂の前を通り、さらに石段を下って金光院の門前まで戻った。

金光院に立ち寄る　当初、今回は充真院の体調が良いので金光院には立ち寄らないつもりでいた。しかし、「先例も有事ゆへ、せひせひ寄候やうとの事ゆへ」と、金光院側から、前回も立ち寄ったのであるから今度もぜひとも立ち寄るように勧められたので、厚意を受けることにした。門から玄関までは一〇間（約一八ｍ）ほどである。左側には、

「初も絵に書たる通、かたかたは少しの土手につつしの花盛にて美事にみゆ」と、二年前に訪れた時の様子を『五十三次ねむりの合の手』に挿絵（前掲図34）として描いたが、今回もその時と同様に少し高い土手の所に五月躑躅が花盛りで美しかった。

礼を尽くしたお出迎え　「玄関の段は石段を十計上りて、また箱段を十段計上りて内に入」と、玄関前の石段を一〇段ほど、それから箱段を一〇段ほど上り建物内に入ったと、詳しく記している。建物内には、肩衣を着用した者と僧侶が板敷の所に控えていた。しかも、肩衣を着た人は一三、四人もおり、いずれも平服して丁寧に礼を尽くして充真院を迎えてくれた。その次の間には御礼の品がたくさん並べてあり、さらに左に曲がると高さが一間（約一・八m）ほどの箱段を上り、広座敷の入側に出た。

ここで、充真院は前回に訪れた時にはなかった持仏堂に目を留めた。「此いりかわの向には、新きに出来ししふつ堂あり」と、持仏堂は入側の向こう側の山（築山）に建てられ、そこに行くには庭に引き込んだ流れの上に架けた橋を渡っていくように設えてあった。持仏堂の座敷は三間（約五・四m）四方であり、四面とも御簾が掛けてある。「其向之うらてをまわれは、此度は山へ作かけ朱ぬりなる経堂有て、新きのとろう下はつなかりて有かのやう」と、その向こうの裏手にまわると、庭の山に朱色に塗装した経堂が建てられており、こちらの建物と廊下で繋がっているようである。「誠にりつは成事、うち拝し度思ひしかと、是も手間とれる事故、まつまつかへりと思ひ行すき、大書院へ行」と、たいへん立派な経堂なので充真院は経堂を参詣したく思ったが、今、拝むと手間がかかるので、帰りに拝もうと思い直し、通り過ぎて大書院（現在の表書院）に向かった。なお、持仏堂と経堂は現在この場所にない。

大書院　大書院は入母屋造で屋根は檜皮葺、一一〇坪ほどで、万治年間（一六五八～六一）に建てられた。大書院について充真院は「是も初にかける如く、いつれもりつは成事にて、ここも行すき奥の間にとをす」と記している。大書院に前回に通された時に見たようにどこも立派であり、ここも通過して奥の間（現在の奥書院）に進んだという。

大書院について充真院は立派であると評しているが、右のように極めて簡単な記載のみである。充真院が立派であると感想を示したのは、実は円山応挙の障壁画である。大書院には鶴の間・虎の間・七賢の間・山水の間・富士の間がある。そのうち、鶴の間・虎の間・七賢の間・山水の間は円山応挙の手による障壁画なのである。富士の間は充真院が訪れた当時の様子は不明である。この部屋は天明七年（一七八七）の改築後、安政六年（一八五九）に森一鳳が障壁画を描く計画があったが実現せず、慶応二年（一八六六）に岡本常彦が富士図を描いたという。なお、現在は邨田丹陵が明治三十五年（一九〇二）に描いた富士の障壁画である。なお、今回も前回と同様にそれぞれの部屋や障壁画、絵師について具体的な記述はしていない。なお、充真院のいう大書院は、現在、表書院として室内を拝観することができ、充真院が目にした数々の障壁画の名品を鑑賞することができる。

奥書院　奥書院は入母屋造で、瓦葺、建坪は五二坪で、万治二年（一六五九）に建てられた。充真院は前回と同じく、今回も奥書院に招かれた。充真院は奥書院の様子について、前回よりも実に詳細な文章をしたためた。挿絵も同様に今回の方が豊富であり、かつ完成度が高い。前回は奥書院の部屋の間取り図と吹抜屋台の視点による立体的な挿絵を描いたが、今回は奥書院に加えて、奥の離れの部屋の間取り図や庭の様子も詳しく描いた（図37）。さらに、室内に置いてあった品々についても描いている。今回は体調が良く、前回足を踏み入れなかった部屋、建物も見物することができたこと、しかも金光院側が充真院に当院が所蔵する名品を見せようとあらかじめ十分に準備していたので、見物する事物が多く、大部で詳細な記録となったのである。

充真院は奥書院の部屋を、四の間・三の間・二の間・上段の間（上の間とも）と記している。これらの部屋は現在、柳の間・菖蒲の間・春の間・上段の間と称する部屋のことである。これらの部屋は全て四面に金地（金箔）を施した上

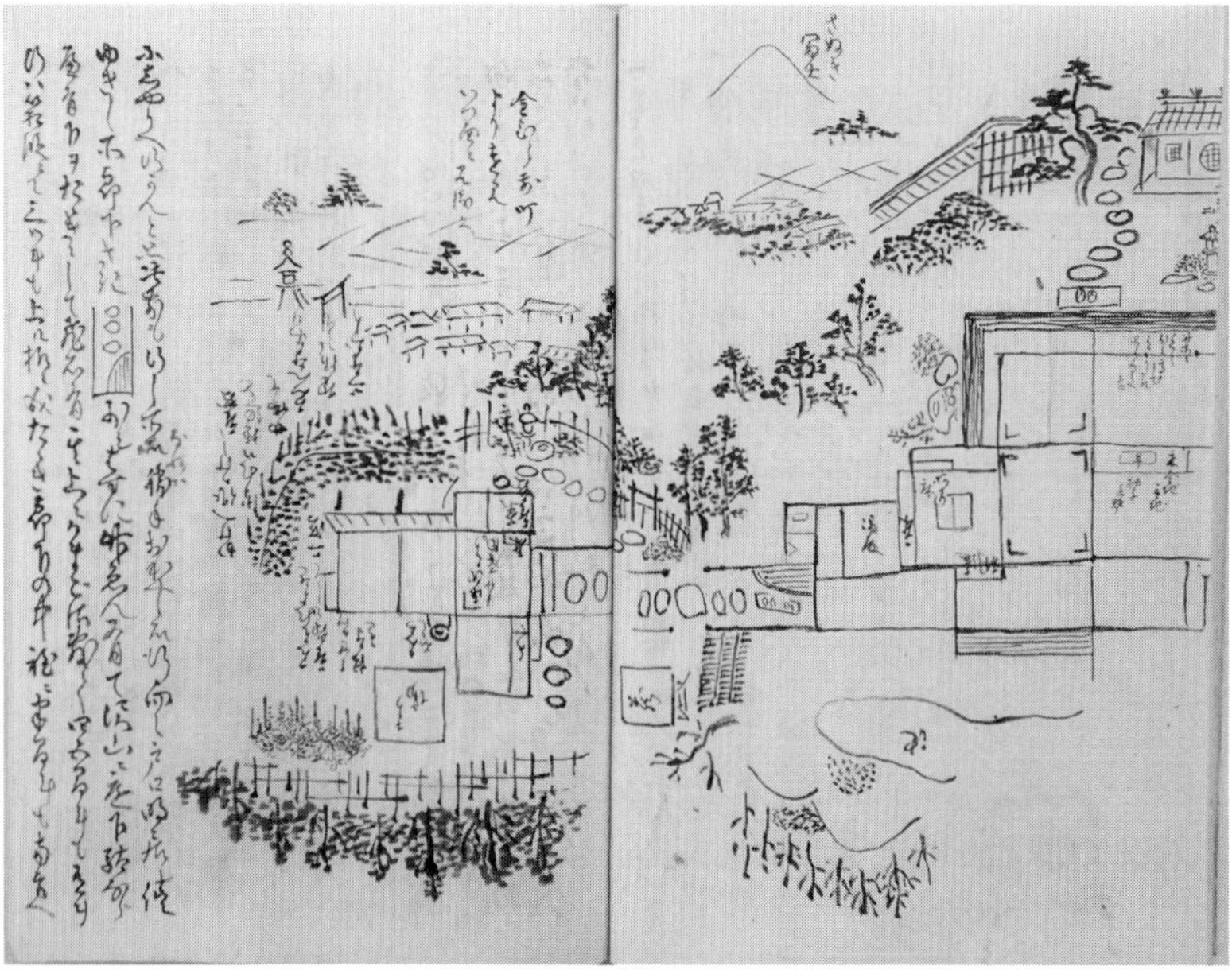

図37　奥書院座敷（右）とさらに奥の座敷と庭

に、当時、著名な絵師が色彩豊かに絵を描いた実に豪華な部屋である。充真院はこれらの部屋を案内されながら廻ったのであろう。表書院の記載と対照的なのは、休憩する部屋に行き着くまでに、充真院が他の部屋を具に眺めて障壁画や品物など部屋の様子を詳しく記録したことである。

火炎太鼓　まず四の間（柳の間）である。この入り口に衝立があった。衝立には「金地にかゑん太鼓之極さいしきにしたる絵」、すなわち金色（金箔）の下地に火炎太鼓が極彩色で描かれていた。充真院はこの衝立を『海陸返り咲こと葉の手拍子』に挿絵（図38の左下）として描き、「金地極さいしき」「大きさ一間」と絵に添え書きをした。この衝立は現在も奥書院に現存している。充真院は作者についてふれていないが、実はこの衝立は、絵師の岸岱が天保十五年（一八四四）に描いた「陵王図・桜樹太鼓図衝立」、別名「舞楽図衝立」である。岸岱は慶応二年（一八六六）二月に八十歳で死去したので、充真院はその十か月前にこれらの絵画を目にしたことになる。

四の間　充真院は四の間（柳の間）を観察した。そして、「四ノ間は十六畳にして、向に入かわ有て、庭を見、二間床張」と、四の間は一六畳で向こうに入側があり、さらに庭も見えること、室内に二間（約三・六ｍ）の床の間があると記した。この部屋の四面には「金地に柳鷺の極さいしきの絵」、すなわち金色（金箔）の下地に柳と鷺を描いた極彩色の絵が描かれている。「水辺柳樹白鷺図」のことで、この絵も岸岱の作品である。床の間の様子も充真院はよく観察して書き留めている。「床掛物候て、唐絵の山水大たて物一幅、大き成唐金之きりんの香爐、台も青貝なる卓」と、床の間に大きな唐絵の山水画が一幅掛けてあり、大きな唐金の麒麟の香炉、香炉の台として青貝の螺鈿の卓が置いてあると記している。床の間に置かれた調度品などの装飾の様子が立派であることが、具体的にわかる。

三の間　三の間（菖蒲の間）の様子は次のように書き留めた。部屋の広さは「ここは十畳」と充真院は記した。室内の四面については、「金地に水草、杜若、夏の鳥をあひしらひ」と記した。補足しながら説明すると、室内の二面の障子の下部に金地（金箔）に水草、二面の襖に金地（金箔）に杜若と夏の鳥が描かれている。すなわち、水草の図は「沢潟図」で、杜若と夏の鳥とは「水辺花鳥図」のことである。この部屋の障壁画も岸岱の作である。

なお、「沢潟図」が描かれている長押の上の面に「群蝶図」（金地〔金箔〕を張り詰めた上に彩色した蝶の数々）が描かれているが、充真院はこの絵を見間違えてしまった。三の間と二の間の境の欄間は「中しきりはほり物は色々の蝶」と、さまざまな種類の蝶の彫物が施してあったと充真院は記している。描かれた「群蝶図」を彫物と認識しているのである。この絵は部屋の上部に描かれているので、視力の弱い充真院には見えにくかったのだろう。充真院の目にはっきりと見えなかったため記憶も曖昧であり、事実と異なる記載となった。誤認識とはいえ、充真院が「群蝶図」を目にしたことは確かである。

三の間には「両角に唐絵金屛風を置」と、唐絵の金屛風が二つ置いてある。その他の調度品としては、「梨子地の手付たる煙草盆、火入は太鼓にしたる方也」と、梨子地の螺鈿細工を施した煙草盆があり、火入は太鼓の形であるという。煙草を嗜む充真院は美しい煙草用品に心魅かれ近づいて見たようである。「よもやたはこ御入有ましと思へは入有之、きせる一対銀也」と、まさか煙草が入れてあるとは思わなかったが、実際に見てみると煙草が入れてあり、銀製のきせるが一対あったという。

二の間　二の間（春の間。充真院は「三の間」と誤記）は八畳で、「はり付は金地に桜に小鳥」と金地に桜と小鳥が描かれていると記している。壁面と襖の全面に金地（金箔）を施しているのは確かであるが、現在、桜と小鳥は描かれておらず、「春野稚松図」「水辺草花図」と称される山や若松、菫・蒲公英・蓮華草など春の花々が描かれている。「春野稚松図」「水辺草花図」も岸岱の作品である。春を題材として描いたことに関しては、充真院の記述と現存する部屋の絵は共通しているが、具体的に描かれた物が異なる。これについては充真院が備忘録に明記しておらず、春の様子を描いていたはずであるというかすかな記憶で『海陸返り咲こと葉の手拍子』に著してしまったのだろうか。

部屋には「四方に又金之墨絵の屏風有、釣簾かかり有」と、四方を見ると、三の間のように金地（金箔）の上に墨絵が施した屏風が二角に置いてあり、さらに釣御簾が掛かっていたという。「二ノ間と上段ノ間には釣簾かけ有」とも記してあるので、釣御簾が掛けてあった場所は、二の間と上段の間の間である。二の間と上段の間の境の欄間は「中しきりのほりは、色々にしたる扇子多也」と、さまざまな扇子がたくさん彫られていると記してある。ここで充真院が記した「色々にしたる扇子」とは、扇子を閉じたり、やや開いたり、全開したりなど、開き具合により意匠に変化をもたせているのである。この部屋に隣接する庭について、「向之入側《カハ》へ出れはつき山・泉水も有」と、二の間の入側の向こうには庭があり、築山と泉水があると記している。挿絵の図37に庭から見える景色も描いてある。

上段の間　いよいよ上段の間である。間取りに興味がある充真院の観察がますます冴え、詳しく室内を観察して見た物を詳細に書き留めている。しかも「上段之間は此前には締きりて有ゆへ初て見」と、前回に訪れた際には閉め切ってあり見ていなかったので、この部屋を目にすることは一層興味深かったものと思われる。上段の間の欄間には籬《まがき》と菊の彫物がある。これを充真院は「だんせんに菊」、すなわち断線（短い線）と菊と認識した。「だんぜん」は実は籬の意匠であるが、充真院は短い線を組みあわせて表現した籬を見たままの形状で記したのである。

伊藤若冲の花丸図　室内について「張付は、金地に四季の花の枝折、床には古きものと見へし唐絵の山水の掛物一ふく、床おきは岩に鳩らしき鳥二羽計も居」と、金地に四季の花木を描いた絵や、床の間に古い唐絵の山水が一幅掛けられていること、さらに床の間には岩に鳩のような鳥が二羽施された置物があることを確認している。右は簡潔な記載であるが、部屋の障壁画に注目したい。充真院は作者についてふれていないが、この障壁画は伊藤若冲が四十歳の頃に描いた「花丸図」である。「金地」は金砂子であり、部屋の四面全てに金砂地が施してある。「花の枝折」は枝折画として四季の花が描かれ、その数は二〇一点に及ぶ。

四面が金地で覆われ、色鮮やかに描かれた美しい花々で囲まれた部屋は、息をのむばかりの豪華絢爛さである。しかし、充真院は壁面について「張付は、金地に四季の花の枝折」、変形違棚を描いた挿絵（図38の右上）に「内迄色々の花書有」とその周囲の壁面に関する添え書きがあるのみで、実に簡単な記述である。これは、充真院がささやかな美しさを好むが、金ぴかな豪華な美しさを好まない感性の持ち主であることによると思われる。なお、充真院が見た頃は、上段の間のみ伊藤若冲の作品だが、かつては奥書院の四つの部屋は全て若冲の手により、二の間は「山水図」、三の間は「杜若図」、柳の間は「垂柳図」だったという。しかし、年月を経て傷みが激しくなり、天保十五年（一八四四）に補修した折、上段の間以外は岸岱が描き直したという。

調度品と畳縁　室内には香炉があり、その台は唐木の彫物である。明床《あかりどこ》の上部には霞と鶴の透かし彫が施してある。

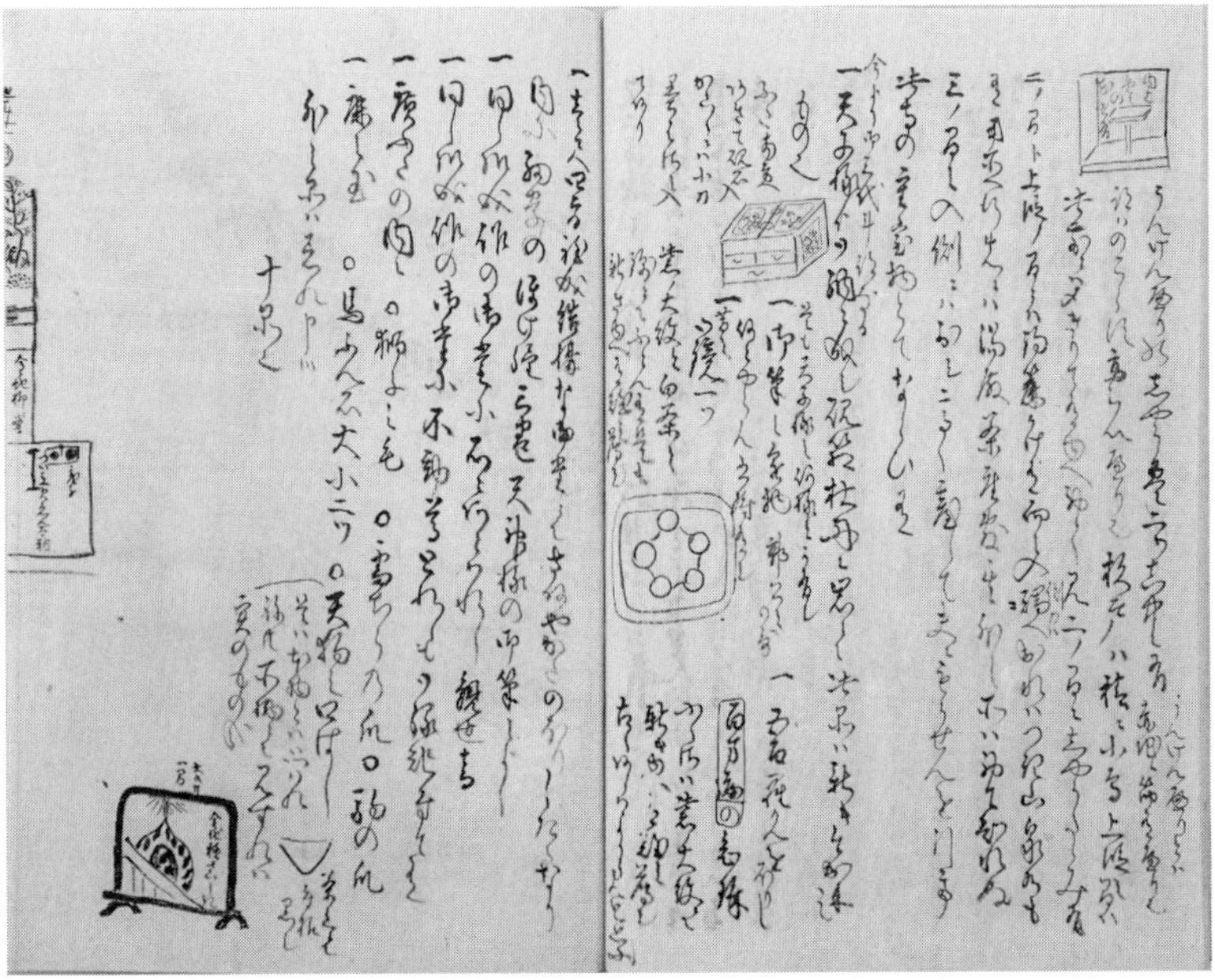

図38　奥書院に配置したあった品々

本来ならばその下に違い棚を設えて懐紙と硯を置くが、違い棚は斜め向かいにあり、「此思ひ付は珍らしく真中に棚つりし様也」と、珍しい配置に感想を記している。「うんけんへりのしやう畳二ツ真中に有」と部屋の中央に繧繝縁の上等な畳が二つ配してある。この畳は厚畳のことで、繧繝縁は「赤地に筋有へり」と赤地に線の模様であった。それ以外の畳は全て高麗縁である。杉戸には椿の木に小鳥が描いてある。

なお、ここまでにふれた奥書院の四つの部屋以外について、「用所へ行先には湯殿、茶座敷、其外之所は初て知れぬ」と、用所（お手洗い）に行く先に、湯殿や茶座敷があるという。これらについては以前訪れた時に知っていたが、それ以外については初めて知ったという。

重宝を見る　ところで、三の間には重宝が並べてあった。入側に少し高い台を置き、毛氈を敷いて大切に安置されていた。充真院はそれらのうちいくつかを記している。その品は、天子様が納めた硯箱と掛軸をはじめ、古い鏡、五百羅漢を彫った念珠、一尺(約三〇・三㎝)四方の堂の形をした物が三つ、広蓋の中に収められた獅子の毛、雷獣の爪、駒の爪、鹿の玉、馬糞石大小二つ、天狗の嘴などである。

天子様の硯箱は、牡丹と岩の模様があり、新しい品であるという。この硯は実際に開けてもらい中も見ている。蓋は両開きであり、それを開くと硯が入っており、他の抽斗に小刀と墨・鋏が入れてあった。充真院は硯を挿絵(図38中上)として描いている。それによると抽斗が三つ付いていた様子もわかる。同じく天子様が納めた掛軸には郭公の和歌がしたためてあった。硯箱については充真院が挿絵をしたためていたことや、日頃から和歌を嗜んでいたことから、この二品は特に興味を持ったのであろう。

五百羅漢を彫った念珠は、それを収納している袱紗に紫色の大紋が付いていることや、「新きゆへ有難み薄し、古くあらはよからんと思ふ」と、新しいのでありがたみが薄く、古びていれば良い品に見えたであろうと感想を述べている。なお、この品と関連するらしき挿絵(図38中下)があり、次のような添え書きがある。「紫の大紋と白茶之錦にてふとん有、是も新きゆへ有難み薄し」。これは五百羅漢を彫った念珠の下に敷くための綿を入れた小さな布団状のものであろうか。この品も新しいのでありがたみが薄いと感想を述べていた。充真院は年月を経て古色を帯びた品物にありがたみを感じていたことがうかがえる。

一尺(約三〇・三㎝)四方の堂の形の品については、一つは中に天神様、すなわち菅原道真が細字でしたためた法華経が三巻納めてあるというので、経筒として使用しているのである。他の同じような大きさの堂の形をしたものは、一つは観音、もう一つには不動尊が刻んであった。

充真院は広蓋の中に置かれた天狗の嘴についても興味を寄せている。略図(図38左下)を描き、茶色で付け根が黒いと注記している。「是は本物とは思はれね共、所柄にて見すれは実のもの哉」と、本物の天狗の嘴とは思えないが、しかし金光院に所蔵されているという来歴から見ると本物なのだろうかと感想を述べている。充真院はその他にも一〇品ほど重宝を見たが忘れたと記している。忘れた物もあるが、右に示したように関心を寄せた品について、実によく観察しているといえよう。

建物内を見物　ここから先は、充真院が建物内を歩いた経路について詳しく記している。次に向かった部屋は、前回の参詣の際に見た部屋であり勝手がわかったという。それゆえか、ここから先は案内者なしに自由に室内を見せてもらった場所もあるようだ。

廊下の先に竹縁があり、たくさんの庭下駄が並べてあった。下は三和土《たたき》で、飛び石が敷いてあった。さらに進むと箱段を三つ上り、三和土廊下の中ほどに半間ほどのスペースがあり、二方向に進めるようになっていた。さらに箱段を二段上ると小座敷がある。「人もおらねはこはこは行に」と、誰もいないのでこわごわ進むと、右に数寄屋があった(図39下)。数寄屋は「色々の古木をあつめ、ふるふる敷様にこしらへ三畳計もあらん」と、さまざまな古木を利用して古びた雰囲気に設えており、広さは三畳ぐらいである。そして、向こうには下窓を施し、脇の床の間には、郭公の前書のある和歌の掛軸が掛けられ、籠の花生けに金雀枝《えにしだ》の花が生けてあった(図39右中)。さらに左の方には角棚があった(図39上中央)。角棚の大きさは半間ほどで、古木で縁取りしたものが仕切りのように上から下がっていた。中の小座敷の脇に水屋があり道具が飾ってある。天井は「ひらき竹」、すなわち平らな竹を用いた網代を張ってある。水屋から外への出口があるのは水を汲むためらしい(図39上)。垣根の向こうには高く伸びた若竹があり、その姿が潔く見える。板の間には、茶道に用いる風炉釜が置いてある。

見晴らしの良い工夫した座敷　向かいの座敷は上の間と次の間があり、床の間に絵の掛軸が掛けてある。右の腰障子を開けて眺めると、この部屋は二階のようで下に軒があり、金毘羅の通りや町、田畑が一目で見下ろせた。ここからの眺望は挿絵（図37）によると、高燈籠とその前の鳥居も見えたことがわかる。この部屋は天井を張らずに棟木がそのまま見え、屋根裏に葦簀をかけた田舎家の造りである。左の障子を開けると、庭に蹴鞠をするための場所を整えてあり、野垣が拵えてあった。その裏から脇にかけては藤棚があり、その後ろには少し荒い竹垣があり木立が茂っていたという。挿絵によると藤棚の藤の花がちょうど咲いていた（図37左下）。竹垣と木立も挿絵に描かれている。庭に手水鉢があり「白くみゆれはかん水石の夏目形」、すなわち、素材は白い寒水石で棗の形をしていた。充真院は挿絵にもこの手水鉢を描き、「しろ石にて」と添え書きをしてある（図37左）。

源氏絵の貼り交ぜ屏風　次の間に充真院がとりわけ心魅かれる品があった。六畳ほどの部屋の隅に「極さいしき之源氏絵をませはりにしたる小屏風」、すなわち極彩色で描かれた『源氏物語』の場面を貼り交ぜにした小さい屏風があったのである。「下は金地、ふちはたかやさんなり」と、屏風の下地は金地で縁は銘木の鉄刀木《たかやさん》製である。膨大な文字数の『源氏物語』の注釈書『湖月抄』を筆写したことがあるほど『源氏物語』に深い関心を寄せていた充真院にとって、『源氏物語』所縁の品に出会えたことは心ときめいたに違いない。しかし、ささやかな美しさを好む充真院は金地や極彩色を好まない。形状を記したのみで、絵そのものについての感想は記していない。小屏風ながら金地に良質の岩絵の具を用い、さらに縁に銘木を用いた豪華な品だったことは確かである。充真院は

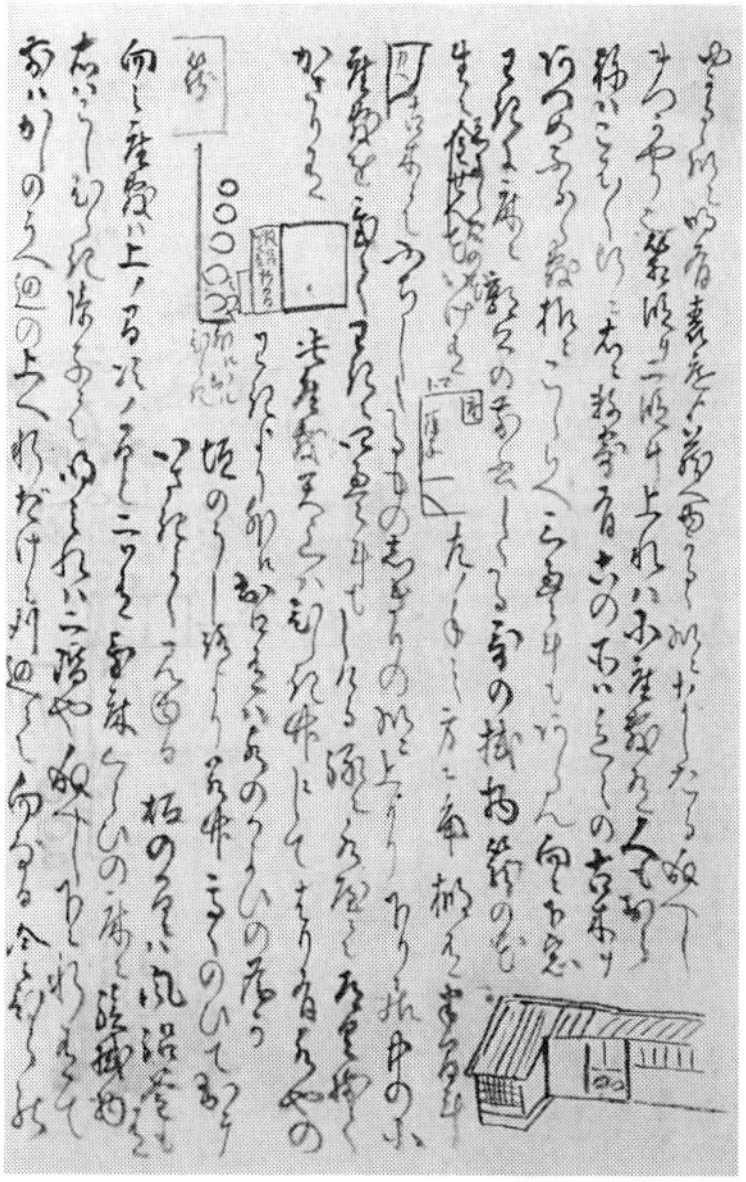

図39　数寄屋と水屋

文章としては簡潔に記したが、挿絵にこの部屋の添え書きとして「源氏はりませ屏風」とわざわざ明記しており、印象深い品だったことがうかがわれる。

二階に見立てた一階　ところで、蹴鞠が行われる時には三の間から観覧するのであるが、先ほど二階と思われた部屋に行くにあたり、階段を上らなかったにもかかわらず、窓の下に屋根があるのは不思議であった。そこで斎藤儀兵衛が外へ出て見てみると、この部屋は「山へ作りかけし物」、すなわち崖、斜面に向いていることが確認できた。下の方には何もなく植え込みのところまで谷であると、充真院は儀兵衛から教えてもらった。しかし、状況を知らない人は下はどのように工夫して面白く作っているのだろうと思うに違いないと話し合った。なお、この二階のように見立てた工夫に充真院はたいへん心魅かれたようである。挿絵に添え書きとして「かけへ作かけし座敷なれは、植込を切払て、ゑん付所を屋根にして思付なり」と、崖の所に作った座敷なので、植え込みを切り払い、本来は縁側を設置する所に屋根をつけたのは工夫であると、評価している(図37左端)。

金光院とその名品への思い　金光院の室内と数々の調度品や宝物は、大名家の家人である充真院の目に、実にすばらしく映った。「左様に結構なる品々の有所をは、初て見し」と、このようにすばらしい品々がある所を初めて見たと絶賛している。充真院はたいへん満足したのである。建物内の見物後、充真院は茶とお菓子を振る舞われて休憩した。充真院のところに、年若い別当(すなわち、宥常)、後の琴陵宥常《ことおかひろつね》が挨拶にやってきて、ひと通りの挨拶をして下がった。当時、宥常は二十六歳である。宥常は幕末・明治期の宗教界の大変革の際に金毘羅を守った人物である。なお、現在、境内に宥常の銅像が建っている。

充真院にとって二度目の金毘羅参詣では、参詣する三日前から金毘羅側に充真院が参詣することを伝えていたので、金光院側は院内を充真院に見せようと、さまざまな宝物などを飾りつけて準備していたのである。「先例故、参る様にといひしも、見る人のすくなき故、見せん為かと思」とあるように、名家の家人が参詣に来る連絡があった際には、見物するように金光院側が勧めても、実際に院内を見る人がこれまで少なかったので、今回はぜひ見せたく思っていたようだと充真院は考えた。好奇心豊かな充真院は金光院を充分に見物した。金光院側も充真院が誘いを受けて見物したので、飾りつけをして準備した甲斐があったに違いない。

名物讃岐うどんを食べる　充真院が奥書院の見物を終えると金光院側が「此山の名物故、うんとんたへよとて出し」と、讃岐名物のうどんを振る舞ってくれた。うどんは充真院と御付にも用意された。しかし「露をわすれ、箸取てもたへられす」と、運ばれてきたのは茹でたうどんのみであり、付け汁が添えられていなかった。供する側がうっかりしたのであろう、「変りは段々はこひ来り、内々にて笑い」と、肝心な付け汁以外の物が運ばれてくるので、先方のうっかりぶりを充真院たちはおかしく思ったのであった。さらに、台子の所に控えてお茶を点てている者が、「皆々ここへ来てたへよ」と茶を飲みに来るようにと勧めてきたが、「あまり招待ゆへ、もしやおかしな事にも致てはあしく、誰も出かね候」と、たいそう振る舞ってくれるけれど、もしも失礼になってはいけないので充真院らは遠慮した。「其うち露も出、たへしまひ帰ると成し時、人多くおくりて出て」と、ようやく付け汁が運ばれたのでうどんを食べ終わり、充真院らが帰ろうとすると、金光院の人々が大勢見送りに出てきた。

徒歩で下山　「此門外より駕籠にのれよといわれしは、別当の指図とての事なれと」と、金光院の門の外からは駕籠に乗って下山するように別当の宥常が勧めてくれた。しかし、信仰心の篤い充真院は、「神へ参りし事故、神のおそれも有は、歩行にて桜屋へかへり」と、神に参詣した帰りであり、駕籠に乗るのは神に畏れ多いので、桜屋まで歩いて戻った。なお、この充真院の思いから、前回、体調不良のため駕籠で下山したことは、充真院にとって神に対して申しわけなさを感じた出来事だったことが察せられる。桜屋に戻ったのは八ツ半頃(午後三時)であった。

　桜屋に戻ってまずしたことは、「昼膳も御山へ行しものはたへす、空腹に成、早々膳を出させ、次向にてもたへ」と、充真院の参詣に同行した者は昼食を食べておらず空腹になったので、すぐに食事を用意させて、御付たちにも食べさせた。この記述から、金光院で振る舞われたうどんなどは、軽い量だったようだ。充真院は「御酒は好まぬゆへ、柳影といへる名酒、ここの地に有ゆへ取りよせたへ」と、酒好きではないが当地の銘酒柳影を要望して飲んだという。酒は好まないと記しているが、充真院は本来お酒を好む。銘酒をわざわざ取り寄せて飲んでいることからも、むしろ酒を好む。この日、この時にあまり飲む気持ちではない、という程度のことであろう。従者たちに充真院は「滞なふ参詣も済し、まますこせよ」と、参詣が済んだのでのんびりと過ごすようにと声をかけた。

風呂に入る　皆のいる所から充真院は退出して湯殿（風呂場）に向かった。充真院一行の船に湯殿があるが、船内ゆえ水が乏しいので、「ここにて入は、三、四日は湯に入らすともよしと思」と、桜屋で風呂に入っておけば次に船中で入浴するのは三、四日後で良いと考えた。風呂に入る日数のこともあれこれと気にしなければならないのは、やはり旅ならではのことである。

　湯殿の様子を文章に加えて挿絵（図40）も充真院は描いている。「三尺計の小石入たる下たたきの三間有、さきに湯ふね有て、前に二尺計の台と手桶に水入て有のみ」と、広さは縦が三間（約五・四m）、横は三尺（約九〇・九cm）ほどで足元は小石交じりの三和土である。湯殿の一番奥に湯船があり、その前に二尺（約六〇・六cm）ほどの台と水を入れた手桶があった。お湯が熱かったので充真院は「うめんと思へと、ひしやくもなく、何そおけなりひしやくなりくれよといへは、かなたらひを持来り」と、水を入れて湯の温度を下げたく思ったが桶も柄杓もなく、その旨を伝えると金盥が用意されたという。準備の悪い湯殿は、普段ならば充真院が経験しないことである。「まつ是にて所々あらひ、湯に入は」と、金盥の中に湯をはり体を洗い湯船に入った。湯船は「箱にて角之方に金あみはりて、夫より湯わきて入」と、四角い箱型の湯船の角に金網が貼ってあり、そこから湯が出ていた。温泉をひいているのである。

不快さをおかしさに変える　湯船から出るときに、また、今までにない経験をすることになった。「湯に入て上りゆかんと思へと、下たたきにて、つめたき所を行し故、足つめたく、又、金たらいに湯入させ、所々ふきて、あたためしもおかし」と、湯船から出たところは三和土なので冷たく、歩くと足が冷たくなってしまった。そこで、先の金盥に湯をはらせて、足をあたためて拭いてから湯殿を出た。六本木屋敷での日常では湯船の周囲が土間で冷たいことはありえない。冷たい三和土に温まった足を下ろさざるを得なかったことは、実際には不快であっただろう。しかし、金盥で足を温め直したことを、充真院は「おかし」と受け止めている。さらに「旅なればこそいろいろ珍らしき事すると思ひておもしろく」と、旅だからこそいろいろと珍しいことをすると充真院は面白がっている。ここにも非日常の旅にありがちな不快さを面白いことと受け止める充真院の前向きな性格がうかがわれる。この心の持ち方は、かつて読んだ『膝栗毛』の愉快さに学んだことでもある。

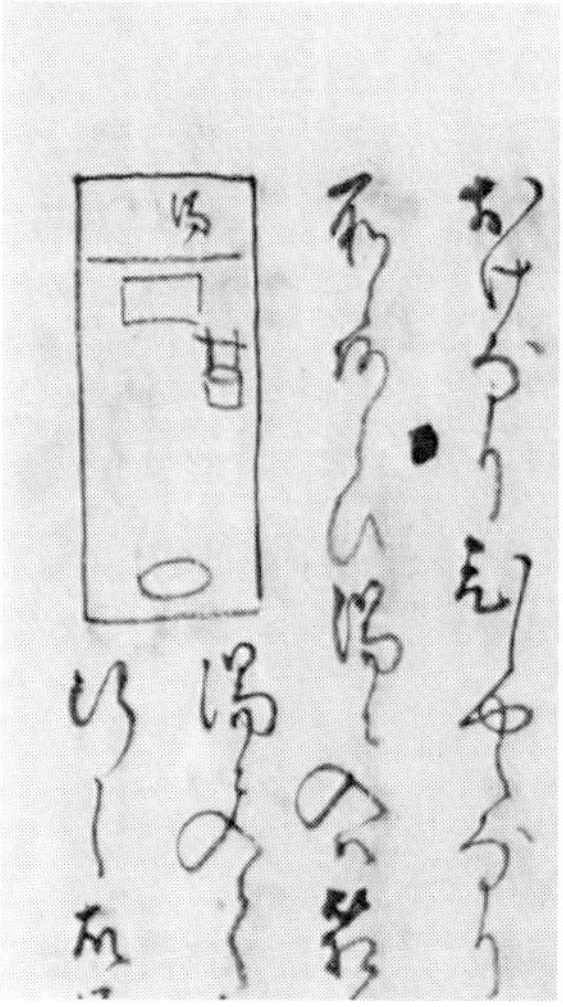
図40　桜屋の風呂場

桜屋を発つ　金光院の使者が桜屋に訪れ、充真院に金玉糖を七棹贈ってくれた。金毘羅参詣に時間を費やしたので、夕方になり日暮れになろうとする頃に充真院たちは桜屋を退出した。充真院は「桜やを立出、帰りは少し歩行せんと思ひしも、やかてくれなんと思ひていそき行」と帰路は少し歩こうと思ったが、やがて日暮れになりそうで急ぐ必要があり駕籠に乗って進んだ。当初、充真院が歩こうとしていた様子から、参詣後ではあるが体力的にはゆとりがあったことがわかる。一里（約四㎞）ほど行くと暗くなったが、夕月が出たので道に迷うことなく、さらにあらかじめ申しつけていた場所に船に残った者が提灯を持参して迎えに来ていたので充真院一行は喜んだ。一行は手提灯を二、三挺しか用意していなかったのでとても助かったのである。

なお、充真院は復路に関して往路のように詳細な記述はせず、実にあっさりと記した。さらに、二年前は復路の途中で満月が昇る夜の田の水面に飛び交う蛍の光が映る美しい景色を文章にしたためたが、今回は復路での景色の描写はない。前回は五月中旬だったので田に水を満たしてあり蛍が飛んでいた。一方、今回は月夜ではあったが、四月上旬なので田に水を張っておらず、蛍が飛ぶにはまだ早く、前回見たような感動した夜景は見ることができなかったのである。

御座船に到着　多度津の港に着いたが「塩合悪くとて、舟ここにはつかすとて舟こす」と、御座船を直接着岸できない潮の具合、すなわち干潮だったので、小さい船が港に迎えにきた。夜間の坡塘は危険なのでいろいろと気をつけて船に乗り、五つ半(午後九時)過ぎにやっと御座船に戻った。充真院は御座船の中で今日のことに思いをはせた。「まつ、今日も駕籠おとされすにかへりしと悦ぬ」と、陸路で駕籠から落とされることもなく無事に船に戻れたことを喜んだ。そして、二度目の金毘羅参詣について、「誠に誠に二度まで参詣したるといふも御ゑん有事と、一とう有難く、女之身にては出来ぬ事と思ひつつける」と、二度も金毘羅に参詣できたのは御縁があるゆえと一層ありがたく思ったこと、しかも二度も参詣することは女性ではありえないと思い、ありがたさをかみしめたのである。

三度も参詣　実はその後、充真院は三度目の金毘羅参詣を果たしている。それは明治五年(一八七二)二月七日で充真院は七十三歳になっていた。充真院にとって四回目の転居の旅の途中であり、その様子を『午ノとし十二月より東京行日記』にしたためている。この時も以前と同様に多度津から上陸して陸路を進み、桜屋で休憩してから金毘羅に向かった。一度目・二度目と比べると三度目の金毘羅参詣についての記述量は格段に少ない。少ない記述の中で「此前有しわに口、青貝鳥居はなし」と、過去二回の参詣の度に記していた鰐口と青貝の鳥居がなくなっていたことに注目している。特に青貝の鳥居のことが気になったようで、「聞けば青貝は雨露に損じけるゆへ、真中にかわりしと言」と、尋ねたところ青貝の鳥居は雨露で傷んだので真鍮製の鳥居に変えたことを知った。

なお、充真院にとって三回目の転居の旅の際には金毘羅参詣は実現しなかった。三度目の旅の紀行文である『三下りうかぬ不調子』には、慶応四年（一八六八）六月九日の箇所に「又こぎ出してたどつも向に見へるとの事、此度の事故金毘羅へも参詣成かね、遠くながら只拝してねんじ」と、海上から向こう岸に多度津が見えると同行者から知らされ、今回は金毘羅参詣ができないので充真院は船の中から遠くに位置する金毘羅を拝み念じたという。

充真院は人生で三度も金毘羅参詣を果たしており、当時としては稀なる体験をした女性といえよう。信仰心厚い充真院は、金毘羅との縁をさぞありがたく感じたことだろう。三度に及ぶ金毘羅参詣に関する記述を比較すると、二度目の記述が質量共に抜きん出ており、充真院にとって最も充実した参詣だったことを物語っている。

六　金毘羅参詣からうかがえる充真院の人物像

二度の参詣を振り返る　以上、充真院の二度の金毘羅参詣の様子を明らかにした。初回の参詣では体調不良となり充分に参詣・見聞することが叶わず残念であったが、二度目は体調が良く穏やかな心地で参詣でき、さらに前回は見る機会がなかった場所まで足を踏み入れることができ、充真院は満足することができた。とりわけ、金光院の奥書院の座敷や重宝などを詳しく眺めることができた。足を踏み入れた部屋や、数々の品物、さらに庭の様子など、めぐりながら目にした事物を実に詳しく文章で表現している。畳の縁や屏風の縁まで具に眺めていた。右に紹介したような具体的、かつ詳細な記述が可能であったのは、拝見している最中に充真院が細かに備忘録を記載していたからこそである。貴重、かつ珍しい見聞の機会をただその場で眺めて楽しむだけではなく、記録して今後の私的な文筆活動の備えとした充真院の周到さを知ることができる。

金光院の奥書院の様子は前回よりも詳しく、かつ正確に挿絵を描いた。奥書院の建物内を間取り図として描き、建物の周囲の庭や池・垣根・植木・敷石・燈籠などの様子もしたため、さらに眼下に広がる金毘羅の町や讃岐富士も描いた。讃岐富士が見えるこの奥書院の庭からの眺めは格別であったことだろう。金毘羅は本宮の側から眺める讃岐富士の景色がすばらしいことで有名だが、充真院は一般の人々が入ることができない奥書院からも美しい景色を目にする貴重な機会を得たのである。挿絵をよく見ると充真院が文章化していない事柄を知り得ることができる。一例をあげると、菖蒲の間と柳の間の入側の横に備えた沓脱ぎ石の上に草履が置いてあり、ここから庭に出ることができるようになっていたこともわかる。金毘羅の一連の挿絵の中でも奥書院の間取りや庭を描いた図は、充真院の挿絵の中で秀作と位置づけられよう。

充真院の奥書院見聞記事の意義　ところで、充真院が二つの紀行文に文章と挿絵をしたためた奥書院の様子は、改築を経た中でも天保十五年(一八四四)から明治四十二年(一九〇九)の間の様子である。調度品とその配置は訪問時の様子である。時を経て失われた品もあろうが、充真院の記録によりかつては何があったのか、どこに置かれていたのかということを具体的に知ることができる。充真院は奥書院をめぐりながら、初めて見る部屋と数々の品を見聞した様子を、刻々と、まるで動画のように臨場感溢れる記録としてしたためた。充真院による奥書院見聞記事は、当時の奥書院の様子を具体的に知ることができる貴重な史料といえよう。充真院の知性に端を発した行動が、過ぎ去った時のひとこまを再現できる記録として結実した。一訪問者である充真院は図らずも奥書院の記録者となったのである。

まとめ　充真院にとっての寺社参詣

寺社参詣を振り返る　以上、充真院の寺社参詣について明らかにした。充真院が当時の人物ならではの敬虔な信仰心を持ち、神仏を丁寧に参拝した様子がうかがえた。さらに、光明寺、大樹寺の塔頭信楽院、西光寺など、内藤家所縁の寺院では参詣を通して、寺の人たちとあたたかな交流が生まれたことも明らかとなった。内藤家の一家人として、充真院の参詣は内藤家と所縁の寺の絆を深める好機となった。内藤家の先祖を大切に思い、かつ行動した点が充真院ならではといえよう。それ以外の高津宮・安居天神・新清水寺・一心寺・四天王寺・住吉大社・金毘羅などは、当時の名所でもあった。これらの寺社では信仰心に基づき参拝しながらも、著名な地を訪れた貴重なひとときを大切にして、熱心に見聞していた様子も確認できた。数々の寺社での見聞は、好奇心豊かな充真院にとって、初めて目にするさまざまな事物を楽しむこと、さらにかつて書物から知識として理解していた事物を自分の目で見て確認できる心ときめく体験でもあった。

しかし、その見聞を一時の楽しみだけで終えなかったのが、充真院ならではといえる。見聞した多くの事物やとりわけ興味を寄せた物を、後に紀行文のひとこまとして記述することを念頭に置き、実に具に対象を見つめて備忘録に書き留めていたのである。寺社参詣で多くの見聞をし、見聞から得た数々の知見を臨場感のある筆致でまとめることができたのは、充真院にとって寺社で目にした物がたいへん心魅かれる対象だったからに他ならない。ゆえに、本書で紹介した充真院の手による寺社参詣の記述は、充真院の紀行文の中でも圧巻なのである。

鎌倉光明寺参詣の意義　初めての旅であった鎌倉の光明寺内藤家廟所参詣の旅は、本書で紹介した他の寺社参詣とは唯一異なっていた。それは、参詣を目的として旅に出たこと、および充真院が自らの手による旅の記録、参詣記録を書き残していないことである。しかし、光明寺で過ごした行動については光明寺側が実に詳しい記録を作成していたため再現することができた。光明寺以外に訪れた寺社については、内藤家文書から具体的な名称は確認できたが、それぞれの地で充真院がどのように行動したのかは不明であった。

菩提寺光明寺参詣という建前ながらも、周辺の名所である寺社・景勝地を多数訪れた。実際には菩提寺の光明寺に加えて、建長寺・円覚寺・高徳院などの鎌倉の名刹、景勝地の金沢八景と江ノ島、そして金沢八景では称名寺・小泉弁才天・大六天社・瀬戸三島明神、江ノ島では江島明神などの寺社も参詣していたはずである。宿泊したとはいえ江戸から近く、かつ日程・時間に十分な余裕があり、季節も旅をするのに絶好であった。初めての七泊八日の旅は、菩提寺参詣と景勝地かつ寺社参詣を含む名所めぐりの旅だった。充真院にとって初めての旅は人生の中で良き思い出になっただろう。この旅を契機として紀行文を読むことに心を寄せ、しかも老年期に思いがけず江戸・延岡へ転居のための長旅を四回も経験し、毎回一冊ずつ紀行文を残した。充真院が四回の長旅にそれぞれ漏れなく紀行文を残し、今日、紀行文の書き手として位置づけられるようになる原点は、充真院が四十歳の時の鎌倉光明寺参詣を名目とした旅にあるのである。

岡崎の寺院参詣の意義　大樹寺参詣は本書で紹介した充真院の寺社参詣の中で、唯一当初には計画がなかった。公家の通行に宿を譲るため、思いがけず岡崎に長逗留した際に参詣を決めた。大樹寺では主家である徳川将軍家に対する充真院の姿勢を知ることができた。さらに、松平家の墓所・霊廟・位牌、徳川家の霊廟や位牌に対して、譜代の家人として敬意を込めた丁寧な参詣をした様子がうかがえた。

岡崎では内藤家の先祖に対して充真院が深い崇敬の思いを寄せていることがわかる行動が多々確認できた。急に西光寺に逗留することとなり、その時に初めて充真院は当寺に内藤義清夫妻の墓と位牌、信楽院にも夫妻の位牌が安置されていることを知った。両寺ともに内藤家の家人が訪れることなく長い月日を経ていたが、充真院は内藤家先祖との所縁を知るとその縁を喜び、墓所と位牌を拝むことを実現した。岡崎で内藤家と所縁がある寺との関係を充真院が再構築できたのは、内藤家の先祖への厚い崇敬の心を持ち、その気持ちに基づき行動できる充真院だからこそである。突然、かつ予定外の長逗留の機会に、充真院は内藤家の家人として先祖供養のために有効に行動したといえる。充真院の祖先崇敬への厚い思いや行動力、賢さを再認識できた。

大坂寺社参詣の意義　大坂寺社参詣は、旅の途中で長期滞在した大坂で気晴らしのために計画されて、大坂の名所である寺社をめぐった。江戸の六本木屋敷を発ってから、道中で寺社を参詣することはあっても、予定している宿に日が暮れないうちに到着する必要があるため、行程に支障がない範囲での参詣ばかりであった。したがって、滞在先の大坂屋敷での名所としての寺社参詣は、次の宿泊先を目指す道中での参詣とは異なり、時間と心の余裕があったはずである。一日かけて大坂の名所である寺社をめぐることは、当日を迎える前から充真院にとって楽しみな日として心待ちにしていたことだろう。

屋敷の門前から川舟に乗り込み移動することも、江戸の屋敷では味わえない初めての体験であり、船から移りゆく景色を眺めながら水の都大坂を味わったことだろう。道頓堀川から上陸した後は、先に準備していた駕籠に乗り移動した。昼食前に高津宮・新清水寺・安居天神・一心寺など近くに位置する寺社を四か所めぐり、昼食は評判の福屋でとり、食後に四天王寺と住吉大社を訪れた。住吉大社は他の寺社よりも遠方にあり、大坂屋敷に夜中に戻った。結果として一日で参詣するには多くの寺社を訪れすぎたようである。

二度目の大坂寺社参詣は見事な四天王寺図を挿絵に描いた。初回の参詣で丁寧に写生できなかった寺内の様子を、今回は見事に完成できた。高津宮にも二度訪れて初回を補う丁寧な参拝と見聞をした。名所としての寺社をとりあえず一度訪れれば良しとするのではなく、参拝と見聞に心残りがあれば再度訪問して不足を補う姿勢にも、充真院の敬虔な信仰心と知的好奇心が感じられる。

金毘羅参詣の意義　一度目の参詣は体調不良に陥り充分な見聞ができず心残りであったろうが、二度目の参詣は体調も良く、さらにあらかじめ充真院の来訪を伝えていたため、金光院側は充真院が奥書院でゆっくり休憩できるように準備して、重宝まで見せようと用意してあり、またとない見聞をすることができた。奥書院の立派な部屋に通されたことに加えて、さらに奥の建物と室内に入り庭を散策して眼下に広がる琴平の町や讃岐富士を眺めるなど、金毘羅側の最上級というべき対応により、充真院は貴重な体験ができた。間取りに興味を寄せている充真院は自らがめぐった奥書院の部屋の配置はもちろん、庭の植栽や配置された敷石まで詳細に挿絵に描き込んだ。この挿絵を見つめていると、これほど詳細な挿絵を充真院が描いたのは、奥書院の部屋や美しい庭の眺めに大層感動したからであり、その感動を留めておきたい、身近な人に伝えたいという強い気持ちが起こり、その場で控えとしての写生を作成し、それを基に挿絵を完成させたのであろうと思われる。

とりわけ、二度目に充真院が奥書院で目にした事物は膨大な数であるが、それらを実に丹念に文章と挿絵にしたためた。二度目の金毘羅参詣、特に奥書院での見聞についての記事は、充真院の卓越した文章力と画力が最も感じられる。記録者としての観察力・記憶力、さらに文章と挿絵による表現力の優秀さを改めて実感できた。充真院が奥書院の事物や配置を記した文章と挿絵は、当時の様子が偲ばれる貴重な記録でもある。

充真院の寺社参詣　充真院にとって寺社参詣は、当時の人々と同様に信仰心に基づいたものであり、名所である寺社を訪れることは見聞の楽しみを伴う行為でもあった。しかし、充真院の場合はそれに加えて、後にその様子を文章・挿絵として記録するために、たいへん細やかに観察し、その様子を詳しく時系列で書き記した。学びを好み、文章をしたためることを楽しみとしていた充真院にとって、寺社参詣は、初めて訪れる地で見聞きする珍しく新鮮な事物に心をときめかせるとともに、記録するために具に観察するひとときでもあった。充真院の紀行文から寺社参詣の記録を紐解いて、観察者としての充真院の力量が秀逸であったことを知ることができた。

充真院は近世後期から明治初頭を生きた人物の中でも、人生において実に多くの寺社を訪れた女性といえよう。参詣を計画して旅に出たのは四十歳の時の光明寺参詣のみであり、充真院が体験した寺社参詣の多くは転居のための長旅の途中であった。不本意な時代の波に翻弄された転居の旅ではあったが、道中で寺社参詣の機会を得たことは、長旅の日々の中での束の間の出来事とはいえ、充真院に寺社を訪れ神仏に向き合うことで得られる心の安らぎと、見聞により知的な時間を過ごす楽しさをもたらしたことだろう。

年表　充真院とその身内、および国内の動向（年齢は数え年）

年月日	充真院とその身内	国内の動向
寛政10年（一七九八）2月15日	亀之進（政恵、後の政順）、延岡藩主内藤政韶の2男として誕生。	
12年（一八〇〇）閏4月13日	充（後の繁子、充真院）、彦根藩主井伊直中の9子4女として誕生。	
享和2年（一八〇二）7月30日	亀之進（5歳）の父政韶（27歳）が死去。	
10月16日	政韶の先代の藩主政脩の長子政和（16歳）が藩主に就任。	
―		『膝栗毛』初編刊行（～『続膝栗毛』十二編・文政5年）
文化元年（一八〇四）9月7日		ロシア使節レザノフが長崎に来航
3年（一八〇六）10月17日	政和（20歳）死去。	
12月9日	亀之進（9歳）が藩主就任。	
5年（一八〇八）4月		間宮林蔵が樺太探検に出発
8月15日		イギリス軍艦フェートン号事件
11年（一八一四）8月	亀之進（17歳）と充（15歳）の縁組を検討し始める。	
9月28日	亀之進、袖直しの祝儀。	
12月14日	亀之進と充の婚礼を決定。	
12月28日	亀之進、前髪執の祝儀、諱を政恵から政順に改名。	
12年（一八一五）5月26日	政順（18歳）と充（16歳）、結納。	
6月13日	政順と充、婚礼。	
文政2年（一八一九）6月26日	政順（22歳）と充（20歳）の長男誕生。	
6月28日	長男死去。	

4年（一八二一）7月10日		伊能忠敬が大日本沿海輿地全図を完成
6年（一八二三）7月6日		オランダ商館医ドイツ人シーボルト来日
7〜8年（一八二四〜五）頃	政順（27〜28歳）、体調不良（発病）。	
8年（一八二五）2月18日		異国船打払令発布
天保2年（一八三一）5月25日	充（32歳）の実父井伊直中死去。	
4年（一八三三）		天保の飢饉が起きる（〜天保10年）
5年（一八三四）8月16日	政順（37歳）体調悪化、養子に井伊直恭（15歳、充の異母弟）を迎える。	
8月18日	直恭、実名を政義と改名。	
8月21日	政順、疝気により死去。政義が正式に養子となり、充（35歳、以後、充真院と称す）はその養母となる。	
10月13日	政義、藩主に就任。	
8年（一八三七）2月19日		大塩平八郎の乱
6月28日		アメリカ船モリソン号事件
9年（一八三八）11月	政義（19歳）、柳川藩主立花家の録と結婚。	
10年（一八三九）3月	充真院（40歳）、菩提寺の鎌倉光明寺への参詣が決まる。	
4月4〜11日	充真院、鎌倉光明寺を参詣し、周辺の名所をめぐる。	
12月19日		蛮社の獄で高野長英・渡辺崋山が処罰
12年（一八四一）5月15日		幕府、天保の改革開始（〜天保14年）
嘉永3年（一八五〇）8月18日	義（後の光）、政義の5女として誕生。	
6年（一八五三）6月3日		アメリカ東インド艦隊司令長官ペリーが浦賀に来航
7月18日		ロシア使節プチャーチンが長崎来航
7年（一八五四）3月3日		日米和親条約締結
安政元年　11月27日		安政に改元
5年（一八五八）4月23日	充真院（59歳）の弟、かつ政義（39歳）の兄である井伊直弼（44歳）が大老就任。	

年月日	充真院とその身内	国内の動向
6月19日		日米修好通商条約締結
9月7日		安政の大獄
嘉永7年（一八六〇）3月3日	充真院（61歳）の弟、かつ政義（41歳）の兄である幕府の大老井伊直弼（46歳）、桜田門外で暗殺される。	
万延元年 3月18日		万延に改元
12月28日	義（11歳）、江戸に到着、光と改名。	
12月29日	光、六本木屋敷で充真院と同居開始。	
文久2年（一八六二）1月15日		坂下門外の変
2月11日		和宮婚儀
8月21日		生麦事件
閏8月22日		参勤交代制の緩和
3年（一八六三）2月13日		将軍家茂上洛のため、江戸出発
3月4日		家茂、二条城に入城
4月6日	充真院（64歳）、江戸から延岡へ転居の旅（〜6月2日）。	
4月21日		家茂、大坂城に入城
6月16日		家茂、江戸城に帰着
7月2日		薩英戦争
8月18日		八月十八日の政変
4年（一八六四）1月8日		家茂、大坂城に入城
元治元年 2月20日		元治に改元
5月20日		家茂、江戸城に帰着
7月19日		禁門の変
7月24日		第一次長州征討を命ず
2年（一八六五）3月15日	充真院（66歳）、延岡から江戸へ転居の旅（〜5月27日）。	
慶応元年 4月7日		慶応に改元
5月16日		家茂、第二次長州征討のため、江戸出発

閏5月25日		家茂、大坂城に入城
9月21日		第二次長州征討の勅許
2年（一八六六）1月21日		薩長連合
8月21日		長州再征中止
3年（一八六七）2月6日	光（18歳）、発病。	
7月28日	光、病気により死去。	
10月14日		大政奉還の上表
12月9日		王政復古の大号令
4年（一八六八）1月3日		戊辰戦争
3月14日		五カ条の御誓文
4月11日		江戸城開城
閏4月20日	充真院（69歳）、江戸から延岡へ転居の旅（～6月18日）。	
5月15日		上野戦争
7月17日		江戸から東京に改称
明治元年 9月8日		明治に改元
2年（一八六九）1月20日		版籍奉還
3月28日		東京奠都
5月11日		五稜郭の戦い
4年（一八七一）5月10日		新貨条例
7月14日		廃藩置県
5年（一八七二）1月14日	充真院（73歳）、延岡から東京へ転居の旅（～2月15日）。	
9月12日		新橋・横浜間鉄道開業式
10月		官営富岡製糸場開業
6年（一八七三）7月28日		地租改正
10年（一八七七）2月15日		西南戦争
13年（一八八〇）3月17日		国会期成同盟を結成
10月24日	充真院（81歳）、東京麻布城山御殿で死去。	

参考文献・参考史料一覧

参考文献

【充真院・内藤家】

内藤政恒『内藤政擧傳』（続群書類従完成会、昭和五十一年）
柴　桂子『近世おんな旅日記』（歴史文化ライブラリー一三、吉川弘文館、平成九年）
――――「おんなの旅日記―小田宅子・内藤充真院繁子―」（後藤祥子・今関敏子・宮川葉子・平舘英子編著、シリーズ・日本の文学史五『はじめて学ぶ日本女性文学史　古典編』ミネルヴァ書房、平成十五年）
――――『近世の女旅日記事典』（東京堂出版、平成十七年）
伊能秀明「幕末東海道おんな道中記『五十三次ねむりの合の手』―日向国延岡藩主夫人内藤充真院旅日記の可笑しさについて―」（『明治大学博物館研究報告』第一〇号、平成十七年）
柴　桂子「江戸と領地の往還―内藤充真院の旅日記から―」（『国文学　解釈と鑑賞』第七一巻八号、平成十八年）
神崎直美「日向国延岡藩内藤充真院の好奇心―『色々見聞したる事を笑ひに書』を素材として―（一）」（『城西経済学会誌』第三四巻、平成二十年）
――――「日向国延岡藩内藤充真院の好奇心―『色々見聞したる事を笑ひに書』を素材として―（二・完）」（『城西大学経済経営紀要』第二七巻、平成二十一年）
――――「日向国延岡藩内藤充真院の鎌倉旅行―光明寺廟所参詣と名所めぐり―」（『城西人文研究』第三〇巻、平成二十一年）
――――「奥方の蔵書―日向国延岡藩内藤充真院の場合―」（『日本歴史』第七三〇号、平成二十一年）

伊能秀明・小倉葉子・永田由香利・桑原理恵「現代訳『東海道五十三次ねむりの合の手』のおかしみ―幕末期大名家夫人の気ままな旅日記の世界―」(『図書の譜　明治大学図書館紀要』第一六号、平成二十四年)
神崎直美「日向国延岡藩内藤充真院の蔵書―蔵書の分野と関心事項について―」(『城西人文研究』第三一巻、平成二十四年)
――「日向国延岡藩内藤充真院の旅日記から見る関心と人物像―『五十三次ねむりの合の手』を素材として―(一)」(『城西大学経済経営紀要』第三〇巻、平成二十四年)
――「日向国延岡藩内藤充真院の旅日記から見る関心と人物像―『五十三次ねむりの合の手』を素材として―(二・完)」(『城西大学経済経営紀要』第三一巻、平成二十五年)
――「日向国延岡藩内藤政順夫妻を支えた藩士たち(一)」(『城西大学経済経営紀要』第三二巻、平成二十六年)
明治大学博物館二〇一四年度特別展図録『藩領と江戸藩邸―内藤家文書の描く磐城平、延岡、江戸―』(平成二十六年)
神崎直美「日向国延岡藩内藤充真院の大坂寺社参詣」(『城西人文研究』第三二巻、平成二十七年)
――『幕末大名夫人の知的好奇心―日向国延岡藩内藤充真院―』(岩田書院、平成二十八年)
――「日向国延岡藩内藤充真院の金毘羅参り(一)」(『城西経済学会誌』第三七巻、平成二十八年)
――「本と大名夫人―日向国延岡藩内藤充真院の場合―」(『城西大学水田記念図書館報』一一二号、平成三十年)
――「延岡の歴史再発見　延岡藩主夫人内藤充真院の知的好奇心」(延岡市市民まちづくり活動支援事業、亀井の丘夢づくりの会、平成三十年)
――「日向国延岡藩内藤充真院著『五十三次ねむりの合の手』小考」(『城西人文研究』第三四巻、令和元年)
――「充真院の知的な日常生活」(竹内誠・深井雅海・松尾美惠子・藤田英昭編『論集　大奥人物研究』東京堂出版、令和元年)

【光明寺】

――「日向国延岡藩内藤充真院の大樹寺参拝」(『城西大学経済経営紀要』第三八巻、令和二年)

『浄土宗全書』第十九巻（浄土宗典刊行会、昭和四年）
『鎌倉市史』総説編（鎌倉市史編纂委員会編、吉川弘文館、昭和三十四年）
『鎌倉市史』社寺編（鎌倉市史編纂委員会編、吉川弘文館、昭和三十四年）
『相中留恩記略　全』（有隣堂、昭和四十二年）
児玉幸多監修『浦賀道見取絵図』（東京美術、昭和五十二年）
『鎌倉市史』近世近代紀行地誌編（鎌倉市史編さん委員会編、吉川弘文館、昭和六十年）
『特別展　光明寺と良忠上人』（鎌倉国宝館、昭和六十一年）
『鎌倉市史』近世通史編（鎌倉市史編さん委員会編、吉川弘文館、平成二年）
千葉正樹著『江戸城が消えていく―「江戸名所図会」の到達点―』（歴史文化ライブラリー二三九、吉川弘文館、平成十九年）
『浄土宗大本山天照山蓮華院光明寺』（かまくら春秋社、平成二十二年）
『天照山光明寺』（大本山光明寺）

【大樹寺・内藤家先祖・中根家】

柴田顕正著『岡崎市史』第三巻（昭和二年）
『新訂　寛政重修諸家譜』第十三（続群書類従完成会、昭和四十年）
杢原利一編『桜井村史』（昭和五十六年）
『安城市史』（安城市史編さん委員会、復刻　昭和五十七年）
『新編岡崎市史』建造物編一八（新編岡崎市史編集委員会、昭和五十八年）
『新編岡崎市史』中世二（新編岡崎市史編集委員会、平成元年）
『新編岡崎市史』近世三（新編岡崎市史編集委員会、平成四年）
『大樹寺文書』上（岡崎市史料叢書、岡崎市史料叢書編集委員会、平成二十六年）

『大樹寺の歴史』（浄土宗成道山松安院大樹寺、改訂版平成二十六年）

【大坂】

『東海道中膝栗毛』（日本古典文学大系六二、岩波書店、昭和三十三年）
『新訂　寛政重修諸家譜』第十一（続群書類従完成会、昭和四十年）
『摂津名所図会』全二巻（古典籍刊行会、昭和五十年）
『摂津名所図会大成』其之一（柳原書店、昭和五十一年）
『摂津名所図会大成』其之二（柳原書店、昭和五十一年）
玉置豊次郎著『大阪建設史夜話』附図『大阪古地図集成』（大阪都市協会、昭和五十五年）
棚橋利光著『四天王寺史料』（清文堂史料叢書第六六巻、平成五年）
秋里籬島著『住吉名勝図会』（臨川書店、平成十年）
『新古今和歌集』（新日本古典文学大系一一、岩波書店、平成十四年）
『四天王寺』（総本山四天王寺、平成十七年）

【金毘羅】

『金刀比羅宮記』（金刀比羅宮社務所第一課、大正十五年）
『金刀比羅宮風光図会』下巻（昭和四年）
『金刀比羅宮応挙画集』（金刀比羅宮社務所第一課、昭和十年）
甲斐勇「大名家の金毘羅さん信仰物語」（『ことひら』四三、昭和六十三年）
『香川県史』第三巻・通史編近世Ⅰ（平成元年）
『香川県史』第四巻・通史編近世Ⅱ（平成元年）
『ふるさと香川の歴史』（『香川県史』別編Ⅲ普及版、平成四年）

藤田健著『金刀比羅宮　こんぴらさんへの招待』（筑摩書房　平成十二年）
『平成の大遷座祭斎行記念　金刀比羅宮の名宝　絵画』（責任編集・伊藤大輔、金刀比羅宮、平成十六年）
【その他】
『続徳川実紀』第四篇（新訂増補国史大系　第五一巻、吉川弘文館、新装版平成十一年）
加藤友康・瀬野精一郎・鳥海靖・丸山雍成編『日本史総合年表（第二版）』（吉川弘文館、平成十七年）

参考史料

【充真院関係刊行物】
『内藤充真院道中記』（宮崎県立図書館編、平成六年）
『内藤家文書増補・追加目録　五　内藤政道氏寄贈書』、（明治大学刑事博物館、平成六年）
『内藤家文書増補・追加目録　八　延岡藩主夫人　内藤充真院繁子道中日記』（明治大学博物館、平成十六年）
藩法史料叢書刊行会編『藩法史料叢書4　磐城平藩・延岡藩』（創文社、平成十七年）
彦根城博物館編集『彦根藩史料叢書　侍中由緒帳十三』（平成二十四年）
【明治大学博物館所蔵・内藤政道氏寄贈書】
『五十三次ねむりの合の手』（二）充真院（繁子）関係（Ⅰ）一二
『海陸返り咲こと葉の手拍子』（二）充真院（繁子）関係（Ⅰ）一三
『三下りうかぬ不調子』（二）充真院（繁子）関係（Ⅰ）一五
『午ノとし十二月より東京行日記』（二）充真院（繁子）関係（Ⅰ）一六
「鎌江漫筆」（三）充真院（繁子）関係（Ⅱ）三八
「月のうた」（三）充真院（繁子）関係（Ⅱ）六五

「海上の図」（四）その他　八八

【明治大学博物館所蔵・内藤家文書】

「充真院様鎌倉御廟参調」第一部・四家・四一一

「天保十年万覚帳」第一部・七万覚帳・一二七

「嘉永五年万覚帳」第一部・七万覚帳・一四〇

「文久三年万覚帳」第一部・七万覚帳・一五一

「慶応元年万覚帳」第一部・七万覚帳・一五三

「天保十年覚帳」第一部・八覚帳・一〇四

「文久三年覚帳　全」第一部・八覚帳・一二八

「御先祖様御廟所三州引合一件帳」第一部・二八社寺・八八

「新由緒書」第一部・三〇由緒分限・三

「由緒書」第一部・三〇由緒分限・四

「下士以上由緒書」第一部・三〇由緒分限・五

「御系図関係書類参州内藤系図一説」第一部・一系譜家訓・七―一一

「再選系譜」第一部・一系譜家訓・三一

「再選御系譜集」第一部・一系譜家訓・五六

「再選御系譜」第一部・一系譜家訓・一一八

「御鬼録」第二部・一家・二一八

「定」第三部・一二法令（藩法令）・一五五

【明治大学博物館・内藤家近代史料】

「蔵書目録」内藤家文書二〇一四年度寄贈　近代史料仮目録一八・一九・二〇

【慶應義塾大学三田メディアセンター貴重書室所蔵】

昭和十六年十月「内藤文庫目録」

【鎌倉市立中央図書館所蔵】

「虎門内藤家奥方　充真院殿御廟参記」（鎌倉市史資料二六三　光明寺文書十八）

【岡崎市美術博物館所蔵・大樹寺文書（寄託）】

「元治二年・慶応元年日鑑」赤三

文久二年十二月「末山塔頭諸御礼式」赤一五一

慶応元年六月「献金連名帳」赤一六〇

「檀中直扱書」赤二二五

明治六年十月「当国御門末并又末曽孫寺院史」赤二三七

明治八年「境内其他什物等取扱書」赤二四三

安政年間「大樹寺旧建築設計図」赤三九五

「御八箇所之絵図（大樹寺全図）」赤五七七

【岡崎市美術博物館所蔵・西光寺文書（寄託）】

「過現名帳」二（三―二）

嘉永六年三月「西光寺棟札」

天保十二年三月「西光寺棟札」

【岡崎市美術博物館所蔵・西本陣中根家資料】

「東海道岡崎宿家並図」（寄託）七

「中根氏大系図」（寄託）三〇
「西本陣絵図」（寄贈）三八

【その他】

「鎌倉絵図（鎌倉雪ノ下宝戒寺門前常陸屋伊三郎板）」（個人蔵）
内藤家墓地平面図　作成　光明寺
宝暦九年「摂州大坂画図」（古地図史料出版、複製、昭和五十二年）
浪速高津宮案内記　作成　高津宮
高津さんの今昔　作成　高津宮
表書院・配置／展開図　発行　金刀比羅宮　平成十六年
奥書院・配置／展開図　発行　金刀比羅宮　平成十六年
内藤家墓地説明板　作成　鎌倉市教育委員会
光明寺内藤家墓地・政順公墓石（神奈川県鎌倉市材木座）
西光寺　市営墓地・内藤義清夫妻墓石（愛知県岡崎市鴨田町）

おわりに

充真院の寺社参詣に関する論文をまとめるに際して、充真院の足跡をたどりたく思い、当該寺社を訪れた。鎌倉の光明寺は、神奈川県に在住し鎌倉の風景写真講座に所属している私にとって、年に何度も訪れる馴染みの寺である。そこが内藤家の菩提寺であることに不思議な縁を感じた。充真院の光明寺参詣についての論文は、私の充真院研究の成果として二作目であった。充真院の人物像に魅せられはじめていた頃に、私が大好きな地である鎌倉に充真院が訪れていたことがわかり、充真院と鎌倉を題材にした論文を作成することができる幸せをたいへんうれしく感じたことが、懐かしく思い出される。

大樹寺・西光寺・高津宮・安居天神・新清水寺・一心寺・四天王寺・住吉大社・金刀比羅宮には、論文の執筆を機会に初めて訪れた。これらの寺社にはそれぞれ二度訪れた。充真院の紀行文のコピーを手に、訪れた寺社の立地、建物、事物などを眺め、さらに年月を経て変化した様子を確認しながら充真院が歩いた地をたどることは、とても楽しい作業であった。かつて充真院が訪れた寺社を散策しながら、充真院がそれぞれの地でどのような思いをはせたのか、あれこれと偲びながら時空の旅をするひとときを過ごすことができた。

実際に現地に赴き、歩いてみたからこそ気がついたことも多々あった。寺社を訪れて実感したことは、それぞれの寺社における充真院の見聞は、実に多くの事物との出会いであった。それにもかかわらず、紀行文に参詣の過程と様子を詳細に再現できたのは、後に紀行文を作成しようと意志を持ち、それゆえしっかりと見聞し、丹念に備忘録を記していたからこそである。改めて充真院の優れた観察力と表現力、周到な姿勢に感服した。

充真院の寺社参詣についての研究を進めるにあたり、多くの方々にお世話になった。論文作成のための史料調査の折に鎌倉市中央図書館近代資料室、および当室担当の平田恵美氏、光明寺にお世話になった。鎌倉市教育委員会生涯学習部文化財課学芸員（現、鎌倉歴史文化交流館学芸員）の浪川幹夫氏には、鎌倉市中央図書館と光明寺へご紹介いただいたことをはじめ、ひとかたならぬご助力を賜った。

岡崎市美術博物館の学芸員湯谷《ゆたに》翔悟氏には史料閲覧の便宜を図っていただき、さらに大樹寺・西光寺・西本陣中根家跡に案内してくださり、大樹寺の野村顕弘氏、西光寺住職の成田敏圀氏に紹介していただいた。野村氏と成田氏には寺内を案内していただいた。金刀比羅宮では岸本庄平氏に史料閲覧の際に社報記事について情報を賜った。

充真院研究の先学の一人である明治大学図書館総務事務長の伊能秀明先生をはじめ、内藤記念館学芸員の増田豪氏、延岡の夕刊デイリー新聞社編集部の坂本光三郎氏、延岡市教育委員会に在職されていた太田素一氏には、私が充真院の研究を手がけはじめてから今日に至るまでたいへんお世話になり、坂本真理氏に今回も装丁を手がけていただいたことに厚くお礼を申しあげたい。延岡市教育委員会、旭化成ひむか文化財団、夕刊デイリー新聞社、明治大学博物館のスタッフの皆様にも、研究を支えてくださっているご厚意に深謝の意を表したい。

なお、私事で恐縮であるが、本書を平成三十年の大晦日に他界した母・信子に捧げたい。

最後に、前著『幕末大名夫人の知的好奇心―日向国延岡藩内藤充真院―』（岩田書院、二〇一六年）に引き続き本書刊行の機会をくださった岩田書院の岩田博氏に、厚く御礼を申しあげる次第である。

令和二年十月二十日

神崎　直美

著者紹介

神崎　直美（かんざき・なおみ）

1963年　神奈川県相模原市生まれ
中央大学文学部史学科国史学専攻卒業
同大学院文学研究科国史学専攻博士課程後期単位取得（博士・史学）
日本学術振興会特別研究員（PD）を経て
現在、城西大学経済学部教授

著書『近世日本の法と刑罰』（巌南堂書店、1998年）
『藩法史料叢書　四　磐城平藩・延岡藩』（本巻担当、創文社、2005年）
『大目附問答・町奉行所問合挨拶留・公邊御問合』（本巻担当、創文社、2010年）
『監憲録・浜松告稟録』（編著、創文社、2013年）
『幕末大名夫人の知的好奇心―日向国延岡藩内藤充真院―』（岩田書院、2016年）

幕末大名夫人《ばくまつだいみょうふじん》の寺社参詣《じしゃさんけい》―日向国延岡藩 内藤充真院・続―

2021年（令和３年）４月　第１刷　800部発行　　定価［本体2700円＋税］

著　者　神崎　直美

発行所　有限会社岩田書院　代表：岩田　博　http：//www.iwata-shoin.co.jp

〒157-0062 東京都世田谷区南烏山4-25-6-103　電話03-3326-3757　FAX03-3326-6788

組版・印刷・製本：亜細亜印刷

ISBN978-4-86602-117-1 C3021 ￥2700E

岩田書院 刊行案内（28）

			本体価	刊行年月
088	岩橋・吉岡	幕末期の八王子千人同心と長州征討	3000	2019.11
089	西沢 淳男	飛騨郡代豊田友直在勤日記１＜史料叢刊13＞	7000	2019.11
090	幕藩研究会	論集 近世国家と幕府・藩	9000	2019.11
091	天田 顕徳	現代修験道の宗教社会学	4800	2019.11
092	坂本 要	東国の祇園祭礼	11000	2019.12
093	市村高男ほか	勝尾城筑紫氏遺跡と九州の史跡整備＜H28＞	1800	2019.12
094	丹治 健蔵	東海道箱根関所と箱根宿＜近世史52＞	7200	2019.12
095	川勝 賢亮	武州拝島大師本覚院の歴史文化	1800	2020.01
096	加藤 正春	奄美沖縄の霊魂観	8000	2020.02
097	石井 清文	鎌倉幕府連署制の研究	11800	2020.02
098	福井郷土誌懇	幕末の福井藩＜ブックレットH29＞	1600	2020.03
982	福原 敏男	仮装と俄の祭礼絵巻	12000	2020.03
099	北川 央	近世の巡礼と大坂の庶民信仰	3800	2020.04
100	南奥羽戦国史	伊達政宗－戦国から近世へ	2400	2020.04
101	戦国史研究会	論集 戦国大名今川氏	6700	2020.04
102	高橋 裕文	中世東国の村落形成＜地域の中世21＞	2600	2020.04
103	斉藤 司	江戸周辺と代官支配＜近世史53＞	6800	2020.05
104	川勝 守生	近世日本石灰史料研究13	7600	2020.05
105	加賀藩ネット	加賀藩政治史研究と史料	7500	2020.05
106	入江 英弥	オトタチバナヒメ伝承	8400	2020.06
107	光田 憲雄	日本大道芸事典	22000	2020.07
108	由谷 裕哉	神社合祀再考	2800	2020.07
109	木本 好信	古代史論聚	12500	2020.08
110	久保田昌希	戦国・織豊期と地方史研究	7900	2020.09
111	野村 俊一	空間史学叢書３ まなざしの論理	3900	2020.10
112	西沢 淳男	飛騨郡代豊田友直在勤日記２＜史料叢刊14＞	7500	2020.11
984	飯澤 文夫	地方史文献年鑑2019	25800	2020.11
113	丹治 健蔵	日光道中の人馬継立負担	2700	2020.11
114	千葉・渡辺	藩地域の環境と藩政＜松代６＞	7800	2020.12
115	嶺岡 美見	法道仙人飛鉢伝説と海の道＜御影民俗23＞	8000	2020.12
116	岩井 正浩	高知よさこい祭り	5200	2021.01
117	日本の伝統	江戸の庶民文化	3000	2021.02
118	宮間 純一	歴史資源としての城・城下町＜ブックレットH30＞	1600	2021.02
119	川勝 賢亮	元三・慈恵大師良源の歴史文化史料	6400	2021.03
120	松本 誠一	「共助」をめぐる伝統と創造	8900	2021.03
121	川嶋 麗華	ノヤキの伝承と変遷	6900	2021.03
122	渡辺 尚志	相給村落からみた近世社会・続	7000	2021.03
986	若狭路文化研	敦賀湊北前船主 大和田日記 安政・慶応・明治	2400	2021.03